Der Wiener Naschmarkt

HOLZHAUSEN

Die Deutsche Bibliothek – CIP-Einheitsaufnahme

Der Wiener Naschmarkt : Die Anatomie des Genießens /
Michael Lynn. Photos: Ingrid Gregor. - Wien : Holzhausen, 1999
 ISBN 3-85493-008-9

Verlag Holzhausen
Alle Rechte vorbehalten
Adolf Holzhausens Nachfolger GmbH
Wien 1999
Umschlag und graphische Gestaltung: Robert Kaitan
Umschlagphotos: Ingrid Gregor
Plangraphik: Carl Auböck
Druck: Adolf Holzhausens Nachfolger, Wien
Printed in Austria

ISBN 3-85493-008-9

Michael Lynn • Photos: Ingrid Gregor

Der Wiener Naschmarkt

Die Anatomie des Genießens

Verlag Holzhausen · Wien 1999

Dieses Buch widme ich meiner Mutter:
Sie hat meine Phantasie großgezogen.
Der Rest ergab sich von selbst.

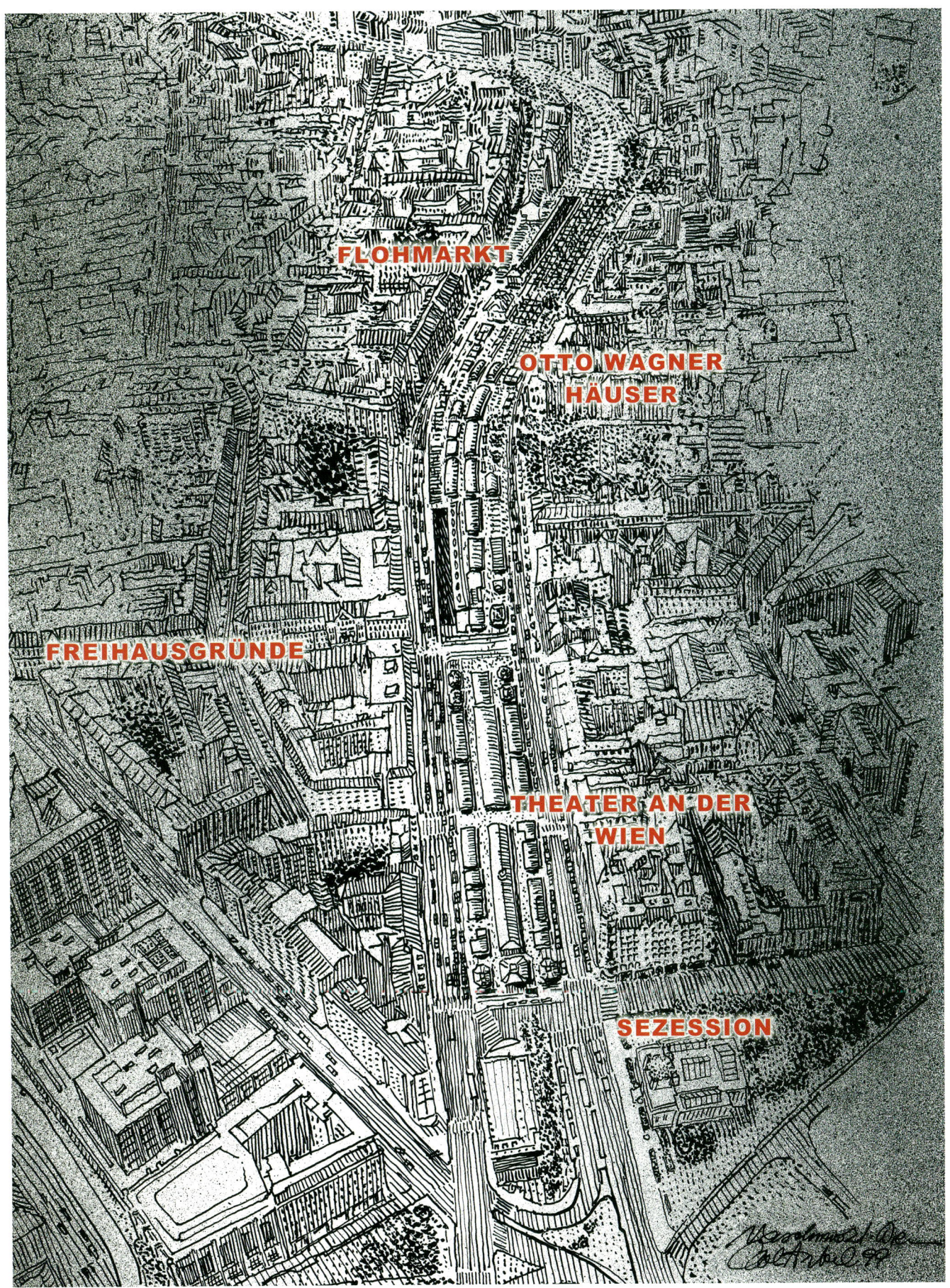

Inhalt

Geleitwort 8
    von Altbürgermeister Dr. Helmut Zilk

Auf einem Fluß und zwischen zwei Welten 10
    Östlichster Markt und westlichster Basar des Planeten

Ein Tag kann viel zu wenig sein 18
    Naschmarkt-Spaziergang: eine kulinarische Weltreise

Der Markt, der niemals unterging 46
    Der lange Weg vom „Aschenmarkt" zum Naschmarkt

Auf dieser riesengroßen Bühne 68
    Große Mühen und kleine Freuden des Standlerlebens

„Vastehst, Oida?" 90
    Ein bißchen Wienerisch für Naschmarktbesucher

Otto Wagners Erbe:
    Stadtbahn, Naschmarkt, Jugendstil 110
    Spurensuche rund um den Markt: Freihaus, Mozart, Schikaneder 125
    „Es ist nur Chimäre, aber mi unterhalt's!" – das Theater an der Wien ... 130
    Der Schöpfer des „Krauthappls" – die Wiener Sezession 141

Wien ißt anders 144
    Was und wie man rund um den Naschmarkt genießt

Tag und Nacht im Bauch der Stadt 168
    Das Naschmarktviertel für Bummler, Gourmets und Strawanzer

Einkaufen für Fortgeschrittene 186
    Tips und Tricks für Naschmarktbesucher

„Vurschrift is Vurschrift!" 200
    Die Marktaufsicht damals und heute

Der schönste Tag 218
    Flohmarkt, Sekt und Austern: Am Samstag ist der Markt ganz anders

    Zum Abschluß 237
    Literaturverzeichnis 238
    Bildnachweis 240

Zum Geleit

Der Wiener Naschmarkt: Es ist wohl kein Zufall, eher über Generationen gewachsene Fügung im Großstadtorganismus, daß in seinem Umkreis sowohl Oper als auch Kleinkunst ihren Platz haben, daß an seinen Flanken anachronistisch anmutende Handwerksstuben die Zeiten überdauerten und einige der prächtigsten Werke des Jugendstils seine Ränder säumen.

Das Publikum ist so vielfältig wie die Warenangebote des Marktes:

Der zeitgeistige Großstadtbewohner kauft dort frisches Meeresgetier, der Käseliebhaber findet eine einzigartige Vielfalt und die Zuwanderer, vor und hinter den Verkaufsständen, lassen die Sprachenvielfalt der Donauländer weiterleben. Theaterleute, Werbestrategen und Zeitungsmenschen halten in den zu hochkarätigen Imbißständen umgestalteten Markthäuschen ihre Besprechungen und auch das streunende Volk findet am Naschmarkt seinen Hafen.

Was der Naschmarkt für Wien und seine Bewohner bedeutet, das läßt sich am eindrucksvollsten an einem Negativ-Beispiel aus einer anderen europäischen Metropole erahnen. Jahrzehntelang trugen die Markthallen im Zentrum von Paris den aufschlußreichen Beinamen „Der Bauch von Paris". Als sie eines Tages nicht mehr da waren, erkannte man zweierlei: daß sie eine für das Funktionieren des Organismus der Großstadt weitaus größere Bedeutung hatten, als ihre bloße Funktion als Verteilungsmaschine von Nahrungsmitteln. Und daß ihr atmosphärischer Beitrag zum emotionalen Atem der Großstadt nie wieder herzustellen sein würde, sobald sie einmal zerstört waren. Der zwar schmucke, aber freudlose Einsatz – eine Mischkulanz aus im Erdboden versenkten, übereinandergestapelten Ladenzeilen und einer Parkanlage – der heute ihren früheren Platz einnimmt, überzeugt nur in einem Punkt: Sein moderner Charme ist so radikal anders als jener der versunkenen Markthallenwelt, als wollte er jede Erinnerung an die legendären Hallen bereits im Keim ersticken.

Der Wiener Naschmarkt hat beileibe nicht die Flächenausdehnung der früheren Markthallen von Paris. Aber seine Funktion ist eine ganz ähnliche. Ihn als große Verteilmaschine von Obst, Gemüse, Käse und Fleisch zu sehen, hieße seine psychohygienische Bedeutung für den Organismus Stadt außer acht zu lassen. Ihn als schicke Aneinanderreihung von trendigen „Freßstandl'n" zu beschreiben, hieße, seine überaus wichtige Nahversorgungsfunktion zu vergessen. Ihn als schützenswertes architektonisches Erbe unter allen Umständen vor Zeiteinflüssen und Moden bewahren zu wollen, hieße, seine Rolle als einer der Bühnen der Stadt geringzuschätzen; auch Bühnen wechseln mit den Stücken ihre Kulissen und Dekorationen und bleiben doch – vital und lebendig. Der Naschmarkt ist alles zugleich: Er lebt und verändert sich mit den Jahren und Jahrzehnten – und bleibt wahrscheinlich gerade deshalb so ein authentischer Flecken Wien, ein Ort, an dem auch der Besucher ganz besonders spürt, was den Reiz dieser Stadt zwischen den Weltgegenden, zwischen den Kulturen Europas, ausmacht.

Auch der Naschmarkt war einmal bedroht. Der forsche, unreflektierte Modernisierungsdrang einer Gottseidank überwundenen Epoche wollte ihn einer mehrspurigen Autobahnverlängerung und darübergestapelten Autogaragen opfern. Wer sich dieses opulente Buch über das quirlige Stadtbiotop namens Naschmarkt ansieht, wird meine Befriedigung verstehen können: Vernünftige und Besonnene sind jenen Planern und Architekten damals in den Arm gefallen, um den Naschmarkt vor grotesk anmutenden Übersiedlungsvarianten zu retten und ihn somit für Wien zu erhalten.

Und weil der Naschmarkt in den vergangenen Jahrzehnten und Jahrhunderten schon so vieles überstanden hat, bin ich auch zuversichtlich, daß er den Wienern noch lange ein sprudelnder Quell sein wird. Und eine Bühne für das, was dem Wiener die wahrscheinlich wichtigsten Dinge im Leben sind: Gustieren, Essen, Trinken, der Tratsch, die Gemütlichkeit – einfach eine Bühne für das, was Leben heißt ...

Dr. Helmut Zilk

Auf einem Fluß
und zwischen zwei Welten
Östlichster Markt und westlichster Basar des Planeten

Einen viertelstündigen Spaziergang vom Wiener Stephansdom entfernt liegt, in Sichtweite des weltberühmten Sezessionsgebäudes, zwischen Linker und Rechter Wienzeile, mitten im nicht endenwollenden Verkehrsstrom eine Art Insel. Sie ist dicht bebaut mit schönbrunnergelb gestrichenen, grün überdachten Hütten und Pavillons, stets umweht von Bratenduft und Gewürzaromen, und Tag für Tag bevölkert von einer geschäftigen Menschenansammlung aus buchstäblich aller Herren Länder.

Die unprätentiöse Aufschrift „Naschmarkt" auf einer schmucklosen Tafel markiert den Eingang

Der Naschmarkt: Insel im Großstadt-Strom

zu diesem gegen alle Wahrscheinlichkeit lebendig gebliebenen Stück Wiener Tradition – und zugleich zum vielleicht größten multikulturellen Treffpunkt Mitteleuropas. So buntscheckig, laut und zuweilen chaotisch der Wiener Naschmarkt auf den ersten Blick wirkt – er ist alles andere als ein Zufallsprodukt. Auch, wenn seine Beschaffenheit und sein Standort zum Nachdenken einladen: Denn physikalisch steht der Naschmarkt auf dem Fluß, der Wien den Namen gab. Und kulturell steht er auf der Schnittlinie zwischen Westen und Osten, zusammen mit der Großstadt, die ihn umgibt.

Der Blick aus der Vogelperspektive offenbart diese geographische und auch kulturelle Bruchlinie, auf der Wien wie eine große Klammer sitzt: Genau hier endet der gewaltige transkontinentale Gebirgszug der Alpen. Von den sanften Hügeln des Wienerwaldes bis zu den französischen Alpen, die im Thyrrenischen Meer ein Fußbad nehmen, reiht sich Gipfel an Gipfel, während sich östlich der Stadt bis an die Grenze Weißrußlands eine unendliche Tiefebene ausbreitet. Genau hier, in Wien, endet der Westen und beginnt der Osten Europas. Oder umgekehrt, je nach Perspektive.

Aus der Vogelschau werden auch jene zwei transeuropäischen Achsen sichtbar, die seit prähistorischer Zeit die Geschicke der Stadt bestimmt haben: Der

Auf einem Fluß und zwischen zwei Welten

Donaustrom, von Nordwest nach Südost das Häusermeer durchschneidend, und, weniger augenfällig, aber von ebenso gewichtiger Bedeutung, die Nord-Süd-Achse der Bernsteinstraße, eines uralten Karawanenweges, der von der Ostsee bis nach Italien führte. Wien muß schon in prähistorischer Zeit Rastplatz, Treffpunkt und wohl auch Marktplatz an dieser essentiellen europäischen Wegkreuzung gewesen sein. Nicht nur ein Umschlagplatz für Waren ist hier entstanden, sondern auch einer für Kulturen, Ideen und Lebensweisen von Menschen aus aller Welt. Diese Mischung prägt Wien seit grauer Vorzeit bis zum heutigen Tag und wer in dieser Hinsicht den aktuellen Stand der Dinge überprüfen möchte, wird ihm am Naschmarkt gespiegelt finden, dem westlichst gelegenen Basar des Planeten – oder dem östlichst gelegenen Feinschmeckermarkt der Welt, je ganz nach der gewählten Perspektive.

Der Naschmarkt aus der Vogelperspektive: deutlich sichtbar der Straßenzug, der dem unterirdischen Verlauf des Wienflusses folgt

Komfortabel an den Hauptlauf der Donau gelehnt, wuchs an der Kreuzung der Handelswege eine Ansiedlung heran und aus ihr eine befestigte Stadt. Bis vor 150 Jahren standen die Festungsmauern Wiens, eingesäumt von Vorstädten, Weingärten, Feldern und Wiesen. Dazwischen schlängelten sich viele Bäche auf die Stadt zu – und auch die Wien, der Fluß, der dieser Stadt seinen Namen vererbt hat. Im Keltischen heißt „vindo" weiß, und „abona" Fluß. „Vindobona", wie Wien zur Römerzeit hieß, dürfte demzufolge „Weißer Fluß" bedeutet haben, aber es wäre ein Wunder, würde die Stadt wenigstens über den Ursprung ihres Namens zu einem haltbaren Konsens finden: Besucht der Ratsuchende hierzulande drei Fachleute, wird er mit mindestens vier durchaus fundierten, einander aber diametral widersprechenden Fachmeinungen nach Hause gehen.

Unbestritten ist, daß das Flußtal der Wien schon in uralten Zeiten Schauplatz eines multikulturellen Nomadentums gewesen ist. Den ältesten Beleg dafür, und zugleich überhaupt das älteste historische Zeugnis im Wiener Raum, überliefert uns ein gewisser Franz Tschischka, von 1828 bis 1847 Registraturdirektor des Stadtarchivs. Tschischka erwähnt in seiner „Geschichte der Stadt Wien" einen Grabstein, gefunden oberhalb des Wienflusses, keine zweitausend Meter vom heutigen Standort des Naschmarktes. Der Stein trug eine althebräische Inschrift, die Tschischka folgendermaßen übersetzt: „Mordach, aus dem Riesengeschlecht, ein starker und großer Mann, gestorben im Jahre 2560 nach der Erschaffung der Welt." – Übersetzt in unsere Zeitrechnung ergibt dies das 13. vor-

Der Wiener Naschmarkt

Nur kane Wellen! Das wasserscheue Wien verbannt den Fluß, der ihm den Namen gab, unter den Boden.

christliche Jahrhundert! Der Jude Mordach, wir vermuten in ihm mit einiger Wahrscheinlichkeit einen Kaufmann auf Geschäftsreise entlang der Bernsteinstraße, fand also tausende Kilometer von seiner Heimat entfernt am Wienfluß seine letzte Ruhestätte, lange bevor König Salomo geboren war, und hinterließ mit seinem Ableben eine erste Spur von Wiens Rolle als Rastplatz, Tauschzentrum und kultureller Drehscheibe.

In den Zeiten, als aus ärmlichen Anfängen der Naschmarkt entstand, müssen wir uns an den Ufern des Wienflusses eine Dorflandschaft vorstellen: Mühlen, Weingärten, später Lehmgruben, aus denen Ziegel für die rege Bautätigkeit im Stadtgebiet gewonnen wurden. Mitten im Fluß lagen Inseln wie zum Beispiel Permansweiher, die Anhöhe, auf der Fischer von Erlach die Karlskirche gebaut hat. Heutzutage wird der Fluß, vom Westen die Stadtgrenze erreichend, durch ein Staubecken in eine ungeheuer überdimensioniert wirkende steinerne Einfassung geleitet, säuberlich getrennt vom Stadtleben durch zwei der meistbefahrenen Straßen Wiens. Der Wienfluß verschwindet gemeinsam mit der seinen Lauf begleitenden U-Bahn genau am Naschmarkt unter einer soliden Überdeckung, um erst im Stadtpark wieder ans Tageslicht zu kommen und wenige hundert Meter weiter bei der Urania-Sternwarte in den Donaukanal zu münden.

Die Amputation des Flußlaufes aus dem Stadtbild ist kein Zufall: Wien, wasserreich wie wenige andere Metropolen, ist dabei so hochgradig wasserscheu wie keine andere Stadt! Den Donaustrom zwängten die Wiener in ein schnurgerades Bett, umgeben mit hohen Dämmen, und legten zwischen sich und den Strom breite Straßen und mehrspurige Eisenbahnen. Bergbäche wie der Alserbach fristen tief unter dem Asphalt ihr Dasein als Teil des Kanalisationssystems. Zwar hat die Hydrophobie nachvollziehbare Gründe: Führten Wienfluß oder Donau Hochwasser, so waren die Folgen für die angrenzenden Siedlungsgebiete mehr als einmal katastrophal. Auch von hygienischen Notwendigkeiten berichten die historischen Quellen. Aber wie anders ging Paris mit seiner Seine um, Florenz mit seinem Arno, Berlin mit seiner Spree! In Wien tritt die durch Bequemlichkeit diktierte Ökonomie der Lebensweise gerade dort sichtbar zutage, wo die maßlose

Auf einem Fluß und zwischen zwei Welten

Naturgewalt ganz einfach unter die Erde verbannt wird: „Nur kane Wellen!", heißt es in dieser Stadt, wenn Neuerungen zu ungestüm gefordert, abenteuerliche Unternehmungen der Öffentlichkeit unterbreitet, Revolutionen in allen Lebensbereichen vollmundig verkündet werden – „Nur kane Wellen!" bescheidet man dem Innovator, nicht einmal feindselig, eher mitleidig-freundlich, weil hier eben jemand mit seiner Initiative zeigt, daß er den lokalen Lebenskonsens noch nicht ausreichend verstanden hat. Aber man lasse ihn nur ein paar Jahrzehnte gegen die ebenso weichen wie unerschütterlichen Gummiwände laufen, mit denen die Stadt ihren Status Quo austapeziert hat, dann wird auch er begreifen, wie Wien wirklich funktionieren möchte: Reibungs- und erschütterungslos, ohne Veränderungen und mit allen Bequemlichkeiten ausgestattet, soll das Leben dahingleiten wie der sprichwörtliche lange Fluß. Alle Wiener sitzen im selben Boot. Mehr oder weniger steuerloses Dahintreiben ist der breit getragene Grundkonsens, und wer das Boot, sei es versehentlich oder mit Absicht, in ruckartige Bewegungen versetzt, wird verblüfft sein, wie schnell sich seine bisher so trägen Mitfahrer zusammenrotten, um den Störenfried über Bord zu werfen!

Stadtlandschaft am Wienfluß: das Stationsgebäude „Karlsplatz" von Otto Wagner

„Nur kane Wellen" also, schon gar nicht von der Wien, diesem launischen Gebirgsbach, der nach Trockenzeiten als träges Rinnsal dahinplätschert, sich aber bei heftigen Regenfällen oder Schneeschmelze bis zur zweitausendfachen Wassermenge aufblähen kann und in diesem Zustand ein beachtliches Zerstörungspotential ins Stadtgebiet trägt.

Versuche, die Wien zu bändigen, setzten schon die alten Römer in Form eines Auffangbeckens, das aber schon im dritten nachchristlichen Jahrhundert wieder verfallen war. Erste Lösungsentwürfe der Neuzeit datieren aus dem Jahre 1781 und waren vor allem hygienisch motiviert: Den „Ausdünstungen" des Wassers schrieb man, angesichts der damaligen Zustände einen wesentlichen „Anteil an den epidemischen Krankheiten" zu, von denen die Wienerstadt in ihrer Geschichte immer wieder heimgesucht worden war. Bei aller berechtigten Dringlichkeit solcher Anliegen machte man auch hier „kane Wellen", sondern ließ sich ausreichend Zeit zur Willensbildung. Zu einem konsequenten Ende gebracht wurde die Regulierung erst ab 1897 parallel zur Erbauung der Stadtbahn: Ein neues Hochwasserbecken, Flußgerinne mit zwei parallel angelegten Sammelkanälen und die streckenweise Einwölbung gaben der Stadtlandschaft am Wienfluß ihr heutiges Gesicht. Seither steht der Naschmarkt auf dem Fluß und Autoreifen rollen dort, wo früher Wasser unter Brücken und über Mühlräder rauschte. Dennoch: Bis heute folgen die Straßenzüge dem Verlauf der Flüsse, als hätte der Mensch das Wasser zwar in Röhren pressen, aber seine magische Macht nicht bändigen können.

Die große Kurve etwa, die man durchfährt, wenn man von der Rechten Wienzeile kommend in den Karlsplatz hineinsticht, folgt im wesentlichen dem

Auf einem Fluß und zwischen zwei Welten

Einst und jetzt: Wiens liebster Markt, 1885

unterirdischen Verlauf des Wienflusses. Aus dem Augenwinkel registriert der eilige Autofahrer gegenüber dem Verkehrsbüro die Aufschrift „Bärenmühle" und schließt daraus richtig, daß sich auch hier einst Mühlräder drehten. Dann gilt es wieder, sich auf den Verkehr zu konzentrieren, denn hier hat Wien nicht nur seinen größten Markt, sondern auch eine seiner wesentlichsten Verkehrsdrehscheiben: Nach Triest und Venedig? Bitte scharf rechts abbiegen! Nach Budapest und Prag? Bis zur Wienmündung geradeaus, dann rechts, bitteschön! Nach Deutschland? In die Schweiz? Bei der nächsten Kreuzung umkehren und dann immer der Nase nach! – Hier, in diesem Teil der Stadt, laufen Wiens wesentlichste Verbindungen nach Süden, Westen und Osten zusammen. Und hier, wo Straßen aus aller Herren Länder zusammentreffen, wo Europa seit Jahrhunderten einen Treffpunkt hatte, genau an diesem Ort hält Wien sechsmal pro Woche seinen beliebtesten Markt ab.

Ein Tag kann viel zu wenig sein

Naschmarkt-Spaziergang: eine kulinarische Weltreise

Pflichtbewußte Bildungsreisende könnten den Naschmarkt leicht übersehen. Rastlos unterwegs, um zu erkunden, ob die im Reiseführer beschriebenen und abgebildeten Sehenswürdigkeiten auch tatsächlich an ihren vorgesehenen Plätzen befestigt sind, eilt man allzu rasch an diesem Ort vorbei, nicht ahnend, daß sich genau hier die Fußspuren von Mozart und Beethoven, Nestroy und Girardi, Schikaneder und Johann Strauß kreuzen. Weltgewandte Hedonisten dagegen bleiben manchmal viel zu lange: Auf der Suche nach dem besten unter den unbekannten Restaurants und dem lokaltypischsten unter den verfeinerten

Ein Tag kann viel zu wenig sein

Genüssen tauchen Sie eines Nachmittags oder Abends in das Biotop des Marktviertels ein, um erst viele, viele Stunden später wieder zurückzukehren.

Manchmal kann sie sogar länger als einen Tag dauern, die rauschhafte Exkursion durch dieses eine Stück Wien, das niemals schlafen geht und rund um die Uhr zu leben versteht. Schön, wenn einem in solchen Fällen das Erinnerungsvermögen treu bleibt: Schließlich gilt es nach der Heimkehr, das teuer erworbene Insidertum beim Party-Smalltalk kundzutun.

Der Naschmarkt ist ein wahrer Dschungel der Genüsse. Wer sich auch nur beiläufig Überblick verschaffen will über das Angebot und die Anbieter, nimmt sich besser einige Stunden Zeit. Für das eingehende Kennenlernen kann ein Tag viel zu wenig sein. Als durchaus sinnvoll könnte es sich erweisen, den Erkundungsgang im Morgengrauen zu beginnen. Nachts ist es still um die Stände. Nur das im Hintergrund präsente Brummen des Stadtverkehrs ist zu hören, gelegentlich die Schritte eines späten Bummlers und manchmal auch das Aufheulen eines Motors, wenn jemand die tagsüber stets überfüllte Wienzeile zur nächtlichen

Der Wiener Naschmarkt

Wenn der Gast nicht ins Cafe kommt, kommt Herr Drechsler mit dem Morgenkaffee.

Privatrennstrecke umfunktioniert. Aber schon im ersten ungewissen Licht des Tages hört man gedämpfte Stimmen, Rolläden, die rasselnd hochgehen, das Klappern von Holzkisten und das Dieseln von altersschwachen Lastwagenmotoren. Aus den ersten Ständen fällt Licht. Der Markttag beginnt.

Diese frühen, noch etwas schlaftrunkenen Stunden, wenn Lieferanten und Hilfskräfte die frische Ware vom Lieferwagen an die Rückfront der Standzeile transferieren, wenn sortiert, aufgebaut, ausgestellt und appetitlich arrangiert wird – diese Stunden bringen den Auftritt eines soignierten Herren, der im Gewirr der Arbeitenden, zwischen Stapeln von Kisten und Kartons, mit routinierter Gebärde Kaffee vom Silbertablett serviert. Sein Name ist Engelbert Drechsler und das sorgsam mit Tabakrauch patinierte Kaffeehaus auf der gegenüberliegenden Seite der Linken Wienzeile gehört seit 1918, mithin seit drei Generationen, seiner Familie. Hier treffen im Morgengrauen die letzten Nachtschwärmer auf die ersten Arbeitsamen – und wenn der Gast nicht zum Kaffee kommt, kommt Herr Drechser mit dem Kaffee zum Stand.

Ein Tag kann viel zu wenig sein

Später am Morgen kann man zwischen den Ständen Prototypen der Marktkundschaft beobachten: Erste Einkäufer, viele im fortgeschrittenen Pensionsalter und seit Jahrzehnten das frühe Aufstehen gewohnt, eilige Büromenschen, die auf dem Weg zur Arbeit ein kleines Frühstück oder einen schnellen Espresso im Stehen zu sich nehmen wollen, und späte „Drahrer", die den Kavernen der nahegelegenen Nachtlokale entstiegen und auf der Suche nach ein wenig Frischluft und einer mehr oder weniger soliden Labung sind: Ihnen allen kann geholfen werden.

Je mehr sich der Markt belebt, desto höher steigt der Geräuschpegel und mit ihm wächst das Gewirr der Sprachen und Akzente. Daß eine laute, tragfähige Stimme die beste Werbung ist – das ist vom Basar von Täbris bis zum Fischmarkt von Kowloon erste Spielregel des Marketings. Prototypisch und durchaus mit Unterhaltungspotential ausgestattet ist der edle Stimmwettstreit zweier Kebab-Stände, die am Naschmarkt, einander gegenüberliegend, um den Hunger der Vorüberziehenden buhlen, wobei die Ausrufer, demonstrativ das Messer wetzend, einander oft herausfordernd in die Augen schauen: „Bästa Kebab! Habe frisch!" –

Ein Paradies wacht auf:
die frühen Morgenstunden
auf dem Markt

Ein Tag kann viel zu wenig sein

„Bässar Kebab! Billigärr!" Auch sonst herrscht nicht gerade vornehme Stille und wer ein feines Ohr für Akzente hat, identifiziert im allgegenwärtigen „Billigärr! Nur zähn Schilling da Kilo!" Anklänge an mindestens zehn Sprachen.

Trotzdem ist der Naschmarkt kein unangenehm lauter Ort. Vielleicht ist es ein Wiener Spezifikum, daß die Kommunikation auf diesem Markt gelegentlich einen überraschenden Grad an Subtilität erreicht: Oft verläßt sich der gewiefte Standler eher auf die Macht der Körpersprache, des Blickkontaktes und der simplen Höflichkeit als auf die Stimmgewalt. Mehr als einmal wird der in Betrachtung versunkene Spaziergänger zwischen den Marktstandeln von einer imposanten Russin, einem goldkettenbehängten Anatolier oder einem hageren Armenier über drei Meter hinweg mit einem dezenten „Guten Tag!" begrüßt, worauf er reflexartig Blickkontakt aufnimmt – und damit bereits mit einem Bein in den Verhandlungen über ein Kilo Äpfel oder ein ausladendes Sesambrot steht.

Was man in diesem multikulturellen Sammelsurium allerdings lange und mit aufmerksamer Sorgfalt suchen muß, ist der echte Urwiener „Schmäh", also die Fähigkeit, mit doppelbödigem Humor in bestem Urwienerisch den Zugang zur Sympathie und damit zur Brieftasche des Kunden zu finden. Einem der letzten

Orient in der Auslage: Türkisches Brot erfreut sich wachsender Beliebtheit.

Der Wiener Naschmarkt

Erben der sprachgewaltigen Kräutler und Höckerinnen begegnet man in der Nachbarschaft eines ausladenden Sauerkrautfasses: „Ladies end Tschentelmen!" – wobei sich das „Ladies" mit dem unnachahmlichen, sich zweimal auf der Zunge überschlagenden Meidlinger „L" anhebt – „Ladies and Tschentelmen! Endlich da, das erste Champagnerkraut! Gnä Frau, es is nie zu spät für die Superfigur! Bitte meine Dame, wollns net kosten? Für die schlanke Linie? Das gute Sauerkraut?" Echtes Markturgestein steht da, die Sauerkrautgabel schwingend und jeden taxierend, der sich nähert: Die neugierigen Touristen, kenntlich an Kamera und Stadtführer, die resche Wienerin auf Einkaufstour, der resolute Pensionist ... – ein jeder bekommt das zu hören, was er oder sie vermutlich hören will. So muß es früher an allen diesen Ständen gewesen sein. Vorbei! Das anstrengende Leben als Marktstandler haben viele eingesessenen Wiener kampflos den „Zuag´rasten" überlassen. Ausmaß und Tempo der Veränderung lassen sich an subtilen Zeichen ablesen: „Sapper" verkündet in verbleichenden Buchstaben das Namensschild eines ausladenden Gemüsestandes. Kleiner und diskreter, aber in neu leuchtenden Buchstaben steht daneben: „Inh." – also Inhaber – „Sofija Moshaen". Das ehemalige „Kräuterhaus" steht jetzt im Besitze der ebenfalls nicht unbedingt einheimisch klingenden Unternehmung „Al-Donau". Ein lebendiges Stück Levante, die-

Schade, daß man Duft nicht fotografieren kann: Frische Gartenkräuter gibt's im Blumentopf.

Ein Tag kann viel zu wenig sein

Schätze zwischen Eichendauben: Spezialitäten aus Gegenbauers Wiener Essig Brauerei

ser Naschmarkt. Seine ständige Veränderung und Neubesiedelung sind ein Symptom für das Oszillieren der Wiener Identität zwischen Ost und West. Schon Fürst Metternich, der Mann, der 1815 den Kongreß zum Tanzen brachte und Europas Grenzen für rund hundert Jahre neu festgelegt hat, soll Zeit seines Lebens obstinat behauptet haben, der Balkan beginne am Rennweg, mithin keine fünfhundert Meter Luftlinie von den Marktständen entfernt.

Wo noch echte Wiener am Werk sind, merkt man die Mentalitätsveränderung, die der wachsende Wohlstand mit sich gebracht hat: Man überläßt den ausländischen Konkurrenten die Breite des klassischen Marktangebotes und macht es sich in den Nischen des verfeinerten Geschmackes bequem. „Gradwohls Vollkornstandel" bedient den nach wie vor ungebrochen rollenden Bio-Trend, die seit Generationen auf dem Markt präsente Familie Gruber besteht mit ihrem Angebot an frischen, teilweise lebend präsentierten Fischen und Meeresfrüchten in hohen Ehren gegen die benachbarten Tiefkühlspezialisten von der „Nordsee", die „Wiener Essig Brauerei Gegenbauer" kredenzt dem Gourmet aus eichenen Fässern eine nach Dutzenden zählende Kollektion von hochverfeinerten Essigsorten. Schmankerl-Spezialisten wie Urbanek oder das „Käseland" mit einem genial

Ein Tag kann viel zu wenig sein

Schmankerln aus aller
Herren Länder: der Stand
von Party Service Pöhl

zusammengestellten Sortiment aus französischen, schweizerischen und österreichischen Käsespezialitäten halten ihre in ganz Wien sprichwörtliche Qualität hoch und erfreuen sich ausgezeichneter Frequenz.

Aber die Konkurrenz lernt bereits dazu: „Körndlkost" steht da auf einem etwas windschiefen Schild am Stand der Firma „Anadolou" – und gleich daneben: „Alternative Nahrung".

Solche Botschaften richten sich vor allem an eine junge Szene von Konsumenten, die sich in zunehmendem Maße unter die klassische Marktkundschaft gemischt hat: Teils angezogen vom besonderen Flair des Markttreibens, teils dem Trend zum Echten und Naturbelassenen folgend, wohl auch vom Szene-Treffpunkt Flohmarkt herübergewandert, hat die Jugend den Naschmarkt in den letzten zehn Jahren neu entdeckt. Besonders samstags sieht man, zwischen in Ehren ergrauten Wienerinnen und Wienern, die hier wohl schon jahrzehntelang einkaufen und den Veränderungen des Marktes eher reserviert gegenüberstehen, junge Leute in gelegentlich abenteuerlichen Haartrachten und Outfits zwischen den

Ein Tag kann viel zu wenig sein

Ständen flanieren. Manche konsumieren einfach nur das reichhaltige Fastfood-Angebot, andere decken sich mit türkischem Brot, indischen Reis und frischem Obst und Gemüse für das Wochenende ein.

Wo so viele Kulturen und Subkulturen aufeinandertreffen, entsteht unvermeidlich Reibung. Man merkt es, wenn man mit offenen Augen und Ohren zwischen den Ständen umherstreift. Manchmal sind es Sprachbarrieren, die Aggression erzeugen: Da steht ein älterer Chinese etwas hilflos vor einem Verkäufer und läßt eine Suada in Wiener Dialekt mit türkischem Akzent über sich ergehen: „Weissu wos des kostat? Weissu des? Donn zohl des aa, heast! Odarr schleichst di!" Der Chinese hat eine Orange in der Hand und versucht mit devotem Lächeln, diese in das bereits abgewogene Papiersäckchen zu versenken, bis ihm der Türke die Frucht aus der Hand reißt: „Nix da! Sixt, was des kostat? Zohlsta des oda schleichst di!" Der Chinese zahlt und trottet davon. Der Verkäufer setzt seine Schimpftiraden auf türkisch fort.

Manchmal ist es auch ein schlichter Rausch, den ein verirrter Nachtschwärmer am Vormittag in ungeeigneter Umgebung ausleben will: Einer dieser Schlaflosen taumelt am späten Vormittag über den Markt, angetan mit Kleidung, die er

Wenig Faible für Veränderungen: die ältere Generation der Marktkundschaft

Der Wiener Naschmarkt

Auch wenn der Pizzakoch oft Branko heißt: Italienisches Flair ist in Wien immer gefragt.

offensichtlich schon geraume Zeit nicht gewechselt hat. Nur die Schuhe sind neu und blank poliert. Man fragt sich unwillkürlich nach ihrer Herkunft. Immer wieder bleibt er schwankend stehen, unverständlich vor sich hin murmelnd und mit ausladenden Gesten den Weingeist oder irgend eine andere Spiritualität beschwörend. Sein Zickzackweg findet ein jähes Ende, als er einen jungen türkischen Standler anrempelt und beinahe eine Obstkiste zu Boden reißt. Der junge Standler erhält binnen Sekunden mehrköpfige Verstärkung. Wieder hört man diese charakteristische Mischung aus Dialekt und Akzent, die eine verbale Grundschwingung des Marktes ist: „Geh weidarr, heast. Schleich di!" Physische Aggression liegt in der Luft. Der Angeheiterte wird von seinem Restinstinkt in die sichere Entfernung geleitet und der junge Türke rückt mit der Grandezza des gelernten Macho seine Jacke zurecht: „Oaschloch!"

Am späten Vormittag eines normalen Wochentages durchlebt der Naschmarkt eine Art Leerlaufphase. Der Geräuschpegel sinkt, zwischen den Ständen herrscht kommode Bewegungsfreiheit und wenn irgendwo größere Menschenansammlungen zu registrieren sind, dann dort, wo der Müßiggänger sich mit einem schnellen Kaffee oder einem Imbiß laben kann und dabei entspannt plaudert. Kommt dann die Mittagszeit, so kehrt das Leben zurück: Eine bunte Schar des Personals der umliegenden Büros und Geschäfte sammelt sich an, um auf dem Markt seine Pause zu verbringen. Beneidenswert, wer in diesem Viertel arbeitet: Man könnte bequem mehrere Arbeitswochen lang auf dem Naschmarkt speisen, ohne zweimal das gleiche Lokal frequentiert zu haben!

Vom Austernparadies der Nordsee an stadtauswärts besteht eine ganze Standzeile praktisch nur aus Lokalen: „Orientalische Pizza" lockt da und wem das ein wenig „spanisch" vorkommt, der sei auf den Umstand hingewiesen, daß die meisten Köche der in Wien so zahlreichen „italienischen" Pizzalokale auf so unitalienische Namen wie Branko, Mustafa oder Emin hören. – Was auch für die

Ein Tag kann viel zu wenig sein

schon ein bißchen italienisch angehauchte „Pizza Mamma Mia" gelten dürfte. Etwas originaler geben es vermutlich die „Spaghetteria" und die „Tramezzini-Bar" und uritalienisch ist der Ableger der Espressokette Segafreddo im Herzen des Marktes.

Steht einem der Sinn nach den Genüssen des Fernen Ostens, dann serviert Toko-Ri Sushi und der Indian Pavillion heftig Gewürztes. Wer bodenständige Kost bevorzugt, wird vom „Gasthaus zur Eisernen Zeit" oder dem Durchhaus ebenfalls nicht enttäuscht werden. Das Durchhaus, so genannt wegen seiner zwei Türen an den gegenüberliegenden Fronten des Lokals, lädt zum längeren Verweilen ein. Über seine Theke regiert Martina. Sie kennt auf dem Naschmarkt jeden und jeder kennt sie und wenn ein solch riesiger Markt eine Familie ist, dann wird man wenig geeignetere Mütter finden.

Ein WC sucht man übrigens im Durchhaus wie auch in den anderen gastronomischen Institutionen des Marktes vergeblich: Ein Umstand, der die Kuriosiät der Vorschriften, einen Marktstand betreffend, belegt. WC braucht so eine

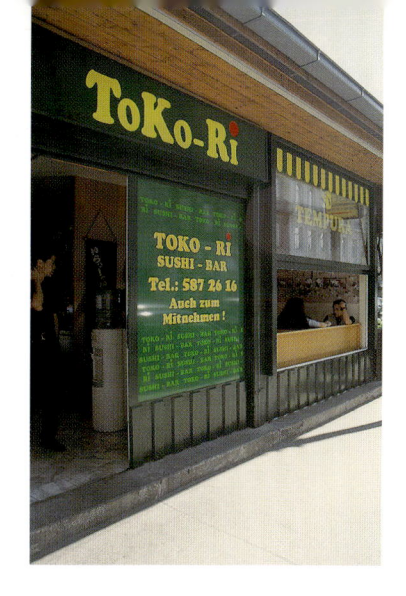

Rastplatz Durchhaus: Martina serviert Bier im Stangerl-Glas.

CURRY MILD
CHILIPULVER
KURKUMA
ESTRAGON
SUMACH
ANIS GANZ
CAYENNEPFEFFER GEMAHLEN
SALATKRÄUTER
ZIMTRINDE
ZIMT GEMAHLEN
PFEFFER GRÜN GEMAHLEN
PFEFFER SCHWARZ GEMAHLEN
PFEFFER WEISS GEMAHLEN
FENCHEL GEMAHLEN
KARDAMOM GANZ

Ein Tag kann viel zu wenig sein

Einrichtung laut Verordnung keines. Und das Durchhaus ist nach dem Buchstaben des Gesetzes ein Marktstand, auch, wenn es eher ein gutbesuchtes Beisl ist – wohl das einzige im Stadtgebiet, das, undenkbar für jede andere gastronomische Einrichtung in Österreich, dem Gast keine Gelegenheit für seine Notdurft bietet! Der beschwerliche Weg zu dem alten, aber wenig ehrwürdigen Sanitärblock, der seit der Jahrhundertwende im Westteil des Marktes Salatkistenträgern, Flohmarktstandlern und allen Durchreisenden Gelegenheit zu allerlei Geschäften bietet, bleibt dem Durchaus-Gast erspart. Er überquert kurzerhand die Rechte Wienzeile, betritt das kleine Cafe neben dem Bärenmühlendurchgang und sagt: „Einen schönen Gruß von der Martina".

Nach der Mittagsspitze sinkt der Naschmarkt in einen Verdauungsschlaf.

Die energiegeladenen unter den Standlern polieren Äpfel auf und schlichten Waren nach. Die Entspannten ergeben sich der Plauderei mit Kunden oder Familienangehörigen, die mit Kindern an der Hand auf Besuch kommen. Der Geräuschpegel sinkt wieder und wird nur gelegentlich durch ein lautes Wort unterbrochen, wenn ein Chef seine Hilfskraft scheucht. Es ist ein guter Moment für einen Erkundungsgang zu den kleinen Feinheiten und Skurrilitäten dieses unübersichtlichen Biotops. Staunend steht man etwa vor der Auslage des Milan Grkinic, der offenbar zum Zwecke der Ladendekoration ein Kochbuch geplündert hat: Ein ganzes Fenster voll Gewürzsäckchen kann man hier bewundern, jedes verziert mit einem kopierten Zettel, der lexikalische Auskunft über Natur und Verwendung der jeweiligen Spezerei gibt. Ein Besuch sei jedem dringend empfohlen, der über die sachgerechte Verwendung von Zitronenpfeffer oder Muskatblüte rätselt. Staunend steht man auch vor gezählten 90 Sorten Tee, die in Anadolus Stand in raffiniert gebauten Schieberegalen dargeboten werden.

Über das rund um die Welt unerläßliche Gottvertrauen bei der Abwicklung der Geschäfte kann man meditieren, wenn man vor einem indischen Laden mit dem klingenden Namen „Divine Enterprises" steht.

Diese Zeit gehört den Spezialisten, die in Ruhe nach feinen Dingen suchen wollen. Des öfteren trifft man auf einen weißhaarigen, hageren Herrn mit Brille, der sich mit unverkennbarer italienischen Eleganz zwischen den Ständen bewegt. Sein Name ist Aldo, er stammt aus der Toscana und betreibt mit hoher Grandezza ein kleines, aber hochklassiges italienisches Restaurant in der nahegelegenen Argentinierstraße. Hier am Naschmarkt kauft er für sein Lokal ein und wenn er irgendwo zugreift, kann man blind darauf vertrauen, daß es das Richtige zum

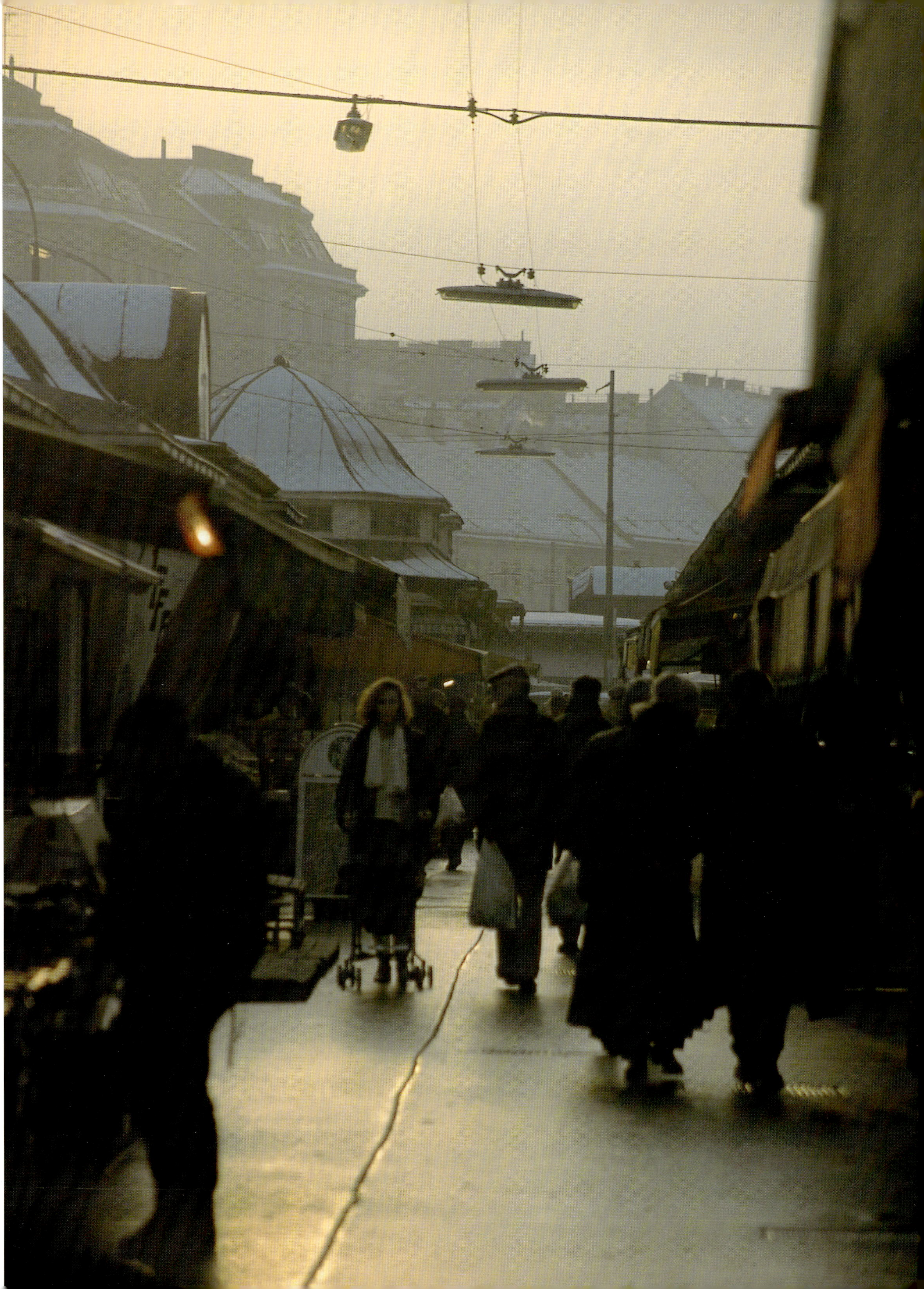

Ein Tag kann viel zu wenig sein

Der Zauber des Marktes: sinnliche Erlebnisse statt moderner Einkaufsroutine

richtigen Preis ist. Aldo ist nicht der einzige Vertreter seiner Profession, der sich auf dem Naschmarkt eindeckt. Man trifft hier fast täglich auf prominente Köche und Inhaber stadtbekannter kulinarischer Tempel.

Ob Genuß-Professional oder Küchenamateur: Einen Naschmarktbesucher nach den Gründen für sein Hiersein zu befragen, könnte lohnend sein: Gerade deshalb, weil die Frage den Befragten ratlos machen muß. Schließlich ist dieser Ort, diese Art des Einkaufs alles andere als zeitgemäß: Im winterlichen Schneegestöber würde der nahegelegene Supermarkt mit behaglichen 20 Grad Celsius locken, in der sommerlichen Bruthitze wäre man in einem klimatisierten Einkaufszentrum sicher besser aufgehoben, und überhaupt bleibt dem Naschmarktbesucher jegliche Bequemlichkeit der Einkaufsmoderne verwehrt: Kein Wagerl erleichtert die Last des Tragens, keine flinke Kassierin kürzt den Kauf mit Laser-Leser und Computerkasse ab, ganz zu schweigen, von dem in diesem Viertel endemischen Mangel an Parkplätzen, der auch den potentesten Megamarkt binnen weniger Wochen in den Ruin treiben würde. Was also bietet dieser Ort an Unwider-

Der Wiener Naschmarkt

Abendstimmung im „orientalischen" Teil: die Zeit der eiligen Einkäufer und der fröhlichen Genießer

stehlichem, daß er den Mangel an Bequemlichkeit für so viele Menschen aufwiegt? Was führt Tag für Tag die Naschmarktbesucher her, nicht nur aus der nahen Umgebung, sondern teilweise aus Bezirken, die kilometerweit entfernt sind?

Die Begründung kann nicht logisch sein, also ist sie psychologisch. Dieser Markt bietet uns die sinnlichen Erlebnisse, um die uns die moderne Einkaufsroutine gebracht hat: Die Vielfalt der Düfte und Farben, das Vertraute und das Exotische in gewagtesten Mischungen, das Suchen und Finden mit allen Sinnen, das Auswählen, Vergleichen und Handeln, die vielen kleinen Anstrengungen, die dafür den umso größeren Genuß versprechen. Der archetypische Jäger und Sammler in uns muß das sein, der da beim Betreten des Marktgeländes plötzlich wieder erwacht, nachdem er in klimatisierten, keimfreien, beruhigend beschallten und sorgfältig geordneten Einkaufsstätten in jahrelanges, unendlich gelangweiltes Dösen versenkt wurde.

Gegen Abend beginnen sich die Gassen zwischen den Standzeilen wieder zu füllen. Rundherum tobt die Rush-Hour und am Naschmarkt mischen sich eilige Einkäufer mit Genießern, die sich zur blauen Stunde ein Gläschen oder einen Kaffee genehmigen. Unter den fröhlich Feiernden entdeckt man des öfteren einen bestenfalls nachlässig gekleideten bärtigen Kerl, der sich durch hohe Trinkfestigkeit und ausgesprochenes Kommunikationstalent auszeichnet. Das ist Smokey, der

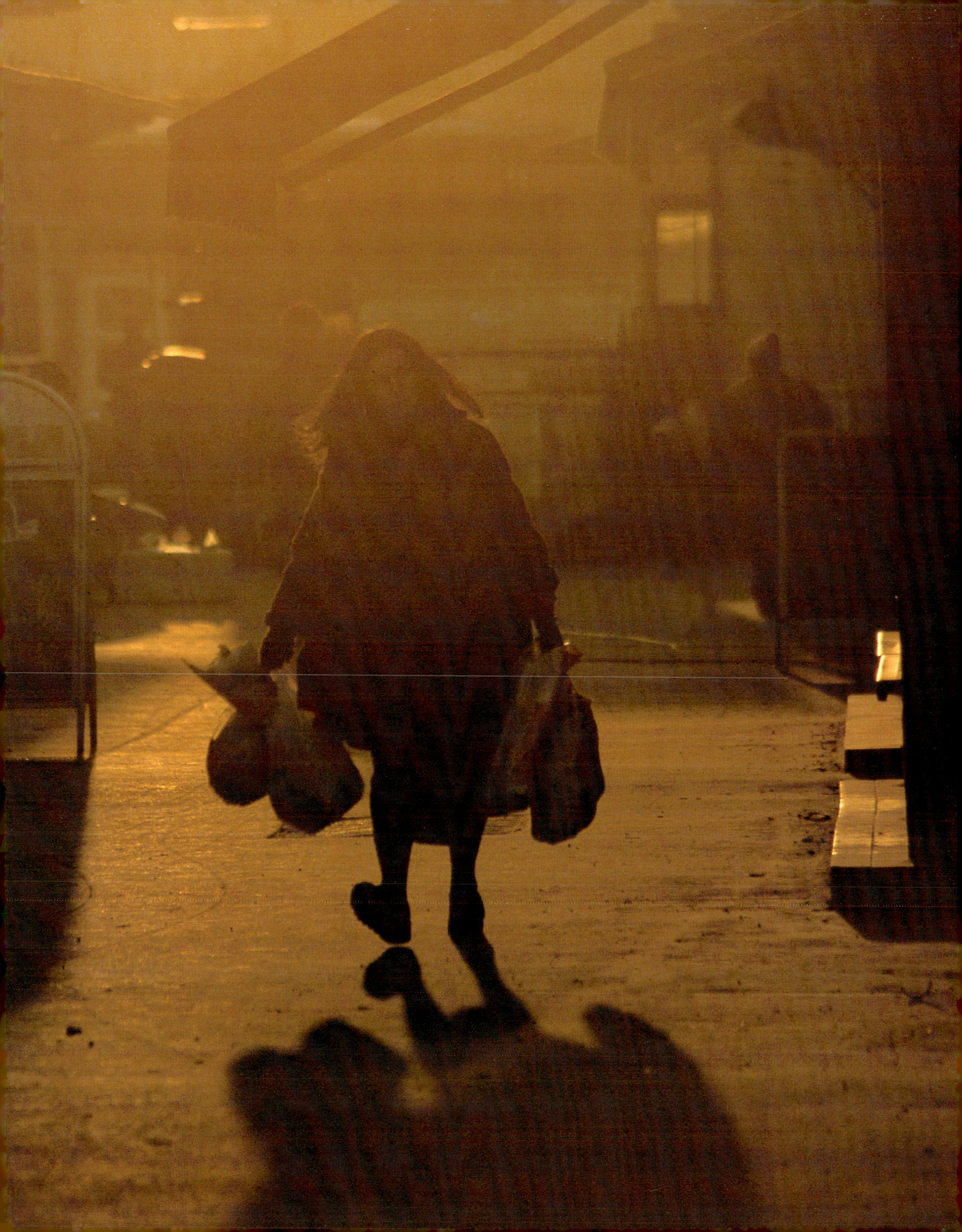

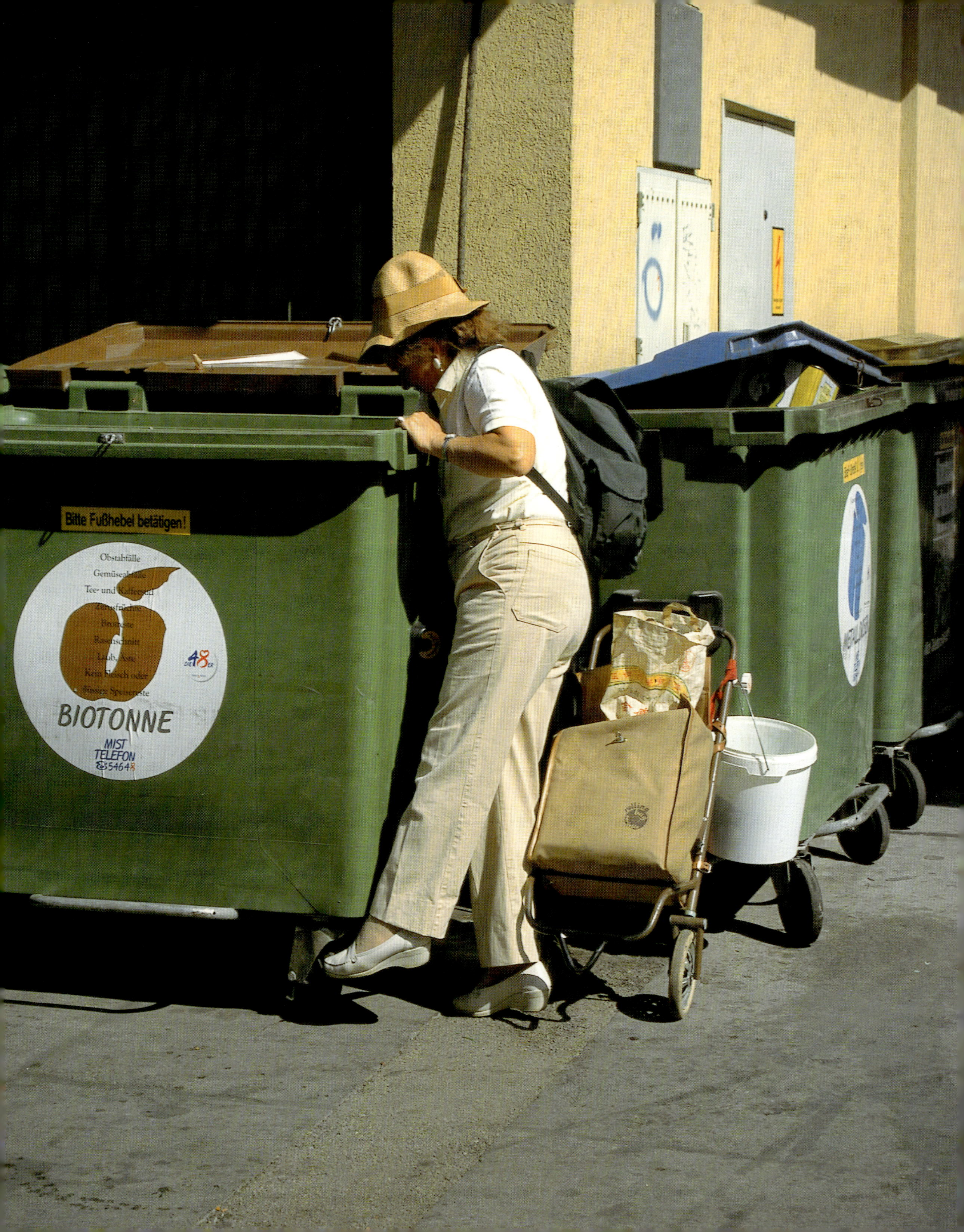

Ein Tag kann viel zu wenig sein

Mann, der den Thunfisch entführte. Smokey ist irgendwann in den wilden Siebzigern ein bißchen zu früh ausgestiegen, um es wirklich in nachhaltiger Weise zu schaffen. Als ihm dann auf den Malediven das Geld ausging, hat er ein bißchen zu spät den Heimweg angetreten, um wieder einzusteigen. Jetzt ist er die Edelausgabe des Wiener Sandlers: ohne festen Job und deshalb meist „nega", also zahlungsunfähig. Immer über längere Strecken obdachlos, aber nichtsdestotrotz auf Du und Du mit Branchengrößen aus Funk, Film und Fernsehen und bestens bekannt mit Vertretern gehobener Kreise. Häufig blau, aber jederzeit in der Lage, sachkundig über den neuesten Kaurismäki-Film zu parlieren. Zurückgekehrt von den Malediven hat Smokey sein Fernweh regelmäßig in Alkohol gebadet. Eines Tages entdeckte er im Zustand fortgeschrittener Berauschung unter all den Köstlichkeiten des Naschmarktes einen etwa zwanzig Kilo schweren und appetitlich dargebotenen Yellowfin-Tuna. Smokey verliebte sich spontan in den Fisch, schulterte ihn in einem unbeobachteten Augenblick und ging mit zwanzig Kilo Thun im Arm auf eine filmreife Odyssee durch Wiens Innenstadtlokale. Als er schließlich müde wurde, verschenkte er den Yellowfin an eine ihm bekannte Hausbesorgerin, die das Tier erst in der Badewanne barg, dann in Steaks filetierte und schließlich im Tiefkühler einer Hauspartei unterbrachte. Ein Jahr lang gab es dann in einer bestimmten Hausbesorgerwohnung in Wien fünf regelmäßig Thunfischsteaks.

Ungefähr um 18 Uhr löst sich das Leben auf dem Naschmarkt in Wohlgefallen auf: Die Kunden schleppen ihren Einkauf heim. Wer eine Theaterkarte besitzt, schaut nochmal auf die Uhr, bestellt vielleicht einen letzten Drink und wechselt in den gegenüberliegenden Musicaltempel – dem Theater an der Wien.

Wer keine hat, macht sich auf den Heimweg oder einen „Ziager" durch die nahegelegenen Lokale. Die Stände schließen. Waren werden versorgt, Reste entsorgt. Die Mülltonnen füllen sich mit Verpackungsmaterial und nicht mehr Allzufrischem und werden dann mit Ketten und Vorhängeschlössern gesichert: Eine Maßnahme, die wohl herumstreunenden Obdachlosen die auf gut Wienerisch „Mistkübelstierln" genannte Suche nach Eß- und sonstwie Verwertbarem verleiden soll. Rolläden rattern einer nach dem anderen, herab. Die Gassen zwischen den Ständen leeren sich. Rundherum gehen Lichter an. Hier gehen sie aus. Der letzte, der hier seine Runden dreht, ist ein Straßenkehrer. Der Markt ist eingeschlafen. Ob er von den Zeiten träumt, als ihn gleichzeitig ein Kaiser und ein Zar besuchten?

Der Markt, der niemals unterging
Der lange Weg vom „Aschenmarkt" zum Naschmarkt

Daß der Naschmarkt bis heute existiert, ist ein Phänomen für sich: Aus den Brandruinen einer veritablen Kriegskatastrophe entstanden, hat er jahrzehntelange Rechtsstreitigkeiten um seine Existenz überdauert, und sich Versuchen, ihn zu kontrollieren, stets nur widerstrebend gebeugt; er hat Übersiedlungen, Neugestaltungen, Aufstände, Revolutionen, Plünderungen, Renovierungen und Verstümmelungen überlebt und ist jahrhundertelang ein unruhiges, vitales, kreatives Epizentrum des Stadtgeschehens geblieben, während so mancher amtliche Plan zu seiner Abschaffung unverwirklicht im Archiv vergilbte.

Der Wiener Naschmarkt

Um die Jahrhundertwende: der Naschmarkt an seinem alten Standort zwischen dem Freihaus und der neuerbauten Sezession

Vieles ist gekommen und wieder gegangen. Der Naschmarkt blieb und wurde symbolisch für die hochgradig biegsame, aber in ihrer Substanz unerschütterliche Seele einer Stadt, die ausdrücklichen Wert darauf legt, immer sie selbst zu bleiben, möge man das nun als Versprechen oder als gefährliche Drohung auffassen.

Wann und wo Wiens allererster Markt abgehalten wurde, weiß kein Historiker mit Sicherheit zu sagen. Im Jahre 1192, so entnehmen wir dem Buch „Die Wiener Märkte" von Werner T. Bauer, verlieh Herzog Leopold V. den Regensburger Kaufleuten ein Handelsprivileg für den Wiener Markt. Sechs Jahre später wurde Wien zur Stadt erhoben. Mit dem Bedeutungszuwachs ging der Bevölkerungszuwachs Hand in Hand. Die Versorgung der wachsenden Gemeinde mit Lebensmitteln wurde zur komplexen logistischen Aufgabe. Damit nahm auch die Zahl der kontrollierenden Organe ständig zu, die mit heiligem Ernst über Preise und Mengen der auf den Wiener Märkten angebotenen Waren wachten. Es galt nicht nur, die Bevölkerung der Stadt ausreichend zu ernähren, um Hungeraufständen vorzubeugen, die Festsetzung von Preisen für Lebensmittel hatte im Mittelalter und der frühen Neuzeit vielmehr auch eine durchaus spirituelle Komponente. Der Kirchenlehrer Thomas von Aquin nahm mit seiner Philosophie vom gerechten Lohn

Der Markt, der niemals unterging

die weltliche Obrigkeit als Hüterin des Christentums in die Pflicht, für eine faire Relation von Leistung und Gegenleistung zu sorgen. Wirtschaftlichen Gewinn zu erzielen war beileibe kein Verbrechen, aber der Staat war verpflichtet, die Interessen von Käufer und Verkäufer angemessen auszugleichen. – Eine Rechtsauffassung, die den heutigen global-liberal denkenden Wirtschaftskapitän erschauern ließe, immerhin aber das gesamte Mittelalter überdauerte und noch in den Schriften von Martin Luther ihren Niederschlag fand! In der Österreichischen Nationalbibliothek wird als älteste erhaltene Wiener Marktordnung eine Handschrift aufbewahrt, die aus der Mitte des 13. Jahrhunderts datiert. Sie enthält neben anderen Bestimmungen einen ganzen Katalog von durchaus eindrucksvollen Strafandrohungen für Preisübertretungen, Maß- und Gewichtsfälschungen. 1278 wird ein eigener Marktaufseher erwähnt, dem die Hälfte der Strafgelder für Vergehen beim Geflügel-, Käse-, Eier-, Fisch- und Krabbenverkauf zufiel. Spiritualität hin oder her: Die erfolgsabhängige Entlohnung für Beamte schien den Wienern von damals wohl der beste Garant für effizientes Einschreiten gegen Preistreiberei!

Fratschlerinnen, Höckerinnen, Kräutlerinnen: Naschmarktweiber.

Genaue Vorschriften über die Abhaltung der verschiedenen Wiener Märkte, über Warenprüfung und Preisregelung enthält eine „Handfeste" Albrechts II. vom 24. Juli 1340. Im Jahre 1435 wurde ein spezielles Amt für die Brotkontrolle geschaffen: Die „Herren von der Brotwaage" überwachten die Relation von Preis und Gewicht beim zentralen Grundnahrungsmittel Brot. – Offenbar ein ständiger Stein des Anstoßes, denn für den Gewichtsbetrug durch Bäcker wurde als spezielle Körperstrafe das „Bäckerschupfen" eingeführt: Der delinquente Bäcker wurde zum Gaudium der Zuschauer in einen hölzernen Käfig gesperrt und an einem langen Hebel mehrere Male ins oft eisige Donauwasser getaucht.

Angesichts anderer mittelalterlicher Strafpraktiken war das Bäckerschupfen zwar eine verhältnismäßig schmerzarme Behandlung, die Milde relativiert sich allerdings durch die Tatsache, daß, Urkunden zufolge, selbst im Jänner bei Minustemperaturen „geschupft" wurde und mindestens ein Bäcker den Strafvollzug nicht überlebt hat.

Der Beginn der Neuzeit markiert einen gewaltigen Karrieresprung für die Stadt: Wien wurde Sitz der habsburgischen Zentralbehörden, des Adels und der Beamten. Zählte die Einwohnerschaft um 1450 etwa 22.000 Köpfe, so hatte sie sich 100 Jahre später bereits mehr als verdoppelt. Die Besiedelung begann in den Vorstädten die landwirtschaftlichen Flächen zu verdrängen. Felder und Obstkulturen wichen Häusern und Weingärten wurden zu Ziegelgruben, die eine rege Bautätigkeit bedienten. Die Abhängigkeit von der Landwirtschaft des Umlandes wuchs von Jahr zu Jahr. Susanne Lawson gibt in ihrem Buch „Von Marktfahrern und Standlern" einen Überblick über die vielfältigen amtlichen Bemühungen, Ordnung ins Chaos zu bringen:

Die „Schrannenordnung" von 1560 zum Beispiel legte alle Ordnungen, Satzungen, die Beschau der Waren und die Handwerksangelegenheiten in die Kompetenz von Bürgermeister und Stadtrat und bestimmte, daß die Strafgelder zwischen Stadtrat und Richter zu teilen waren. – Hart verdientes Geld, denn die Neigung, sich an behördliche Vorschriften zu halten, war in Wien damals mindestens genauso bescheiden ausgeprägt wie heute: Mehrfach wird von Ausschreitungen berichtet, wenn die Aufseher bei Marktschluß Stände und Plätze räumen ließen. Bauern, die vor der Alternative standen, unverkaufte Waren über oft weite Distanzen nach Hause zu tragen oder sie an Ort und Stelle billig zu verschleudern, zeigten sich sehr anfällig für die Versuchung, schon während der Marktzeit an sogenannte Ablöser, also Zwischenhändler, zu verkaufen. Man sprach von Fürkauf, Vorkauf oder auch Hökerei.

Den Behörden mit ihrem ausgeprägten Interesse an Preiskontrolle war die Fürkaufbekämpfung bis weit ins 19. Jahrhundert ein zentrales Anliegen, das sich in einer langen Reihe von Dokumenten spiegelt. Lawson erwähnt zum Beispiel die vom 5. August 1569 stammende Verordnung, die den „Fürkauf aller Viktualien" unterbinden sollte, weiters eine mit 22. November 1571 datierte kaiserliche Rüge der „unfleißigen" Wiener Marktrichter, die angeblich zu wenig straften und nicht einmal einschritten, wenn gegenüber den Satzungen doppelte Preise gezahlt wurden, und, als besonders deutlichen Beleg für die prekäre Versorgungslage der Stadt, eine Verordnung Ferdinands I. aus dem Jahre 1561, die den Landbewohnern im Umkreis von drei Meilen von Wien verbot, in der Stadt Fleisch einzukaufen. Der Erfolg solcher amtlicher Eingriffe war scheinbar eher bescheiden, Konflikte waren programmiert. Um 1600 etwa, so lesen wir bei Lawson, bat der Wiener Stadtrat die Regierung um entschlossenes Einschreiten gegen ein preistreiberisches Kartell ungarischer Viehhändler, und 1612 gingen Wiens Fleischer aus Protest gegen die amtliche Preisfestsetzung in den Streik – nicht zum ersten Male übrigens. Die Stadtverwaltung gab nach und setzte die Preise neu fest, bedrohte die Fleischer aber, für den Fall weiterer Verstöße gegen die Preisregulierung, mit dem „Spannen an das Kreuz".

Der Markt, der niemals unterging

Krawall-Minerl und Maschanzger-Kadl: die Naschmarktweiber des 19. Jahrhunderts genossen einen legendären Ruf.

Am 22. September 1529 stand Wiens Umgebung in Flammen: Während die Vorhut eines türkischen Heeres den Wienerberg überschritt, steckten die Verteidiger die Kärntner Vorstadt in Brand, um vor den Stadtmauern ein freies Sicht- und Schußfeld zu schaffen. Das Heiligen-Geist-Spital am rechten Ufer der Wien wurde ebenso ein Raub der Flammen wie das Allerheiligen-Spital auf der linken Flußseite. Vor dem Kärntner Tor dehnte sich jetzt eine weite, freie Fläche, durchzogen von der Wien und ihren Nebengewässern. Hier entstand in den Jahren nach der glücklich überstandenen ersten Türkenbelagerung ein neues kommerzielles Zentrum vor den Toren Wiens: Schon 1609 zeigt ein Wien-Panorama Jakob Hufnagls am Wienufer vor dem Kärntnertor einen Markt. 1647 erwarb Conrad von Starhemberg die Grundstücke und Ruinen des zerstörten Spitals. Er errichtete hier auf einem Areal von rund 25.000 Quadratmetern einen gewaltigen Komplex von Mietwohnungen: das Freihaus, so benannt, weil sein Ertrag durch Privileg steu-

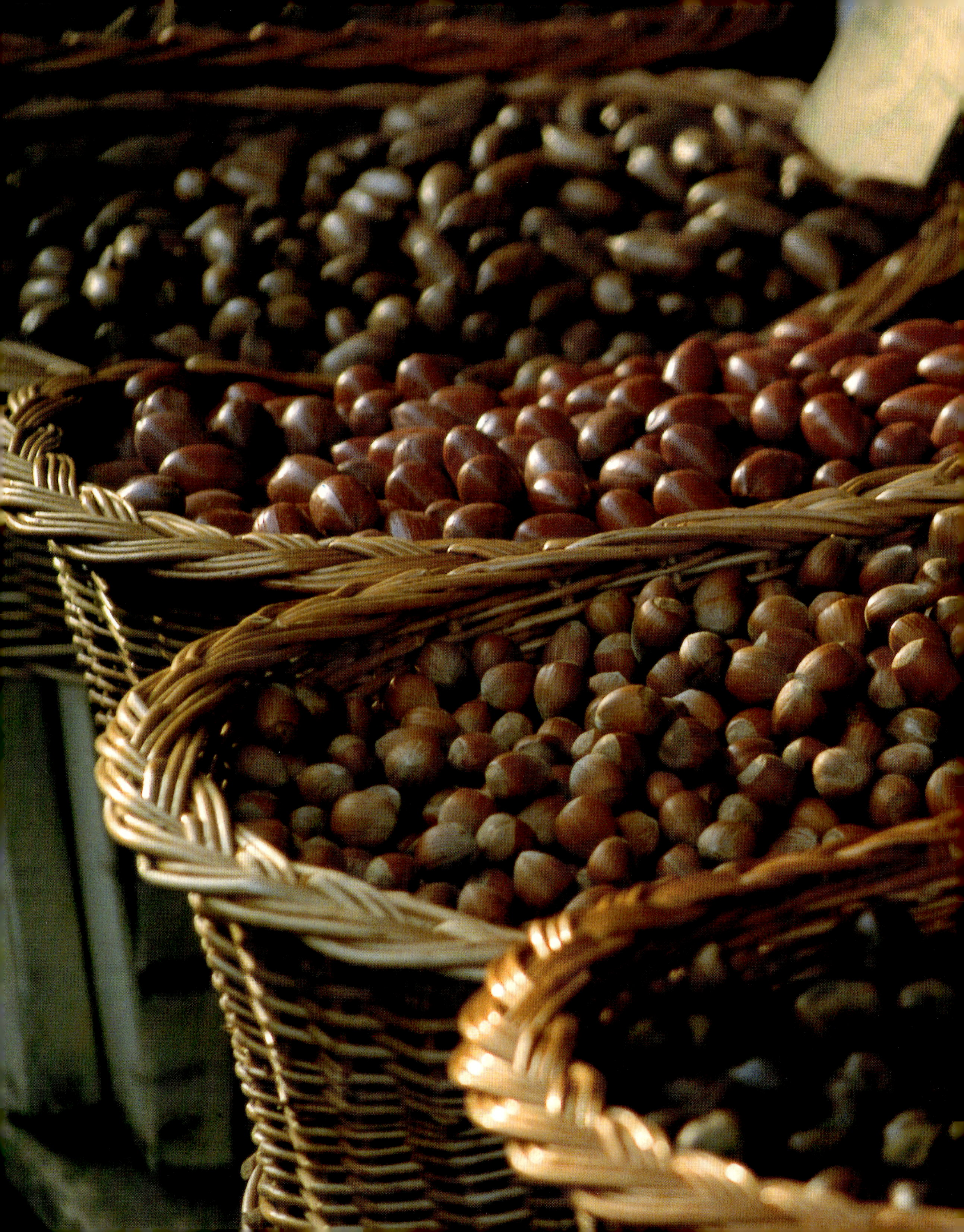

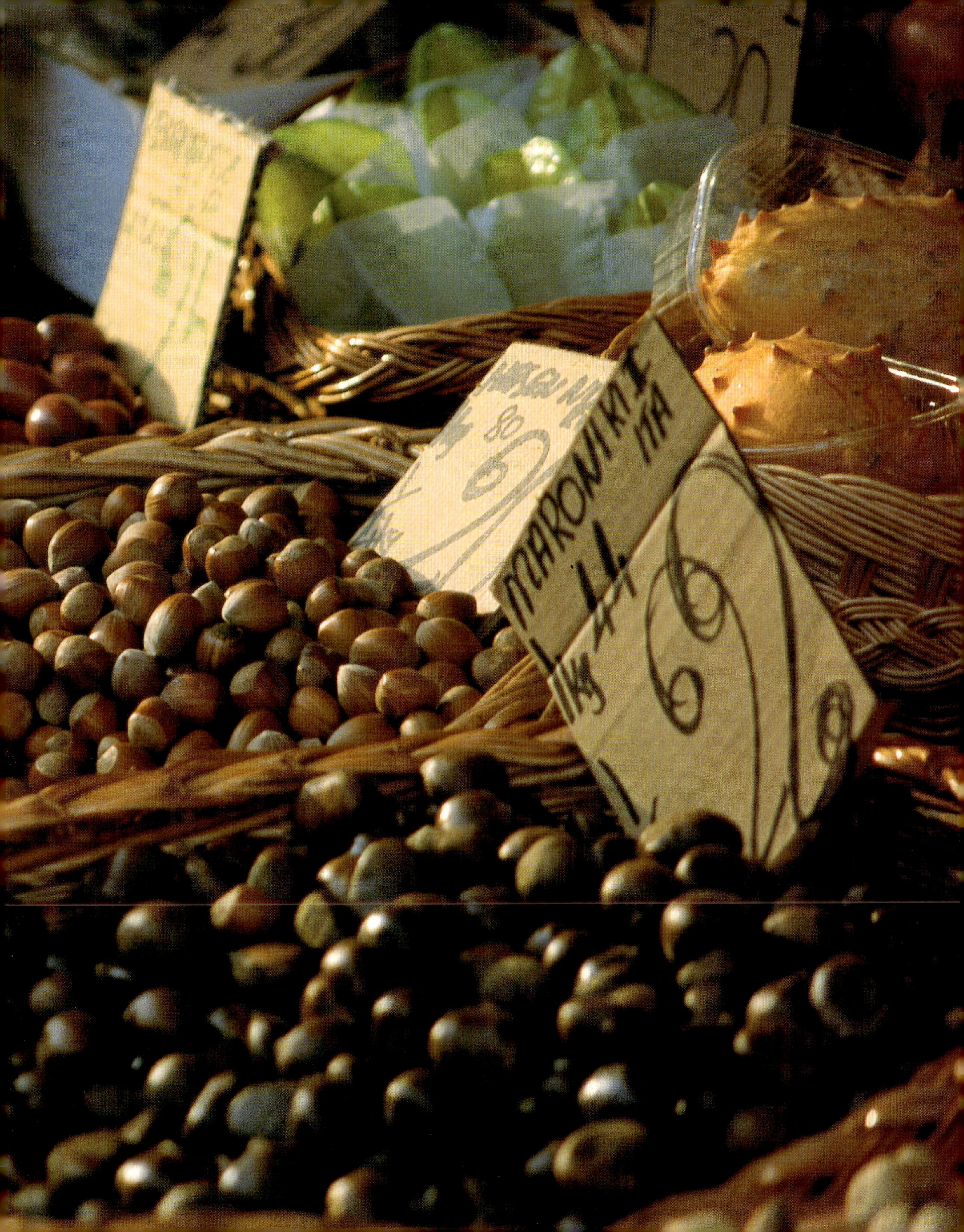
MARONI

Der Wiener Naschmarkt

Letzte Spur eines legendären Gebäudes: Freihaus-Darstellung auf einem Wohnhaus in der Naschmarkt-Gegend

erfrei gestellt wurde. Teile der Anlage blieben bis nach dem Zweiten Weltkrieg erhalten. Noch 1908 zählte das Freihaus 340 Wohnungen, die jährlich 260.000 Kronen Zins abwarfen. Vor dem massiven architektonischen und ökonomischen Hintergrund dieses Gebäudes wuchs der Markt zur Institution heran. Die ersten Jahrzehnte seines Bestehens standen allerdings im Schatten historischer Katastrophen: 1618 bis 1648 wütete der Dreißigjährige Krieg und brachte Wien zum Teil desaströse Versorgungsengpässe. Dem Krieg folgte die Pest auf dem Fuße: Allein 1679 fielen ihr rund 60.000 Wiener zum Opfer. Vier Jahre später, 1683, stand dann zum zweiten Male ein türkisches Heer vor den Stadtmauern. Wien überstand auch diesen zweiten Ansturm und aus der Asche von Krieg, Belagerung, Pest und Hungersnot wuchs das neue, das barocke Wien, das rasch begann, über die engen Stadtmauern hinauszuwuchern: Um 1700 zählt es bereits 80.000 Einwohner. Die während der Türkenbelagerung niedergebrannten Vorstädte werden wieder aufgebaut und mit einer zweiten Verteidigungslinie, dem Kuruzzenwall, befestigt. Wir dürfen von Boom-Zeiten für Wiens Wirtschaft spre-

Der Markt, der niemals unterging

chen und füglich annehmen, daß der Markt zwischen Freihaus und Bärenmühle ebenso floriert hat wie das Marktwesen innerhalb der Stadttore: Ein Bericht des Wiener Stadtrates an die Regierung zählt im Jahr 1744 über 1.200 Markthütten und Marktstände im Verantwortungsbereich der Stadtverwaltung! Auf die Ehre einer eigenen urkundlichen Erwähnung muß der Naschmarkt allerdings noch bis 1791 warten: Da wird er, wie wir Bauers Buch „Die Wiener Märkte" entnehmen, als Markt „ausser dem Kärntnerthor vor dem fürstlich Starhemberg'schen Freyhause" bezeichnet. Der Autor erwähnt auch, daß sich an dieser Stelle schon vorher ein kleiner Milchmarkt befunden haben soll, was die Wurzel des Namens Naschmarkt klärt: Milch transportierte man in Eimern, sogenannten Aschen, was zur Bezeichnung „Aschen-Markt" geführt haben dürfte. Zum „Naschmarkt" mutierte er wohl erst, als ein breiteres Warenangebot auch verfeinerte Bedürfnisse abdeckte. Das Jahr 1775 bringt einen dramatischen Liberalisierungsschritt des Wiener Marktwesens: Den Vorschriften zur sogenannten „heilsamen Marktordnung (vgl. S. Lawson „Von Marktfahrern und Standlern") sind folgende Anordnungen zu entnehmen:

Erinnerungstafel an die Verlegung des Naschmarktes, zu finden bei der alten Freihaus-Kapelle

„1. Sollen die ursprünglichen Eigentümer und Bauersleute, welche die hiesigen Märkte besuchen, an keine gewissen Stunden, außer welchen sie ihre Waren nicht feilhalten dürfen, gebunden sein sondern es wird ihnen gestattet, solange sie es wollen und auch den ganzen Tag hindurch auf den Marktplätzen zu sitzen und ihre Feilschaften zu verkaufen.

2. Sind dieselben nicht mehr auf die bisherigen Markttage beschränkt, sondern sie können die Märkte auch alle Tage besuchen. Die künftige Einteilung der Markttage zwischen Stadt und Vorstädten wird darauf Rücksicht nehmen, daß die Verkäufer die zurückgebliebenen Waren, wenn sie diese den Ablösern nicht überlassen wollen, den folgenden Tag wieder selbst feilhalten dürfen.

3. Den Kässtechern, Fragnern, Greislern, Öbstlern und sonstigen Kammerhändlern sowie den Ablösern wird bei sonstiger Verhaftung verboten, vor 11 Uhr auf den Markt zu kommen; nachher dürfen sie kaufen und verkaufen.

4. Um den unbefugten Fratschlerleuten und Ablösern, welche die Verteuerung aller Eßwaren auf unerlaubte Weise veranlassen und Schleichhandel treiben, ihr Unwesen gänzlich abzustellen oder zu beschränken, wird angeordnet, daß sich diese von Michaelis angefangen durch eine Bollette, um welche sie bei der Regierung ansuchen müssen, auf dem Markte ausweisen müssen. Wer diese

Vor der großen Wanderung: der Naschmarkt an seinem ursprünglichen Standort beim Freihaus.

Bollette einer anderen Person überläßt, darf für immer keinen Markt mehr besuchen und verliert die Bollette"

Berichte der Hofkanzlei besagen, daß diese Verordnungen eine ungeahnt positive Wirkung auf das Preisniveau erzielt haben. Leider war die Liberalisierung nicht von langer Dauer: Zunftrücksichten bremsten weitere Schritte in diese Richtung und nach dem Tode des Reformkaisers Josef II. war die rasche Rückkehr zum bewährten System von Zwang und Kontrolle eine ausgemachte Sache.

1780 gab es Streit zwischen dem Schottenkloster und dem Wiener Magistrat: Den geistlichen Herren waren die Stände des Obstmarktes rund um ihre Kirche ein Dorn im Auge. Der Obstmarkt, im 16. Jahrhundert vor dem Rotenturm gelegen und im 18. Jahrhundert auf die Freyung verlegt, übersiedelte ein letztes Mal: vor das Starhembergsche Freihaus auf der Wieden. 1817–19 vertrieben Bauarbeiten im Bereich des Burgtores auch die dort angesiedelten Obststände, die sich in der Folge ebenfalls vor dem Freihaus niederließen. Der „Naschmarkt" begann sich, seinen Namen zu verdienen.

1798 war die Einwohnerzahl Wiens auf 231.000 gestiegen. Napoleons Schatten fiel drohend auf Europa. Auf den Märkten drehte sich die Preisspirale. Zur Bekämpfung der Teuerung steigerte sich die Verwaltung in eine wahre Regulierungswut: Ein- und Ausfuhrverbote, insbesondere für Kolonialartikel wie Kaffee, Zucker und Kakao waren an der Tagesordnung. An den Linien der Stadt wurde eine Verzehrsteuer eingehoben, die Lebensmittel zusätzlich verteuerte. Die napoleonischen Kriege brachten eine zweimalige Besetzung Wiens, verbunden mit

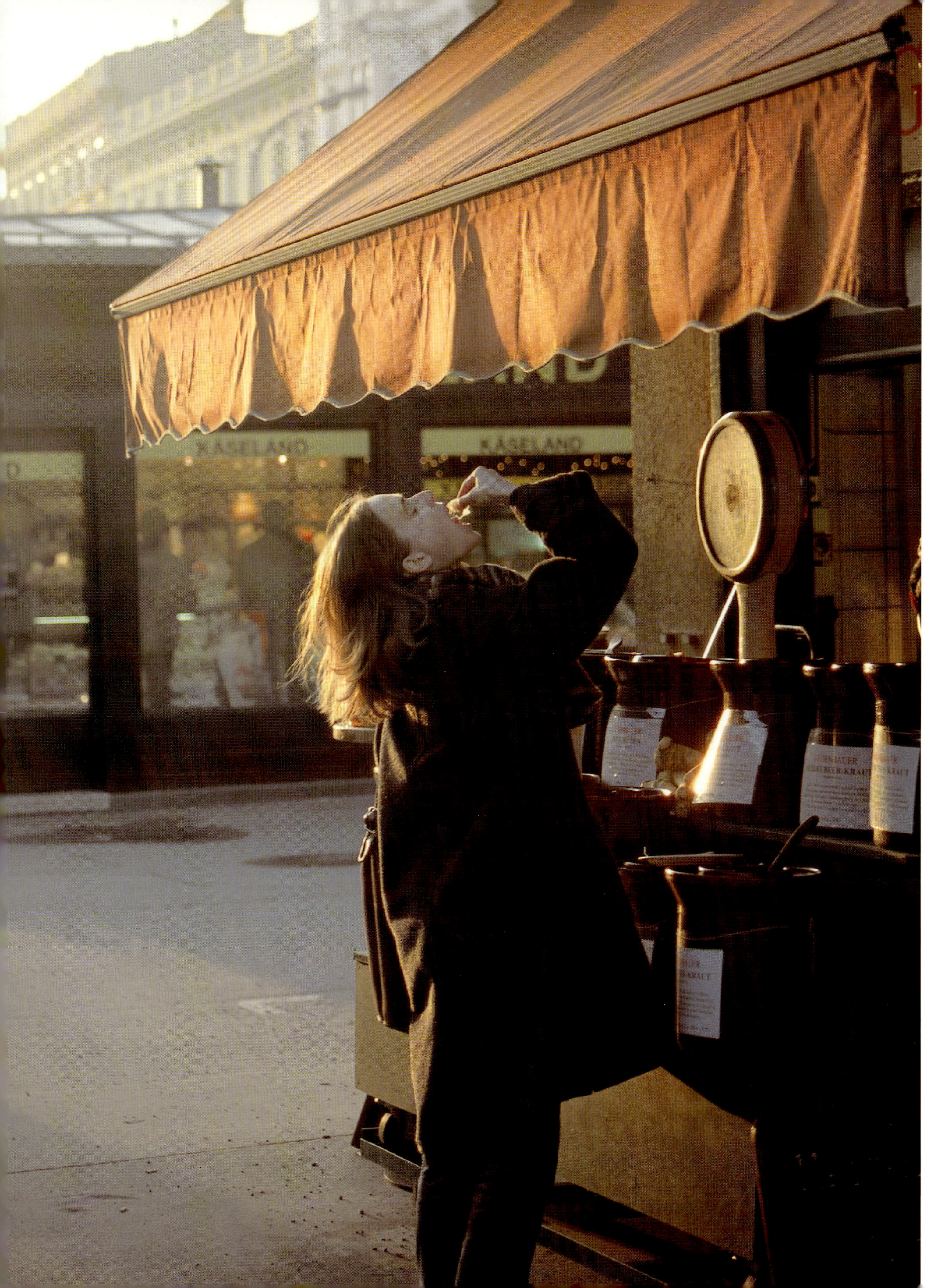
KÄSELAND
KÄSELAND

Der Wiener Naschmarkt

1848: Die Verlesung der Konstitution im Hof des Starhemberg'schen Freihauses. Dem Grundherren brachte dieser Tag das Ende der Steuerprivilegien.

den entsprechenden Versorgungsengpässen, und auch der nachfolgende Wiener Kongreß war wenig angetan, die Lage der Bevölkerung zu verbessern: Der Kongreß tanzte nicht nur, die angereisten Heerscharen von Diplomaten entwickelten auch einen herzhaften Appetit. In diesen Zeitraum fällt auch der wohl höchste Besuch, den der Naschmarkt in seiner jahrhundertelangen Geschichte zu verzeichnen hat: Kaiser Franz, in höchst eigener Person, erschien eines Tages gemeinsam mit dem russischen Zaren Alexander zu einem gutbürgerlichen Marktspaziergang!

Die schlechte Ernährungslage begann sich erst in den zwanziger Jahren des 19. Jahrhunderts wieder zu bessern. Der Erfindungsreichtum der Wiener Gourmets

Der Markt, der niemals unterging

trug dazu einiges bei. Denn war das geliebte Fleisch auch unerschwinglich, so wußte man sich doch zu helfen: Aus Schlachtviehresten wurden erstmals im großen Stil Wurstwaren erzeugt. So entstand die Vielfalt der Wiener Brat-, Preß- und Blutwürste, zwar zunächst nicht als vornehm genug für die Ansprüche der gehobenen Gesellschaft empfunden, aber in Notlagen ein schmackhafter Ersatz für Braten und Schnitzel. Salonfähig gemacht wurde die junge Wiener Wurstkultur dann von einem findigen Fleischhauer namens Lahner, der seine schmackhafteste Wurstkreation, im Angedenken an seinen gestrengen Frankfurter Lehrherren, „Frankfurter" tauft, und mit dem Frankfurter Würstl die Liebe eroberte, die in Wien immer durch den Magen geht.

1848 ist das Jahr der Revolution: Auch der Naschmarkt wird vom revolutionären Fieber angesteckt. Daß im weiten Hof des nahegelegenen Freihauses ein Reiter die frisch verabschiedete Konstitution zur Verlesung bringt, entgeht der Aufmerksamkeit der praktisch veranlagten Marktstandler allerdings völlig: Sie nützen den historischen Moment des Umsturzes zunächst einmal zur gewaltsamen Lösung ihrer ureigensten ökonomischen Probleme, verkörpert in der Person eines besonders verhaßten Marktwucherers. In kaum einem Buch über Wiens Märkte fehlt der folgende, spannende Bericht, den der Wiener Geschichtsschreiber Wilhelm Kisch in seinem 1883 erschienenen Buch „Die alten Straßen und Plätze Wiens und ihre historisch interessanten Häuser" über den Tumult auf dem Naschmarkt festgehalten hat: „Anton Heim – so hieß der Bedrücker – betrieb schon seit langem den Marktwucher in unverschämtester, herz- und gewissenlosester Weise, indem er den Landleuten die Ware um einen Spott abpreßte und sie dann an die Zwischenhändler mit wucherischem Nutzen weiterverkaufte. Dreizehn Dienstboten und zehn handfeste Burschen hielt er im Solde, und täglich vor Tagesanbruch verfügte er sich mit seinem Weibe und seinen Gehilfen an sämtliche Linien Wiens, um die zu Markte gebrachten Waren entweder durch List oder durch Gewalt in seine Hände zu bekommen. Der 28. März legte nun dem Naschmarkt-König für immer das Handwerk; seine Wagenburg wurde gestürmt und geschleift, alle Gefäße zertrümmert, die ganzen Obstladungen verschüttet und zerstampft, und nun legten die Greißler auch Hand an seine eigene Person. Nach riesiger Gegenwehr und mit fast übermenschlicher Kraft entwand er sich ihren Armen, es gelang ihm sogar, die Flucht gegen die Stadt hin zu ergreifen, doch auf der steinernen Brücke holten sie ihn wieder ein, banden ihn mit Stricken, hoben ihn über die Brüstung der Brücke empor, um ihn in den Wienfluß zu werfen, als im selben Augenblicke zufällig eine Militärpatrouille kam, die ihn befreite und so vor sicherem Tode rettete."

Diese Revolutionsanekdote schärft den Blick für den offenbar mit oft brutalen Mitteln geführten Konkurrenzkampf auf dem Naschmarkt. Ein solches Sozialbiotop bringt zwangsläufig einen speziellen Menschentypus hervor – in diesem Falle den der Fratschlerin: Hatte es bis 1848 unter den Sauerkräutlern, Obst-

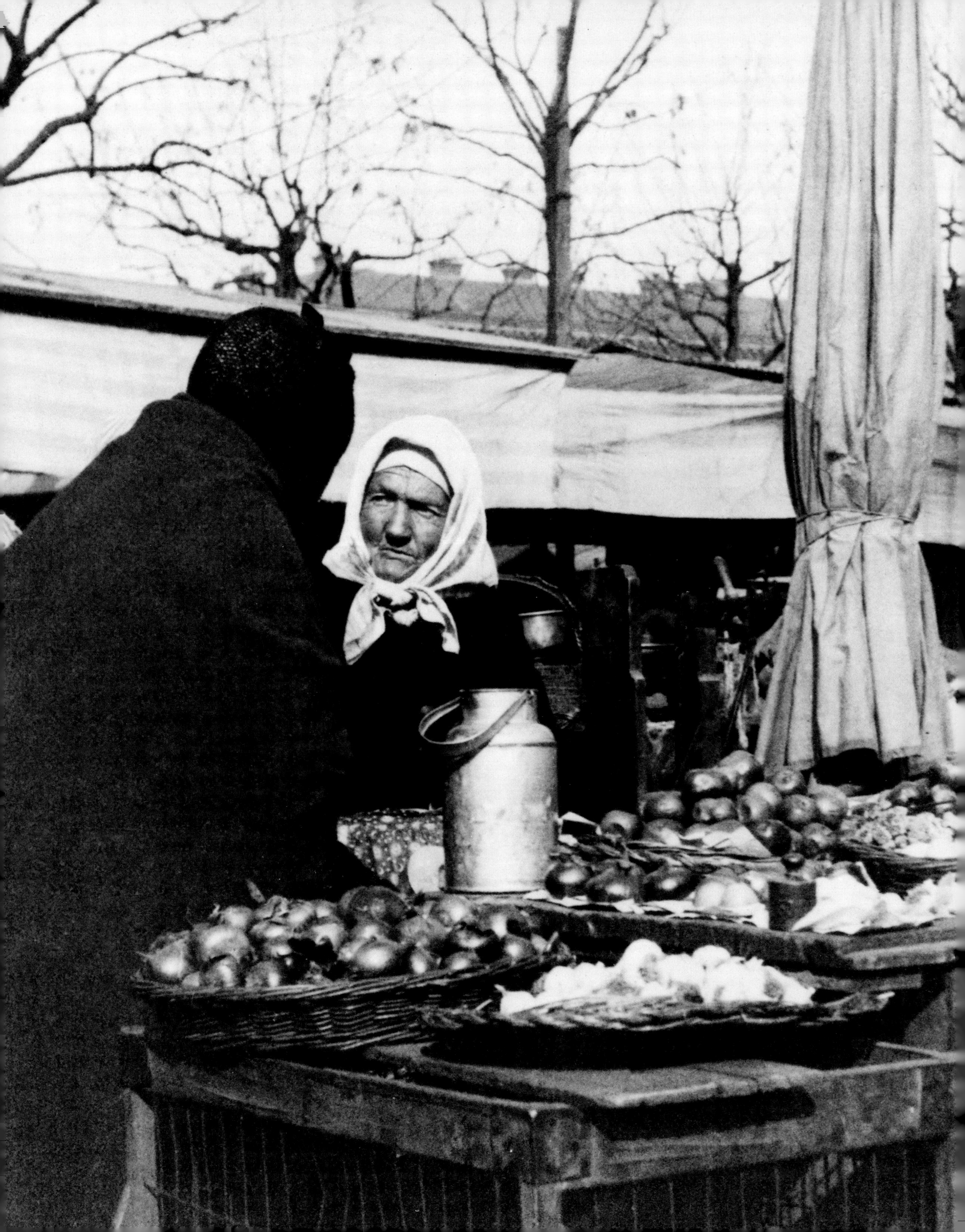

Der Markt, der niemals unterging

Markthalle oder keine Markthalle? Die Wiener kauften lieber unter freiem Himmel ein.

Höckern und Grünzeugleuten deutlich mehr Männer als Frauen gegeben, so setzte sich jetzt ein – nach den Überlieferungen von Kisch – "hinreißend ordinärer" Frauentyp durch, der sich sowohl verbal als auch physisch den Herren der Schöpfung und den Vertretern der Obrigkeit zumindest ebenbürtig zeigte: Die Gloriole des Volksheldinnentums umgab Erscheinungen wie die Maschansger-Kadel, die Krawall-Minnerl, die Wäscher-Tonerl, die Fischkopf-Reserl und die legendäre Haverschesser Mariedl, der Kisch nahezu übermenschliche Kräfte zuschreibt: "Sie war die Lauteste von Allen, ein Ausbund von Verwegenheit, ein Prototyp des weiblichen Raufboldes vom Grunde; nicht zehn Männer konnten sie bändigen und keine Patrouille vermochte sie zu arretieren."

1859 drohte der Naschmarkt-Herrlichkeit ein frühes Ende: Kaiser Franz Joseph genehmigte einen Stadterweiterungsplan für Wien, der den Bau einer Markthalle nach internationalem Vorbild vorsah. Doch, wie so oft in Wiens Entwicklungsgeschichte, erwies sich die Mentalität der Bürger als höchst resistent gegen jede Art von Veränderung: György Sebestyen zitiert in seinem 1974 erschienenen Naschmarktbuch eine vom k. k. Baurate Eugen Fassbender verfaßte "Studie zur Regulierung des Stadtteiles Freihaus – Naschmarkt in Wien", die versuchte, den Motiven für die breite Ablehnung des Markthallenprojektes auf den Grund zu gehen:

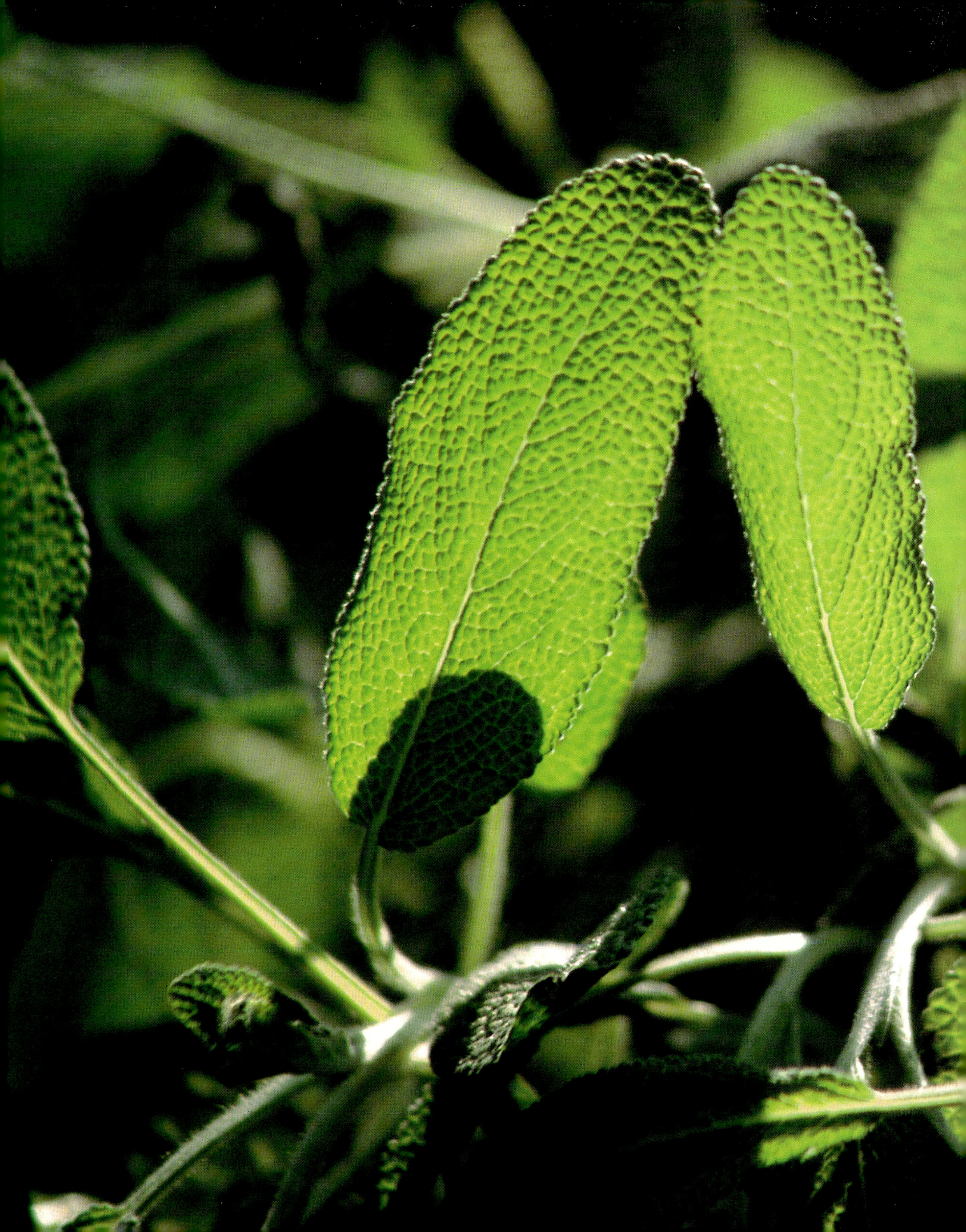

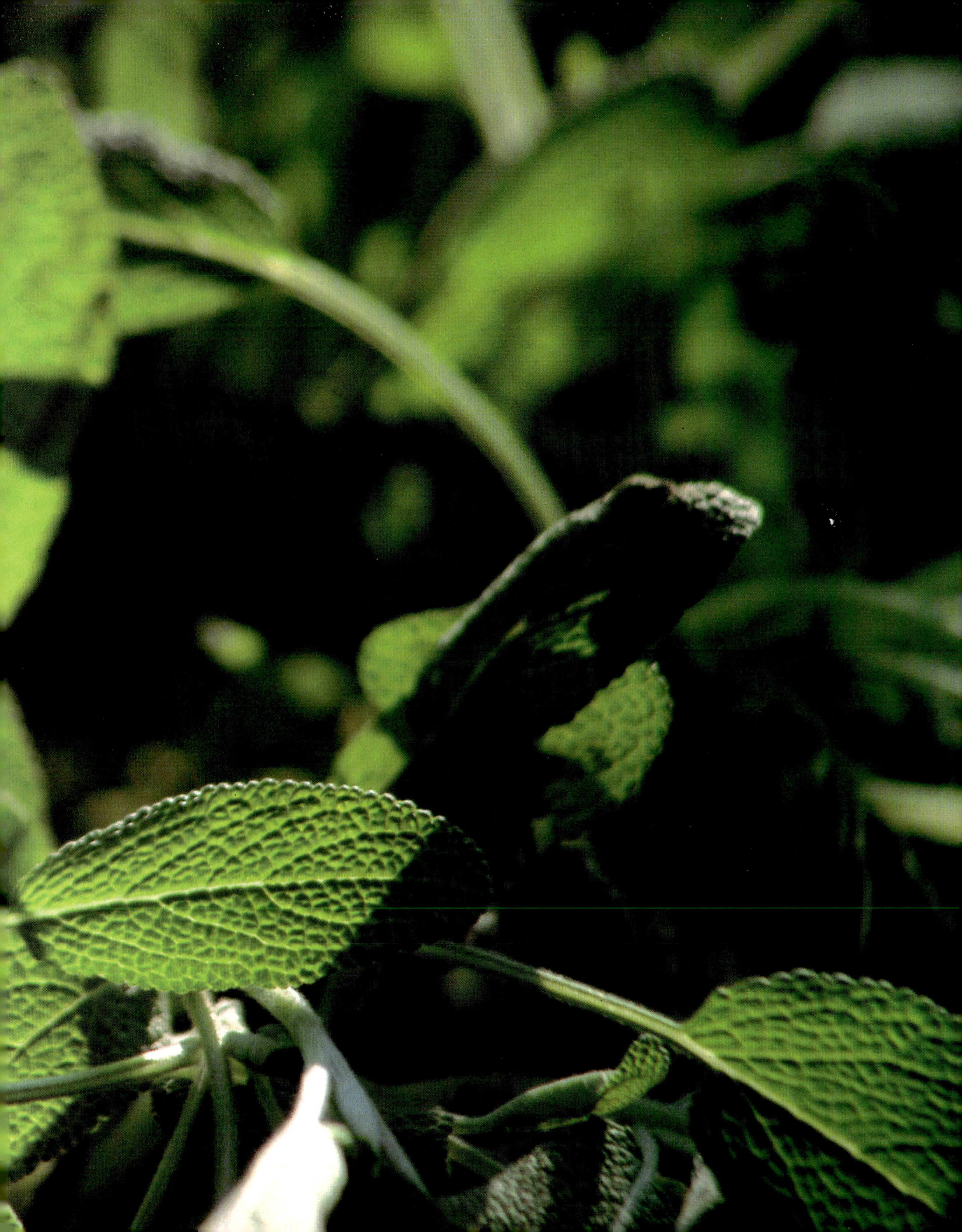

Der Wiener Naschmarkt

„In den meisten Welt- und Großstädten hat man anstatt der offenen Märkte Markthallen; oft sehr große und schöne Bauwerke. In Wien besteht eine große Abneigung gegen solche. Man zieht offene Märkte, auf denen Käufer und Verkäufer oft sehr durch die Unbilden des Wetters leiden und die Eßwaren dem Straßenstaub mit seinen bedenklichen Beimengungen preisgegeben sind, den Markthallen vor, denen man vorwirft, daß in ihnen schlechte Luft herrsche, wenn sie geschlossen sind, oder es zu sehr ziehe, wenn die Lüftungsflügel offen sind."

Fassbender öffnete in seiner Studie die Türe für einen architektonischen Kompromiß, der letztlich das heutige Gesicht des Naschmarktes geformt hat:

„Vielleicht wird man über kurz oder lang nach dem Muster von Paris und anderen Weltstädten auch bei uns auf die Markthallen kommen. Vielleicht entscheidet man sich für beide Arten, nämlich einen Teil des Marktes in die Markthalle und einen offenen in die Wien-Zeile zu legen. Hier wären dann durch Querstraßen getrennte Abteilungen zu schaffen, in denen, nur durch zierliche Dächer gedeckt, luftige Verkaufsstände zu errichten wären, deren äußere Reihen gegen die vorbeiführenden Straßen aber durch hohe Wände abzuschließen wären, damit der Wind nicht Staub und Mist in die Abteilungen treiben könne. Das wäre nun ein offener Markt, der die Vorteile der freien Luft und des möglichsten Schutzes gegen den Staub hätte. Auch könnte er eine saubere äußere Gestalt erhalten, denn das ist gewiß, der Anblick, den jetzt der Naschmarkt mit seinem Hüttenwerk und Gerümpel, mit seinen alten defekten Schirmen und Plachen, sowie mit seiner Unsauberkeit bietet, ist kein großstädtischer, kein der Kaiserstadt würdiger Anblick, ganz abgesehen von den hygienischen Nachteilen und der Rattenplage."

1895 ist die Diskussion um die Zukunft des Marktes noch immer nicht vom Tisch: Wettbewerbslösungen zur Karlsplatzgestaltung und auch das Projekt der Wienzeile, als der prominenten Stadtachse von Schönbrunn bis zum Stadtpark, beinhalten noch immer den Bau einer Markthalle.

Erst 1905 entdeckt das Genie der Wiener Stadtplanung, Otto Wagner, die Lösung des Karlsplatzproblems in Form einer Verlegung des Naschmarktes auf den überwölbten Wienfluß. 1911 wird das Projekt im Wiener Gemeinderat eingebracht, genehmigt und beschlossen. In den folgenden zwei Jahren werden Teile des Freihauses abgebrochen, der Wienfluß weiter eingewölbt und die Stadtbahn überdeckt. Die Stadtverwaltung nimmt Abschied vom Projekt einer großen Markthalle und gibt, mit Rücksicht auf die Kundenwünsche, der Standllösung den Vorzug. 1916 werden die ersten Stände des neuen Naschmarktes eröffnet. Entworfen wurden sie von einem Architekten namens Friedrich Jäckel, der die Formenwelt der alten Stände elegant in neue, stabile Bauten überführt hat. Zeitgenössische Berichte loben den gelungenen Versuch, das typische Naschmarkt-Fluidum baulich zu fixieren. Zwei Jahrzehnte später entstehen neuerlich Diskus-

Der Markt, der niemals unterging

Kompromiß zwischen Wiener Vorlieben und Hygiene-Erfordernissen: Jäckels Stand-Lösung bewährt sich bis zum heutigen Tag.

sionen um die Zukunft des Marktes. Das „Neue Wiener Tagblatt" vom 19. November 1937 eröffnet die Diskussion über den künftigen Standort eines zentralen Wiener Großmarktes. Bevor das Projekt ernsthaft in Angriff genommen werden kann, marschieren die deutschen Truppen ein. Österreich hört für sieben Jahre auf, zu existieren. Wien hat andere Sorgen als einen neuen Zentralmarkt.

Am 11. April 1945 steht Wien unter schwerem Artilleriebeschuß von deutscher und russischer Seite. Der Naschmarkt wird geplündert, die Stände verwüstet. Wiens Hungerjahre nehmen ihren Anfang. 1950 ist der Wiederaufbau in vollem Gange. Karl Heinrich Brunner formuliert in seiner Funktion als Leiter der Wiener Stadtplanung die Zielsetzungen für das Wiental: Der auf dem Naschmarkt

Der Wiener Naschmarkt

Alte Marktherrlichkeit vor dem Hintergrund des Ölimports im Freihaus

gelegene Großgrünmarkt soll verlegt werden. Der Detailmarkt soll zumindest in der Nähe des bisherigen Standortes erhalten bleiben. Ein eleganter Plan. Er wird, wie so viele elegante Pläne in der Geschichte der Stadt, beifällig abgenickt und dann schubladisiert, bis eines Tages vielleicht die finanziellen Mittel zur Umsetzung ausreichen. Aus 1957 datieren dann die ersten Entwürfe, die Westautobahn durch das Wiental an das Straßennetz der Innenstadt anzuschließen. Sie würden das Ende des Naschmarktes bedeuten. 1961 legt Architekt und Stadtplaner Roland Rainer sein Konzept für Wiens Marktanlagen vor: Er plädiert für St. Marx als Standort eines künftigen Großgrünmarktes. 1963, so ist György Sebestyens Naschmarkt-Buch zu entnehmen, rückt man der Standortfrage des Marktes mit wissenschaftlichen Mitteln zu Leibe: Das Wiener Institut für Standortberatung untersucht mögliche Folgen einer Absiedlung des Großmarktes. Befund: Der Naschmarkt hat wesentlich mehr Einfluß auf seine Umgebung als jeder andere Wiener Markt. 341 von 938 Betrieben in seiner Umgebung sind ganz oder teilweise vom Marktbetrieb abhängig! Ungeachtet dessen empfiehlt 1966 die Stadt-

Der Markt, der niemals unterging

planungskommission Inzersdorf als Standort für den künftigen Großmarkt und schon 1969 wird das Baulos übergeben. Der Großmarkt übersiedelt. 1972–74 werden die Großmarktstände am Naschmarkt abgerissen. Übrig bleiben die 147 Stände des Detailmarktes samt einigen mehr oder weniger ambitionierten Projekten zu seiner Neugestaltung. 1976 steht das Schicksal des Naschmarktes ein letztes Mal auf Messers Schneide: Die Verlängerung der Westautobahn bis zum Karlsplatz wird abermals diskutiert und scheitert letztlich an massiven Anrainerprotesten. Der Naschmarkt bleibt als der bis heute größte und bekannteste Markt Wiens an seinem angestammten Platz. Ein echter Wiener geht nicht unter. Sein schillerndster und geschichtsträchtigster Markt auch nicht.

Der Großmarkt ging.
Der Naschmarkt blieb.

Auf dieser riesengroßen Bühne

Große Mühen und kleine Freuden des Standlerlebens

Was der Naschmarkt für den Besucher ist, liegt auf der Hand: Treffpunkt und Rastplatz, Futterkrippe und Freiluft-Einkaufstempel, Schauplatz des Vergnügens und Fundstelle exotischer Genüsse. Wie aber sehen ihn die Hauptakteure? Die Marktstandler, die mit wachen Augen seine Entwicklung oft über Generationen verfolgen, seine Schwächen intim kennen – und seine Stärken trotzdem so sehr schätzen, daß sie vom Morgengrauen bis in den späten Abend für den Markt leben, oft unter Arbeitsbedingungen, die anderswo lautstarken Protest erregen würden? „Der ganze Naschmarkt ist eine riesengroße Bühne", sagt

Der Wiener Naschmarkt

Die Standler: Hauptdarsteller auf der Riesenbühne Naschmarkt

ein junger Standinhaber: „Und am Stand bist Du ein Hauptdarsteller, ob Du willst oder nicht!"

Die Nörgler und Optimisten, die Verkaufsgenies und Marketingdenker, die Innovatoren und Traditionalisten, die Denker und Macher unter den Standlern – sie alle eint die Liebe: zu ihrem Markt, zu ihrem Stand, zu ihrem Beruf. Manchmal ist diese Liebe glücklich. Manchmal streift sie die Grenze zur Tragik. Aber immer ist sie gut für Anekdoten.

Leo ist sauer, denn die Sauregurkenzeit beginnt für ihn mit einem teuren Lapsus: „C-Gurken legt man erst im August ein, heast! Hab ich Euch nicht gesagt, Ihr sollts B-Ware einlegen? Hab ich das gesagt oder nicht?" Sein Helfer windet sich und entschwindet beim ersten Nachlassen der Schimpfkanonade aus dem Blickfeld seines Chefs. Leo beginnt die umstehenden Kunden in die Ursachen seines Zorns einzuweihen und damit in die Hintergründe der Wissenschaft von der Salzgurke: A-Ware gibt es, so erklärt er mit blitzenden Augen, B und C. Die Klassen unterscheiden sich im wesentlichen durch das Verhältnis von Gurkenlänge zu Gurkendurchmesser. Wenn die Gurken noch wachsen und sich durch einen besonders hohen Wassergehalt auszeichnen, legt man die schmalen, dünnen B-Gurken ein. Im späten Sommer dann, wenn die Wachstumsphase zu Ende ist, die C-Ware. Dem Geschmack der Delikatesse ist eine andere Vorgangsweise eigentlich nicht abträglich – sehr wohl aber der Haltbarkeit. Leo sitzt auf ein paar Tonnen zu früh eingelegter C-Gurken – und was die Naschmarktbesucher nicht innerhalb der nächsten zwei, drei Wochen konsumieren, wird in der Bio-Tonne landen. Die Kundschaft lauscht mit großen Augen, greift wie hypnotisiert zu, wenn Leo mit der großen hölzernen Gabel ins Faß mit dem Champagnerkraut langt und ihnen eine Kostprobe reicht. Sie kosten, sie kaufen und schließlich ziehen sie weiter.

Wenn Leo über Salzgurke und Sauerkraut philosophiert, dann wird jahrzehntelange Erfahrung spürbar: 1947 hat sein Vater den Stand gegründet, hat ihn die Wirtschaftswunderjahre hindurch aufgebaut und den Sohn früh in die Geheimnisse – und auch die Härten – des Marktlebens eingeweiht: „Ausschlafen könn ma am Friedhof!" war die Devise, wenn es frühmorgens im wahrsten Sinne

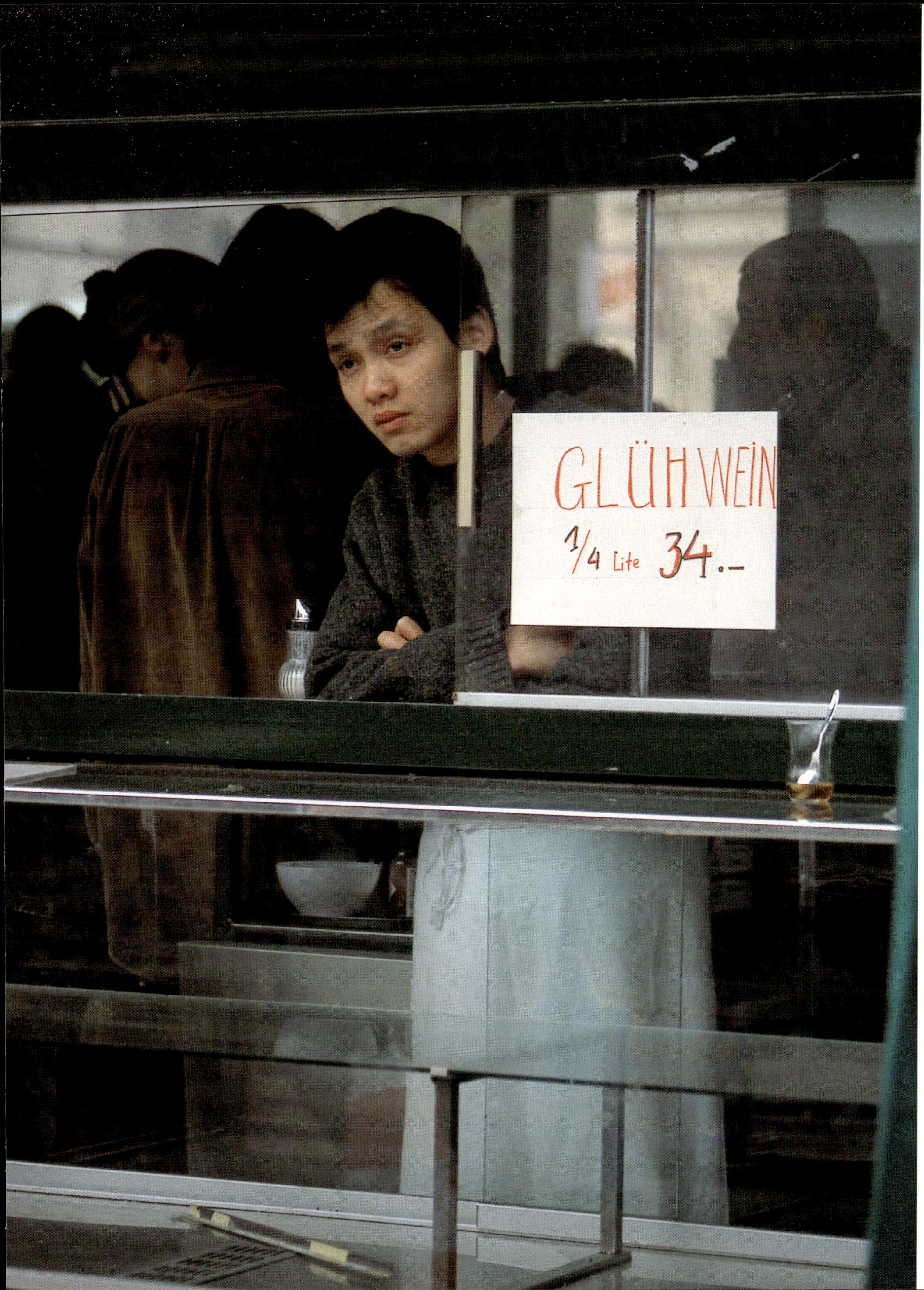
GLÜHWEIN
1/4 Lite 34.-

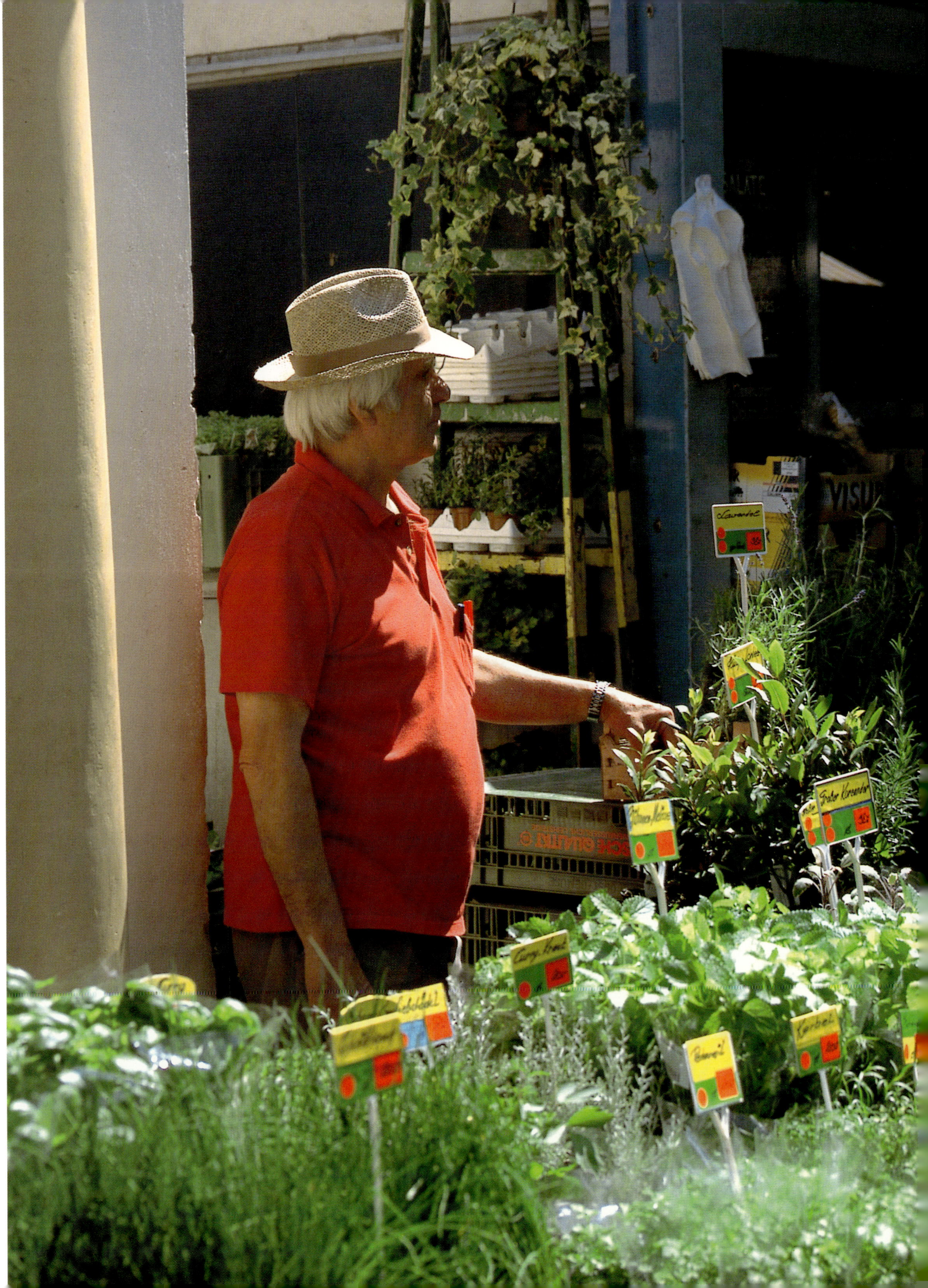

Auf dieser riesengroßen Bühne

Vielen Österreichern längst zu hart: die Knochenarbeit am Marktstand

des Wortes ans Eingemachte ging. Schmunzelnd berichtet Leo von dem befreundeten halbprofessionellen Karatekämpfer, der ihm an einem klirrend kalten Wintermorgen beim Krauthappelsortieren zur Hand gehen wollte. Der vermeintlich „hoate Hund" ging der Routinearbeit eines Kräutlers keine halbe Stunde nach – dann waren seine Hände so erfroren, daß er aufgeben mußte.

Leo ist ein Prototyp professioneller Fröhlichkeit und vielleicht der letzte unter den Marktstandlern, der seine Kundschaft mit dem „Wiener Schmäh" zu packen versteht. Aber spricht er von den alten Zeiten, dann wird er sentimental. Nirgends auf der Welt unterziehen sich Menschen besonders bereitwillig den Anpassungen, die ihnen eine kulturelle Veränderung abnötigt. Der Wiener aber, der geborene ebenso wie der „g´lernte", hat die Veränderung als die Todfeindin seiner geliebten „Gemütlichkeit" identifiziert und flieht beim ersten Anzeichen schwerwiegender Verschiebungen im Zeitgefüge in den Bunker der Nostalgie. Seit Ovid die Goldenen Zeiten besang und ihren Untergang beklagte, ist niemand mehr so liebevoll mit der Erinnerung an „damals" umgegangen wie die Bewohner dieser Stadt.

Leo hat dem Urgestein der Naschmarktstandler beim stillen Verschwinden zugeschaut. Manche sperrten zu, weil sich's nicht mehr rechnete. Viele gingen in Pension und mußten zur Kenntnis nehmen, daß ihre Kinder eine bequemere Arbeit in geheizten und klimatisierten Räumen dem harten Standler-Dasein vorzogen. So sind sie verschwunden, die lebenden Legenden. Der Fleischhauermeister etwa, der sich mit legendärer Büffelkraft und ebenso legendärem Weinkonsum in den Annalen des Marktes verewigte: Vierzig Achteln soll er an einem normalen Arbeitstag hinter die Binde gegossen haben, ohne daß sich deutliche Anzeichen von Trunkenheit einstellten. Jetzt genießt er den Ruhestand und das bei bester Gesundheit. „Leicht erhöhte Leberwerte, sonst nix!", flüstert Leo beinahe ehrfürchtig. Im angeheiterten Zustand war der Meister zu Kraftproben fähig, die unter den Alteingesessenen bis heute unvergessen sind: Einmal soll er aufgrund einer Wette in einem Wirtshaus nahe beim Markt einen Eßtisch und vier Sesselsitzflächen mit der unbewehrten Faust durchschlagen haben. Damit hatte er den teuersten „Doppler" – so nennt der Wiener die Zweiliter-Weinflasche – seines Lebens gewonnen, denn der Wirt stellte der Fleischersgattin den entstandenen Flurschaden mit einigen tausend Schilling in Rechnung. Ein anderes Mal landete der Riese vom Fleischerstand gar vor dem Kadi: In einem Wirtshaus hatte er ein kleines Mäderl, die Tochter einer Bekannten, an den Armen gepackt und durch die Luft gewirbelt, was das Kind unter fröhlichem Kreischen genoß. Zwei jugoslawische Gastarbeiter betraten das Wirtshaus, mißinterpretierten die Situation als versuchten Kindsmord und machten sich an die Rettung der Kleinen. Der eine Retter zertrümmerte zu diesem Behufe einen Sessel auf dem Hinterkopf des Fleischermeisters, worauf dieser ungerührt das Kind absetzte und zur Revanche schritt. Der andere hat das Wirtshaus durch ein geschlossenes Fenster verlassen. Beide waren am Ende der Debatte krankenhausreif. Der Richter befand auf Notwehr.

Auch Anna Wickenhauser hat den alten Zeiten beim Verschwinden zugeschaut: In eine Standlerdynastie hineingeboren, verbrachte sie schon als Kind die Schulferien auf dem Markt. Die Mutter nahm sie im Morgengrauen zum Stand mit und bereitete in der letzten Ecke ein Lager aus alten Zeitungen, auf dem sich die kleine Anna ordentlich ausschlafen konnte. Als junges Mädchen bediente sie dann die damalige Wiener High Society: Die Autohändlersgattin, die sich vom Chauffeur zum Einkauf bringen ließ, den großen Theatermann, der bei jedem Besuch die Lehrmädchen an den Maschen ihrer Arbeitsmäntel zupfte, den wichtigen Politiker, der nachsichtig war, wenn man in der Hektik auf die im titelsüchtigen Wien geheiligte Anrede „Herr Doktor" vergaß... – Lächelnd erinnert sich die mittlerweile pensionierte Standlerin an den Tag, als der Schauspieler Curd Jürgens im Hotel Sacher abstieg und unbedingt Zwetschkenknödel essen wollte, worauf das Sacher am elterlichen Stand gezählte zwanzig Zwetschken bestellte; und an verschwundene Markt-Institutionen wie den Stammwirt der Standler, bei dem prak-

GRIECHISCHE WEINE
SCHAFKÄSE, OUZO

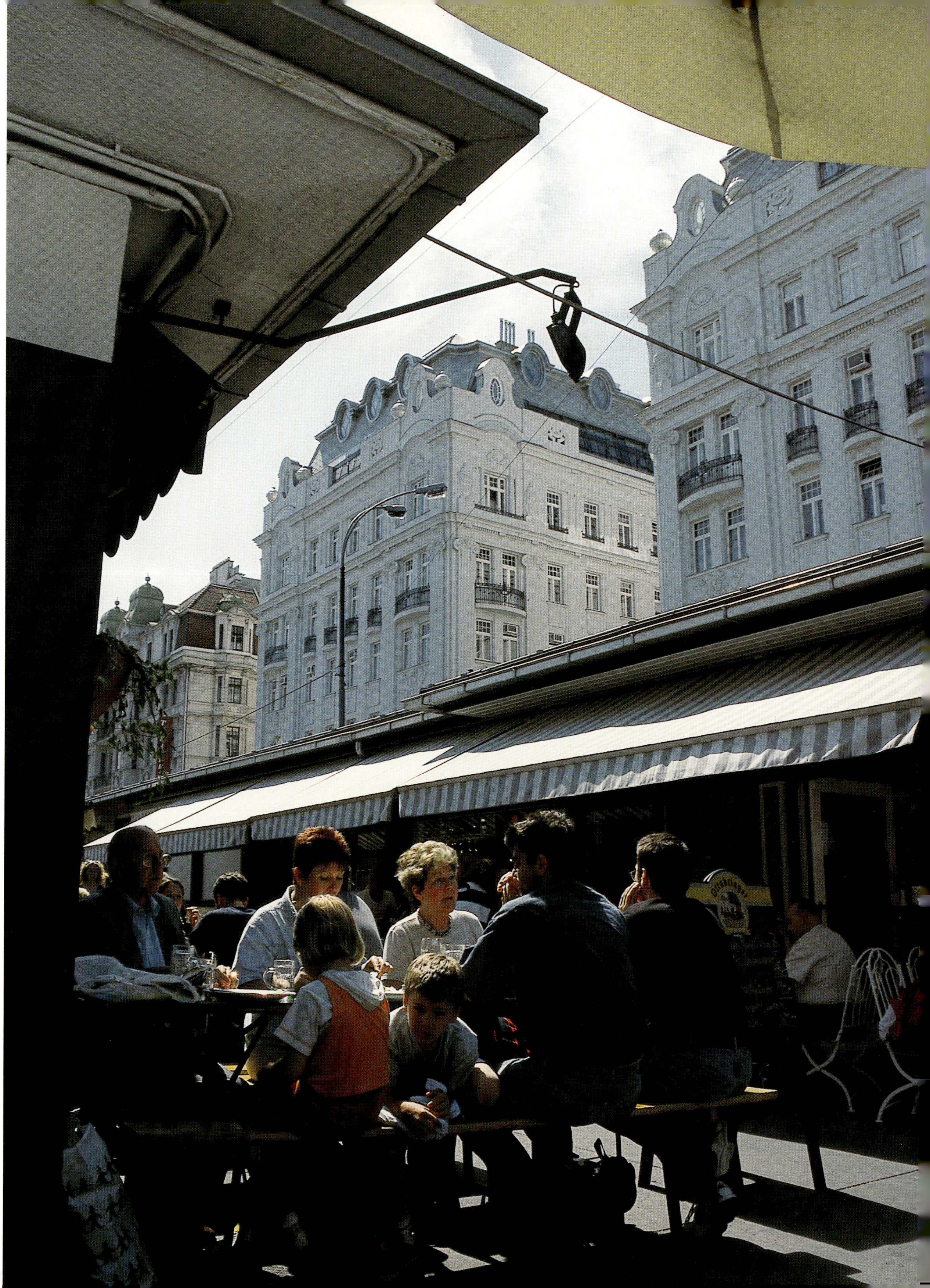
Ottakringer

Auf dieser riesengroßen Bühne

tischerweise auch die Transportkapazitäten des Marktes residierten: Eine resolute Fuhrwerksunternehmerin hatte am Wirtshaustisch ihr Büro installiert. Draußen, beim Markt, standen ihre Fuhrwerke, und wer Ware, Einrichtungsgegenstände, Erbstücke oder sonst etwas von A nach B zu bringen hatte, schlenderte einfach ins Wirtshaus oder rief an: Die Telefonnummer des Wirtshauses und der Fuhrwerksunternehmung waren identisch.

Nicht nur solch liebenswerte Provisorien sind dem Zeitenwandel zum Opfer gefallen. Auch die Mentalität der Akteure hat sich verändert: „Die Standler waren früher wie eine große Familie", erinnert sich Anna Wickenhauser: „Wir haben uns gegenseitig ausgeholfen, wenn Not am Mann war, haben Wochenendausflüge gemacht, wir sind sogar gemeinsam auf Urlaub gefahren ... – Neid oder Konkurrenzkampf hat's damals nicht gegeben." Es regt zum Nachdenken an, daß damals, als der Wohlstand bei weitem nicht so entwickelt war, als mehr als eine Standlerfamilie den Stand nicht nur als Geschäftslokal, sondern zugleich auch als Wohnung nutzen mußte, der Zusammenhalt größer war als heute, wo man auf dem Markt fast jeden kulinarischen Luxus genießen kann.

Was ist der Naschmarkt heute? „Ein Disneyland!", sagt Leo, der Kräutler. „Der Markt ist vom Einkaufsmarkt zum Degustationsmarkt geworden." Daß es den Marktbetrieb ohne die Freßmeile, die sich in der zweiten Standzeile gebildet hat, ohne den samstäglichen kulinarischen Korso und ohne den Zustrom ausländischer Billigarbeitskräfte schon längst nicht mehr geben würde, ist ihm klar: Auf anderen Wiener Märkten, so hat er gehört, können siebzig Prozent der Standler ihre Miete nicht mehr zahlen. Dennoch trauert er um die Zeiten, als der Familienbetrieb noch ein Familienbetrieb war, eine Hausfrau eine Hausfrau und ein Krautfleisch ein Krautfleisch: „Daß die Leute das Kochen verlernen, ist ein kultureller Verlust." Leo mißt den schleichenden Sieg der Mikrowelle über die traditonelle Wiener Küche in Verkaufszahlen: Sein Sauerkraut hat die Kundschaft früherer Zeiten zu neunzig Prozent zum Kochen gekauft und zehn Prozent roh gegessen. Dieses Verhältnis hat sich mittlerweile umgekehrt: „Damals haben die Leut zwei, drei Kilo Kraut zum Kochen mit heimgenommen.

Mit dem Rucksack ist die Kundschaft aus Hütteldorf gekommen und hat kiloweis Kraut eingekauft und die Wirte sind in aller Herrgottsfrüh auf den Großgrünmarkt gekommen. Zig Tonnen hat mein Vater damals verkauft. Heute verkauf ich an einem sehr guten Tag dreißig Kilo."

Einst tonnenweise verkauft, heute als Schmankerl zwischendurch genossen: die Vitamin C-Bombe Sauerkraut

Der Wiener Naschmarkt

An manchen Naschmarktständen spricht man in zehn Sprachen. Aber Wien bleibt Wien.

Marktstandler, die sich nicht auf die neuen Zeiten eingestellt haben, sind von der Bildfläche verschwunden – zum einen Teil ersetzt durch die aufblühende Szene von Kleinlokalen, in denen man vom Gulasch bis zum Sushi und vom Lammcurry bis zur Topfenpalatschinke bis in die Abendstunden genießen kann, was das Herz begehrt. Zum anderen Teil rückten die ausländischen Standinhaber nach. Insider schätzen, daß die Obst- und Gemüsestände des Naschmarktes mittlerweile zu drei Viertel in russischer Hand sind: Clans aus Kasachstan und Aserbeidschan mit Zugriff auf günstige Finanzierungen und ein beinahe unerschöpfliches Arbeitskräftepotential aus dem Orient sollen sich einen beträchtlichen Anteil des Marktumsatzes erarbeitet haben.

Von der Fremdenfeindlichkeit, die Wien bisweilen unterstellt wird, merkt man im Gespräch mit den alteingesessenen Wiener Standlern allerdings wenig: Die multikulturelle Koexistenz wird als pragmatisches Sitzen im selben Boot bezeichnet, der Kontakt zu den ausländischen Arbeitskräften als bisweilen sogar freundschaftlich – und jedenfalls oft angenehmer als zu Mitbürgern: „Es gibt nichts Schlimmeres als den Neid unter Wienern", sagen zwei befragte Wiener

Auf dieser riesengroßen Bühne

Standler unisono. Und einer meint, Ausländer bewegen mittlerweile mehr als Inländer, wenn es darum geht, in Verhandlungen mit dem Marktamt vernünftige Neuerungen durchzusetzen.

Daß auch für weniger verwöhnte Naturen das Leben auf dem Markt kein Honiglecken ist, wird manifest, wenn man den Versuch unternimmt, mit diesen ausländischen Standlern ein zielführendes Gespräch aufzunehmen: „Über das Leben auf dem Markt wollen Sie schreiben? Was für ein Leben? Stecken Sie Ihre Visitenkarte wieder ein, junger Mann: Da gibt es nichts zu schreiben. Leben auf dem Markt?" Der befragte Patriarch eines Gemüsestandes, dessen Team, wie Marktkenner berichten, in zehn Sprachen fließend parliert, weist mit großer Gebärde über die Marktlandschaft: „Da hinten: Konkurs. Um die Ecke auch Konkurs. Zwei Kollegen haben letztes Jahr Herzinfarkt gehabt. Das ist das Leben auf dem Markt!" Der Autor empfiehlt sich höflich, registriert einmal mehr, daß sich die orientalischen Standler ungern in die Karten schauen lassen und findet bestätigt, was der Wiener über die merkantile Variante des Raunzens zu sagen pflegt: daß Jammern der Gruß des Kaufmannes ist.

Pragmatisches Sitzen im selben Boot: multikulturelle Koexistenz am Naschmarkt

Der Wiener Naschmarkt

Fleischermeister Meyer:
„Goldene Zeiten? Hat's nie gegeben!"

Herr Meyer jammert nicht. Er führt auf dem Naschmarkt eine Fleischerei, in der man viel Prominenz beim Einkaufen sieht. Den oft wehmütig beschworenen früheren Zeiten trauert er nicht nach: „Die Goldenen Zeiten hat´s nie gegeben. Früher war es vielleicht einfacher, ein Geschäft zu machen, aber dafür hat man den ganzen Winter auf einem Stand ohne Heizung gearbeitet, und das Eis hat man in Blöcken durch die Gegend geschleppt." Die Veränderungen, die der Naschmarkt über die letzten Jahrzehnte durchlaufen hat, reißen ihn allerdings auch nicht unbedingt zu Begeisterungsstürmen hin, und daß die oft aufwendigen Verfahren der klassischen Wiener Küche weithin aus der Mode kommen, macht ihm Kummer: „Wenn meine Großmutter so gekocht hätte, wie heutzutage gekocht wird – mein Großvater hätte sie ausgelacht!" Die heutige Komfort-Küche hat Auswirkungen auf das Sortiment: „Gewisse Sachen kannst einfach nicht mehr verkaufen: Früher hat man eine ganze Sau zerlegt und alles verkauft. Das geht heut nicht mehr. Und wo bekommt man noch ein Bries oder ein Hirn? Hier bei uns – aber sonst …"

Auf dieser riesengroßen Bühne

Auch der Aufstieg der großen Lebensmittelketten hat zur Veränderung des Naschmarktes beigetragen: „Früher, da ist der Markt die ganze Woche über gelaufen. Da gab's noch keinen Billa und keinen Hofer. Jetzt leben wir in gewissem Maße von der Markt-Gastronomie am Freitag und Samstag." Daß der bis vor kurzem größte und aggressivste Hecht im Karpfenteich des österreichischen Lebensmittelhandels selbst Naschmarkt-Kunde ist, amüsiert übrigens alteingesessene Standler wie Herrn Meyer zutiefst: Karl Wlaschek, in jungen Jahren unter dem Künstlernamen „Charly Walker" als Barpianist zu etwas Geld gekommen, hatte in den fünfziger Jahren seinen ersten „Billigen Laden", kurz „Billa" genannt, eröffnet, daraus eine bundesweit florierende Supermarktkette geschaffen und diese nicht lange nach Österreichs EU-Beitritt an einen deutschen Konzern verkauft. Jetzt genießt er im Ruhestand die Früchte seines Vermögens, das, wie Insider munkeln, in jeder Währung des Planeten milliardenschwer ist. Der Umfang seiner Brieftasche drückt jedoch keineswegs auf den Urwiener „Schmäh-Muskel": Eine attraktive Dame, die neben ihm in Meyers Laden stand, bat Wlaschek mit unbewegtem Gesicht, ihn auszulösen, weil er sich das Steak nicht leisten könne. Und von Leo, dem Sauerkräutler, ließ er sich in Damenbegleitung hoch interessiert über die Wirkung von Champagnerkraut auf das männliche Stehvermögen unterrichten.

Mit dem wachsenden verfügbaren Einkommen stiegen über die Jahre und Jahrzehnte auch die Ansprüche der Kundschaft – und die Kundenstruktur veränderte sich. Je „schicker" der Naschmarkt wurde, desto mehr Prominenz wird zwischend den Ständen gesichtet: „Der Herr Bürgermeister ist gern da, viele Politiker, Schauspieler, Opernsänger...". Dementsprechend hat Herr Meyer seinen Laden längst von der Massenware auf die Spezialitäten umgestellt. So berichtet er zum Beispiel, daß er als g'standener Fleischhauer eines Tages bei einer jungen Japanerin nachlernen ging: Die in Wien lebenden Japaner und Chinesen hatten den Naschmarkt entdeckt und das orientalische Flair schätzengelernt. Er reagierte darauf, indem er die japanische Technik, Fleisch zu schneiden, erlernte. Der Fleiß der Orientalen findet nicht nur Herrn Meyers Bewunderung, so regelmäßige Kundschaft ist auch förderlich fürs Geschäft, wie er sagt: „Die arbeiten praktisch durch,

SWE
PREISELBEER
1kg 8

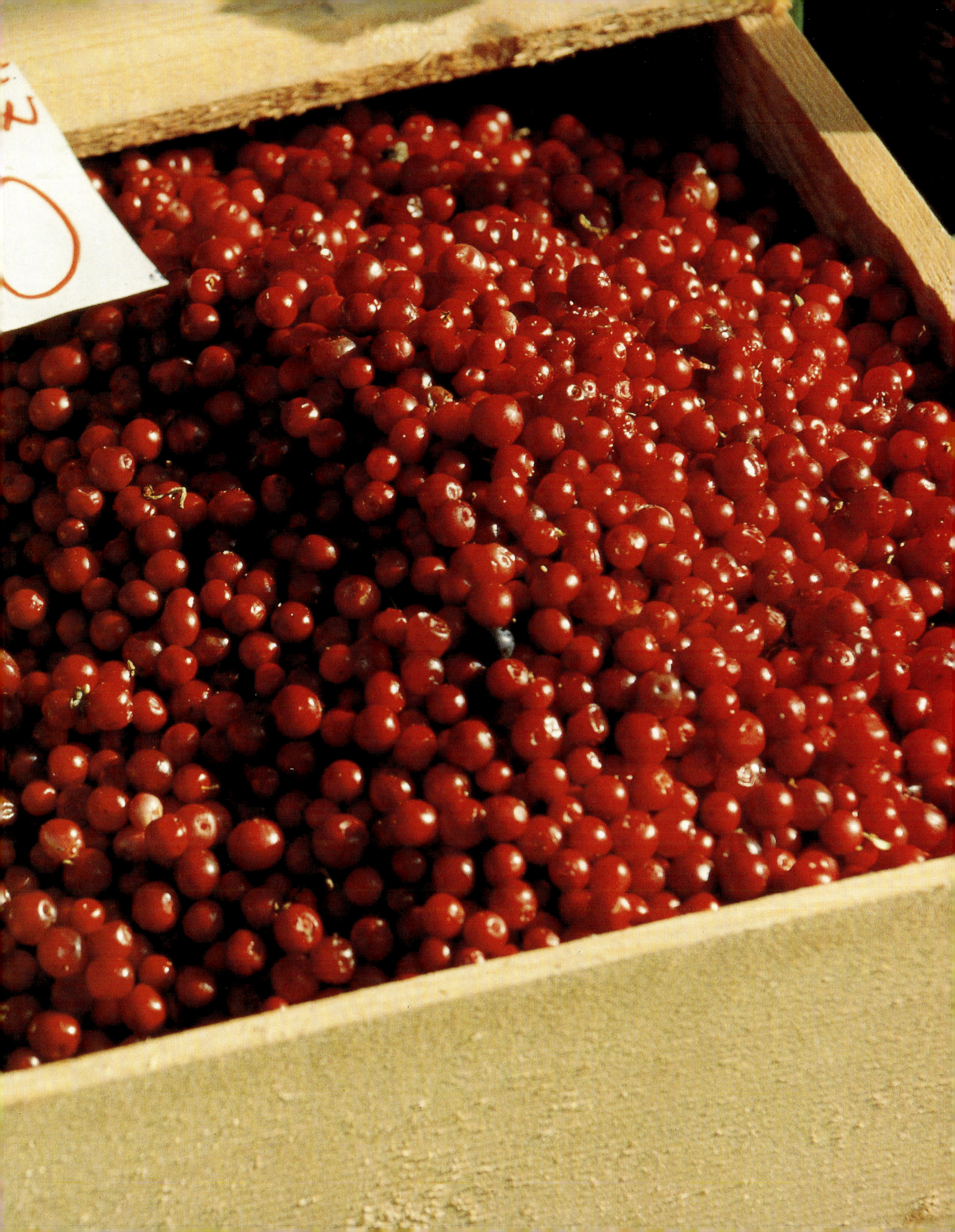

Der Wiener Naschmarkt

"Zuckerlmarkt" Naschmarkt: eine riesige Vielfalt von Spezialitäten.

machen fast nie Urlaub und verschwinden nicht in ein Wochenendhaus wie die Wiener." Abnehmend ist dagegen der Anteil der Meisterköche: "Die haben einen Manager im Genick und der kauft mit der Rechenmaschine ein. Mein Vater hat noch vierzig Prozent vom Geschäft mit der Gastronomie gemacht. Heute sind es, wenn's hoch kommt, zehn Prozent!"

Daß der Markt auch dann überleben wird, wenn er von Supermarktfilialen umzingelt ist, davon ist Fleischermeister Meyer überzeugt. Aber der Ausleseprozeß wird weiterlaufen: "Der Naschmarkt ist schon jetzt ein 'Zuckerlmarkt': Die Leute suchen die echten Spezialitäten. Wer es nicht schafft, ein breites Programm zu bieten, wird überbleiben."

Hört man sich auf dem Naschmarkt um, dann registriert man: Die Liebe zum Standlerleben verhält sich oft umgekehrt proportional zum Alter der Befragten und immer quadratisch proportional zur Eigenständigkeit und Qualität des jeweiligen Angebotes. Viele bieten das gleiche wie der Stand nebenan und ringen um das Überleben. Andere sind neue Wege gegangen – und brennen vor Begeisterung. Erwin Gegenbauer ist ein Beispiel für diesen innovativen Standler-Typ – und das, obwohl sein Stand seit den dreißiger Jahren in Familienbesitz ist. Großvater Gegenbauer hatte hier den Beruf des Sauerkräutlers ausgeübt, eine überlebenswichtige Wiener Institution in Zeiten, als Südfrüchte kostbare Raritäten waren und für den Durchschnittskonsumenten Sauerkraut die wesentlichste Vitamin C-Quelle in der kalten Jahreszeit darstellte. Vater Gegenbauer begann in der Nachkriegszeit, das Sortiment Schritt für Schritt zu erweitern und nützte den Naschmarktstand konsequent als sein privates Marktforschungsinstitut: "Wir haben jedes neue Produkt erst einmal auf dem Naschmarkt herausgebracht. Wenn es beim Naschmarktpublikum funktioniert hat, hat es binnen drei bis fünf Jahren überall funktioniert", berichtet der heutige Firmenchef. Vater Gegenbauers innovativen Zugängen zur Gemüsekonserve verdankt Wien unter anderem den Ölpfefferoni, die mittlerweile an jedem Würstelstand unverzichtbare Beilage zu Burenwurst und Leberkäs. Die Idee kam Gegenbauer Senior, als er einer Einladung seiner jugoslawischen Mitarbeiter folgend, den Sommerurlaub in Dalmatien verbrachte und den mediterranen Stil des Einlegens in Olivenöl kennenlernte. Mit Gurkerln und Pfefferoni reussierte die Firma in großem Stil: Man installierte

Auf dieser riesengroßen Bühne

Es gibt nichts, was es nicht gibt: Hülsenfrüchte an einem orientalischen Stand

Wiens erste vollautomatische Produktionslinie für Gemüsekonserven, expandierte international und warf sich in beinharte Verhandlungsschlachten mit den Einkäufern großer Lebensmittelketten.

Einige Zeit lang dachte man sogar über den Abschied vom Naschmarkt nach. Gerettet hat den Stand dann der Juniorchef: Erwin Gegenbauer hatte sich schon seit geraumer Zeit mit den Geheimnissen der Essiggärung beschäftigt und angefangen, edelste Essige in Holzfässern auszubauen.

Irgendwann Anfang der neunziger Jahre sperrte er für einige Tage den Naschmarktstand zu, – übrigens zum ersten Mal in der Firmengeschichte –, baute um und stellte sich dann an einem Freitag und Samstag mit vier Essigfässern höchstpersönlich auf den Markt. Sein Lampenfieber vor dem ersten persönlichen Kundenkontakt überraschte ihn selbst – die begeisterten Reaktionen, die seine Produkte ernteten, auch: Zuerst Wein in den edlen Holzfässern vermutend, dann etwas überrascht, Essig vor sich zu haben, gingen die Kunden mit Anwendungsvorschlägen heim und kamen eine Woche später mit neuen Rezepten und

Diskussionsbeiträgen zurück. Seither verbringt Erwin Gegenbauer den späten Samstagvormittag am Naschmarktstand beim Plaudern und Fachsimpeln mit seinen Stammkunden. Die Gemüsekonservenproduktion mit Standorten in drei Ländern hat er mittlerweile verkauft und sich in das Stammhaus im zehnten Wiener Gemeindebezirk zurückgezogen. Dort hat er eine computergesteuerte Kleinausgabe einer Essigproduktion installiert und verbringt seine Tage damit, Kulturen von Essigsäurebakterien für den jeweiligen Einsatz zu optimieren und, in nach koreanischem Vorbild designten Kermiktöpfen, Edelausgaben von Großvaters Sauerkraut herzustellen: wie zum Beispiel Apfel-, Zwiebel- und Veltlinerkraut. Besucher läßt er mit der Pipette Essige aus steirischem Bier oder Himbeerwein verkosten, edelsauren Sherry als innovativen Digestif und Balsamessige aus edlen Weinen. Den optimierten Mix aus Tradition, High Tech und Passion, der seine Arbeitswelt bestimmt, genießt er in vollen Zügen: „Ich arbeite aus Hedonismus!"

Im privaten Freiluft-Marktforschungsinstitut, das der Naschmarktstand der „Wiener Essig Brauerei Gegenbauer" bis heute ist, trifft man viel Prominenz: das Enfant terrible des Theaters, Claus Peymann, kam selten persönlich, entsandte aber täglich seinen Adlatus, um ein frisches Glas von Gegenbauers Essiggurken zu beschaffen. Schauspieler und Lokalinhaber Hanno Pöschl erscheint gelegentlich mit alkoholbedingt beeinträchtigter Körperchemie am Stand und erhält Delikateß-Gurkerln zum Katerfrühstück – selbst, wenn er sich die Verdauungsarbeit momentan nicht zutraut: „Einmal hat er gesagt: ‚Erwin, ich krieg jetzt nix Saures runter. Ich speib mich an!' – Blödsinn, hab ich gesagt und ihm ein Gurkerl gegeben. ‚Erwin', sagt er, ‚wenn ich jetzt z'sammbrech, reiß ich Dir eine an!' – ‚Kannst nicht, wenn'st z'sammgebrochen bist. Iß!'" Ebenfalls oft zu Gast am Gegenbauer-Stand sind die aufstrebenden Jungstars der neuen Wiener Küche: „Die arrivierten Spitzenköche haben keine Zeit mehr, auf dem Markt einzukaufen, die lassen sich die Sachen frei Haus liefern. Aber die jungen Köche, die unterwegs zur ersten Haube sind oder sie gerade bekommen haben – die kommen auf den Markt, weil sie den Bezug zum Produkt suchen."

Daß der Naschmarkt sich verändert hat, seit Großvater Gegenbauer sein Sauerkrautfaß aufstellte, ist für den Enkel kein Problem – im Gegenteil: Die Veränderungen in der Eigentümerstruktur der Stände wertet er positiv: „Multikulturell war der Naschmarkt schon immer. Hier besteht seit Jahrzehnten eine freundschaftliche, auf dem Wiener Schmäh beruhende Koexistenz von Kulturen, wie man sie anderswo vielleicht nur in New York findet. Wir haben die erste Welle erlebt, das waren die Jugoslawen, die zweite Welle waren die Türken, – und jetzt läuft eine dritte, die ostasiatische mit hochinteressanten Impulsen für die Küche: Parallel dazu erleben wir den Übergang von einem relativ alten Publikum zu einem jungen Publikum, das offen für Neues ist. Manche Leute glauben, daß der Naschmarkt stirbt. Ich glaube, er kommt überhaupt erst."

d u. Geflügel
Eier
WIENER ESSIG BRAUEREI
KÜRBISKERNÖL
100 % rein
IL TRAPPETO
ORANGENÖL

Der Wiener Naschmarkt

Ähnlich enthusiastisch äußert sich Christian Lingenhehl, der den Stand der Firma Partyservice Pöhl führt. Die Markt-Kundschaft findet er anbetungswürdig: „So liebe Leute – das ist ein Wahnsinn". Die Liebe erzeugt Gegenliebe: Als man 1997 am 24. Dezember um 5 Uhr früh zum Stand kam, um für die große Verkaufsschlacht des Tages vorzurüsten, fand man bereits die ersten in der Eiseskälte geduldig wartenden Stammkunden vor. Den Naschmarkt hat die Familie Pöhl erst relativ spät in ihrer Karriere erobert, und letztlich hatte eher Zufall als Planung die Hand im Spiel:

Ein Wiener Fleischer hatte auf Empfehlung eines Unternehmensberaters Schritte unternommen, die Querstraße, die den Naschmarkt damals noch etwa auf Höhe des Theaters an der Wien durchschnitt, umzuwidmen und einen Stand darauf zu bauen. Weiß der Himmel, wie der ehrbare Fleischermeister den behördlichen Spießrutenlauf um die erforderlichen Genehmigungen geschafft hat – jedenfalls: Der Stand war da. Befriedigend gelaufen ist er allerdings nicht. Der Unternehmensberater gab sich ratlos und war schließlich gezwungen, bei der Liquidation zu assistieren. Seine persönliche Bekanntschaft mit der alteingesessenen Wiener Fleischerfamilie Pöhl, die schon seit 1965 Delikatessen aus Italien importiert, führte zur Übernahme. Der neue Pöhl-Stand wurde nach relativ kurzer Zeit ein Erfolg. – Was viel mit dem angeborenen Unternehmergeist zu tun haben dürfte, der den Pöhls innewohnt: Noch heute schneidet jeden Samstag von 7 bis 14 Uhr die zweiundachtzigjährige Großmutter am Marktstand eigenhändig 25 Kilo Schinkenbeine auf und meint auf die Frage, ob sie sich nichts Schöneres vorstellen könnte: „Wenn ich noch mal anfangen könnte – ich würde den gleichen Weg wieder gehen."

Pöhl führt in Wien acht Geschäfte und ein gutgehendes Partyservice, aber der Naschmarkt-Stand ist der gehätschelte Liebling des Teams: „Vorbild waren diese kleinen Geschäfte in Italien und Frankreich, in denen man stundenlang herumstehen und gustieren kann – so etwas wollten wir haben. Ohne durchdachte Optik und ohne durchdachtes Programm kann man heutzutage ohnehin kein Geschäft mehr aufsperren."

Was macht den Naschmarkt so anders als den Normalbetrieb im Lebensmittelhandel? Für Christian Lingenhehl ist es der bunte Mix der Menschen, die an seinem Stand erscheinen: „Es kann Dir passieren, daß am Stand der klassische

An einem starken Samstagvormittag fünfundzwanzig Kilo Schinkenbeine: Aufschnitt-Produktion bei Pöhl

Urwiener Hackler steht und eine Leberkässemmel kauft. Du willst sie ihm schön einpacken – da sagt er: „Oida, bist deppat? Spar da des Papierl und gib des Semmerl her! I hab an Hunger!" Und neben ihm steht die Frau Generaldirektorsgattin und fragt gleich darauf, welche Gourmetterrine es heute gibt. Oder unlängst, da kommen zwei Sandler an den Stand, die den „Augustin", die Obdachlosen-Zeitung, verkaufen. Der eine von ihnen baut sich neben einem Topmanager auf, der gerade einkauft und sagt: „Hearst, Du kaufst aber feine Sachn, kannst Du dir des überhaupt leisten?" – Der Manager lacht und lädt die Sandler auf eine Wurstsemmel ein. Die gleiche Situation würde auf der Kärntner Straße oder auf der Mariahilfer Straße zu einem Fiasko führen. Aber am Naschmarkt, und nur hier, können diese unterschiedlichen Leute miteinander!"

Der Traum vom mediterranen Gourmet-Laden – verwirklicht auf dem Wiener Naschmarkt.

Ebenfalls in einer komfortablen Marktnische beheimatet ist die Käsehütte. Ihr sichern die chemischen Besonderheiten von Käse das gedeihliche Fortkommen. Denn, wie der souveräne Herr über die Käsetheke glaubwürdig versichert, jeder Käse, der eine Woche lang in einer luftdichten Polyäthylenverpackung zubringen muß, ist geschmacklich tot. Je feiner seine Aromen sind, desto schneller verläuft dieser Prozeß – bei wirklich guten Käsen ist schon nach drei Tagen Feierabend: „Anspruchsvolle, teure Sorten müssen frisch vom Stück heruntergeschnitten werden und je größer das Stück ist, desto besser. Deshalb werden wir den Supermärkten mit der verpackten Ware immer überlegen sein – auch in der Auswahl: hundertachtzig Sorten Käse kann man gar nicht mehr in Stücke schneiden und verpacken!"

Aber das Ritual des Käseschneidens, jede Sorte mit ihrem entsprechenden, angemessenen Schneidegerät, ist im Zeitalter der hohen Lohnnebenkosten eine teure Handwerkskunst. In rationalisierten Großbetrieben ist sie ausgestorben. Und wer sich nicht daran gewöhnen will, flüchtet zur Käsehütte am Naschmarkt. Das Unternehmen freut sich über rund achtzig Prozent Stammkunden – ein Anteil, von dem der normale Lebensmittelhandel nur mehr träumen kann. Diese Stammkunden werden liebevoll gepflegt – auch wenn sie manchmal sogar das hochkompetente Verkaufsteam vor unüberwindliche Hürden stellen: „Im Herbst sind wir immer arm: Da kommen die Leute aus dem Urlaub zurück und fragen nach genau diesem einen Käse, den sie genau in diesem einen Tal gegessen haben – und den es genau dort und nirgends sonst gibt. Nicht einmal bei uns!"

„Vastehst, Oida?"

Ein bißchen Wienerisch für Naschmarktbesucher

Wo über Jahrtausende aus allen Himmelsrichtungen Menschen zusammenkommen, hinterlassen sie unweigerlich Spuren. Nicht nur im Baustil, in der Denkweise, im gesellschaftlichen Umgang – sondern auch und vor allem in der Sprache. Ein wesentlicher Beleg für Wiens Rolle als internationale Drehscheibe ist sein Dialekt, das Wienerische. Ein ausgeprägtes Kommunikationstalent ist dem Wiener seit jeher zu eigen – und verbunden damit die Fähigkeit, aus jedem fremden Einfluß das Verwertbare auszusortieren und in eigenen Gebrauch zu nehmen:

Der Wiener Naschmarkt

„Hase mit Schaf?" –
„Haaße mit an Schoafn!"

Deutsch, Bayrisch, Lateinisch, Italienisch, Französisch, Englisch, das alles in unnachahmlicher Weise zu einem lässigen, fast südländisch anmutenden Singsang voller Zwischentöne und Nuancen verschliffen ... – das Urwienerische ist ein Idiom, das den Unkundigen in bisweilen amüsanter Weise überfordert. Man erkläre einmal einem systematisch denkenden deutschsprachigen Wienbesucher die Feinheiten, die aus so gleichklingenden Lauten wie „Zah on!" und „Ziag oh!" völlig entgegengesetzte Botschaften machen: „Zah on!" ist eine dringende Bitte um eilige Erledigung einer gestellten Aufgabe, „Ziag oh!" die unwirsche Aufforderung an einen ungeschätzten Gesprächspartner, sich zu entfernen. Ist es ein Wunder, daß viele Wiener jeden dritten oder vierten Satz mit der Frage „Kennst di aus?" oder einem eindringlichen „Vastehst, Oida?" beenden? Legendär mißverstanden hat das Wienerische jener junge Besucher aus Berlin, der seine einheimischen Gastgeber befragte, wie man denn um Himmels Willen „Hase mit Schaf" essen könne. Der Wiener ging tief in sich und kam schließlich auf des Rätsels Lösung: Der Gast aus dem Westen war an einem Naschmarkt-Würstelstand Ohrenzeuge folgender Bestellung geworden: „A Haaße mit an Schoafn, bittscheen!" Dem Unkundigen sei übersetzt: „Haaße" ist die gut gewürzte Burenwurst, seit Jahr und

Kartofler
2,-
2 kg. 20

Der Wiener Naschmarkt

*Erdäpfel bleiben Erdäpfel,
Paradeiser bleiben Paradeiser,
Fisolen bleiben Fisolen.*

Tag Prototyp der Wiener Wurstkultur, und als „Schoafn" bezeichnet man die pikantere der zwei in Wien gängigsten Senfvarianten, nämlich den Estragonsenf im Gegensatz zum „siaßn" Kremser Senf. Wird die Bestellung durch ein fröhliches „und a Blechweckerl" ergänzt, so dürstet den Gast nach einer Dose Bier, der ein Gewohnheitskonsument, wohl um den Umfang seines eigenen Bierbauches zu relativieren, den Nährwert eines schlichten Brotweckerls zuschreibt. Und ruft jemand lauthals „A Eitrige mit an Buckel", so verlangt er nach der weithin beliebten gegrillten „Käsekrainer", aus der beim Aufschneiden geschmolzener Käse fließt, und hätte dazu gerne das als „Scherzl" oder eben „Buckel" bezeichnete runde Ende eines Schwarzbrotlaibes zu sich genommen.

Es scheint zur Vermeidung von Kommunikationskatastrophen legitim, dem Naschmarktbesucher ein kleines Kompendium Deutscher Übersetzungen des Wienerischen mit auf den Weg zu geben. Wenden wir uns also den wesentlichen

„Vastehst, Oida?"

„Melanzani, vastehst?"

Grundbegriffen zu, die man auf dem Wiener Naschmarkt zur Bewältigung des Alltags benötigt. Erste Erkenntnis: Durchaus vertraute Lebensmittel werden in dieser Stadt vollkommen anders benannt!

Man wird den Besucher zwar durchaus verstehen, wenn er Tomaten verlangt, aber auf gut Wienerisch heißen sie noch immer Paradeiser. Das weithin als Möhren bekannte Gemüse nennt man am Naschmarkt Karotte, grüne Bohnen heißen Fisolen, der Blumenkohl ist der Karfiol und die Aubergine wird man dem Käufer erst überreichen, wenn er sich bequemt, „Melanzani" zu sagen. Meerrettich ist hierzulande als Kren bekannt und nicht einmal die Kartoffel ist in Wien die Kartoffel, sondern vielmehr der Erdapfel, Mehrzahl Erdäpfl. Ein Tip: Bietet auf dem dem Naschmarkt angeschlossenen Bauernmarkt jemand „Krumbirn" an, so hat der Kundige einen burgenländischen Bauern vor sich, der ebenfalls seine Kartoffeln an den Mann bringen möchte. Diese burgenländischen Landwirte nannte man früher auch „Heanz", was sich von den Hühnern herleitet, die auf Wiens Märkte oft von Burgenländern geliefert wurden. Die bis heute in Wien gängige Herabwürdigung burgenländischer Intelligenzleistungen, am Stammtisch in Scherzen formuliert, die dem deutschen Ostfriesenwitz und dem englischen Irenwitz nahe verwandt sind, führte dann zum gängigen Begriff „heanzen", was so viel heißt wie „hänseln" oder „verspotten".

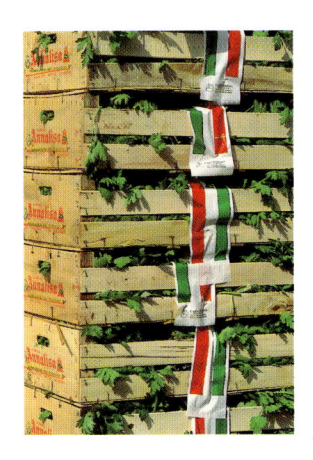

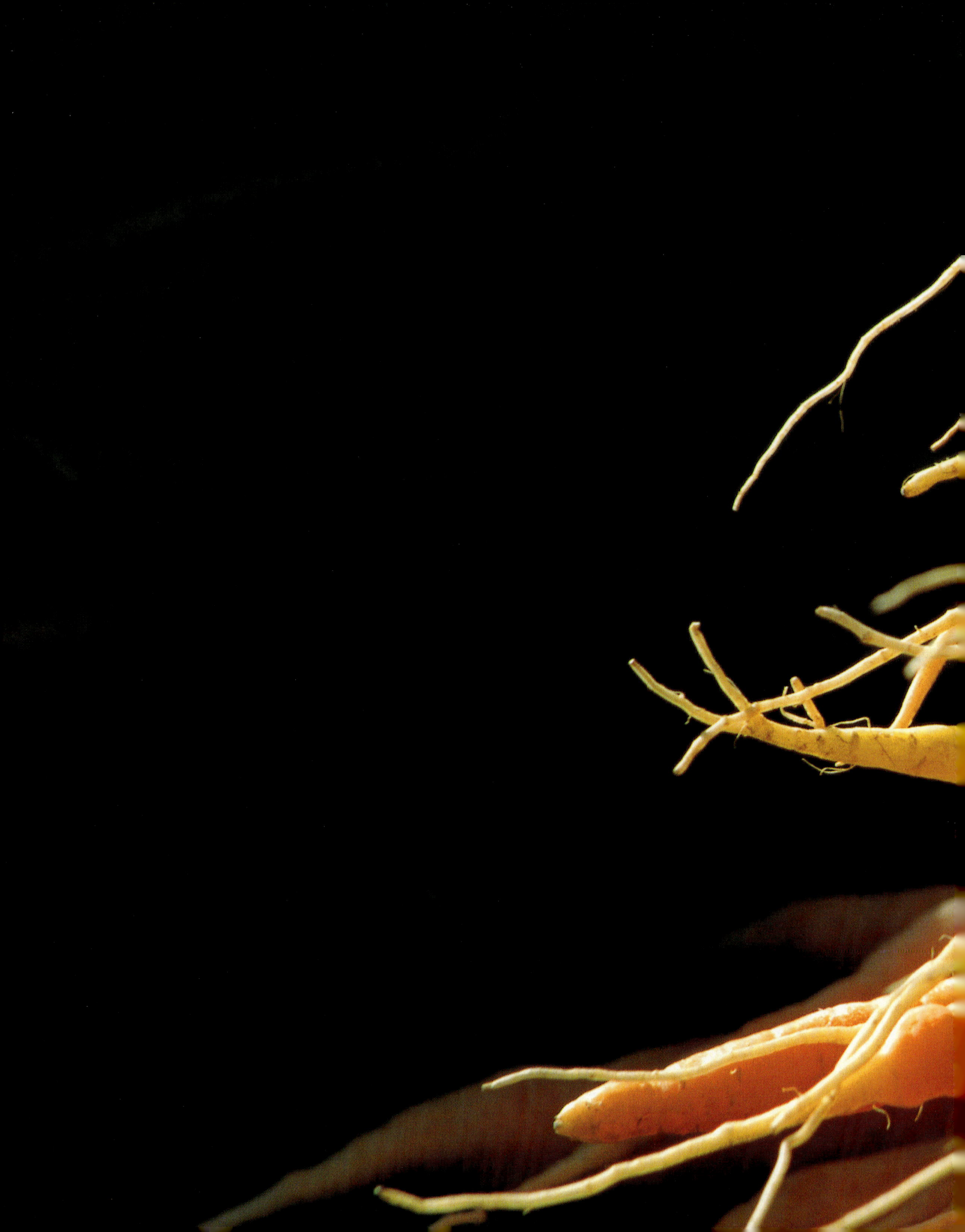

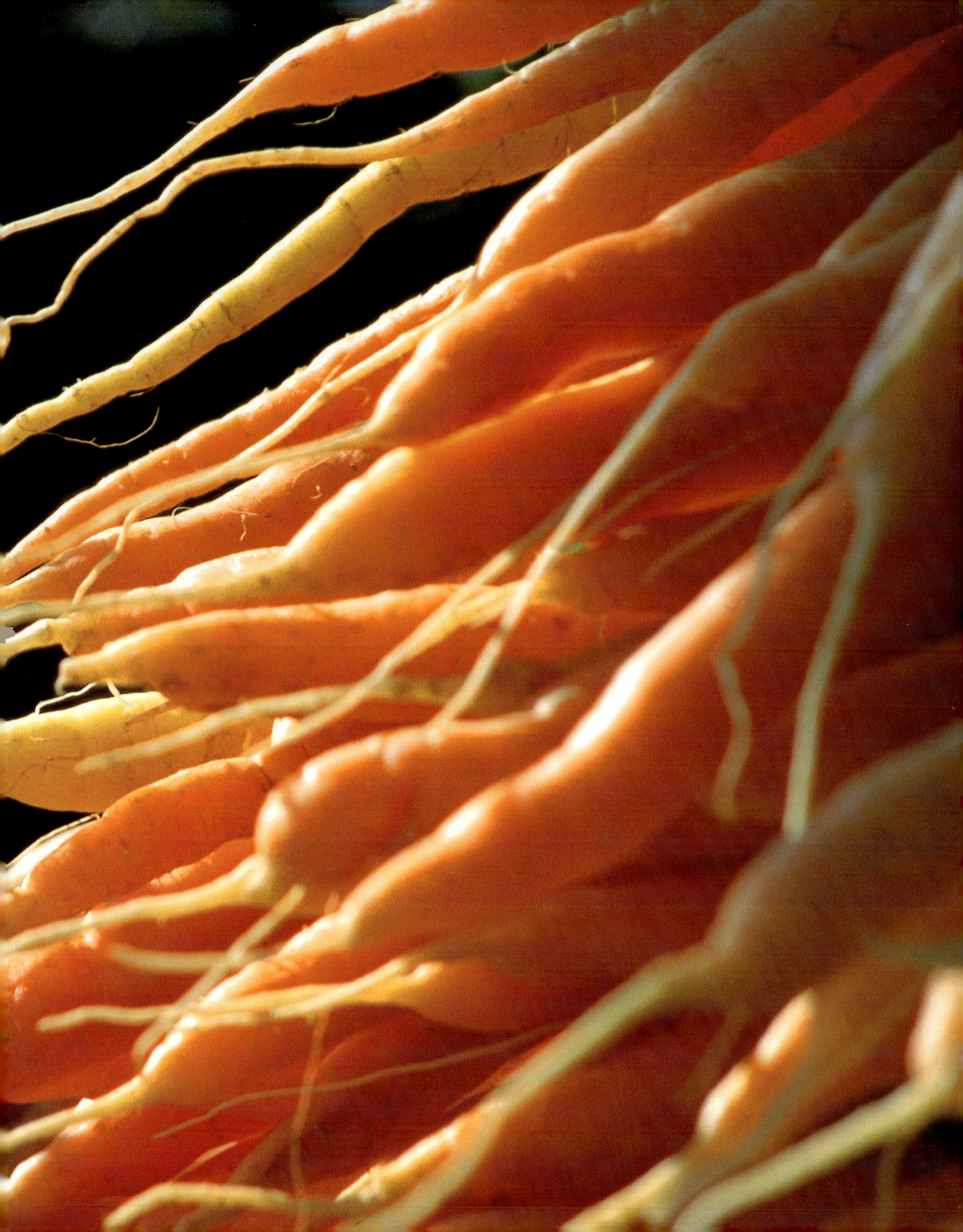

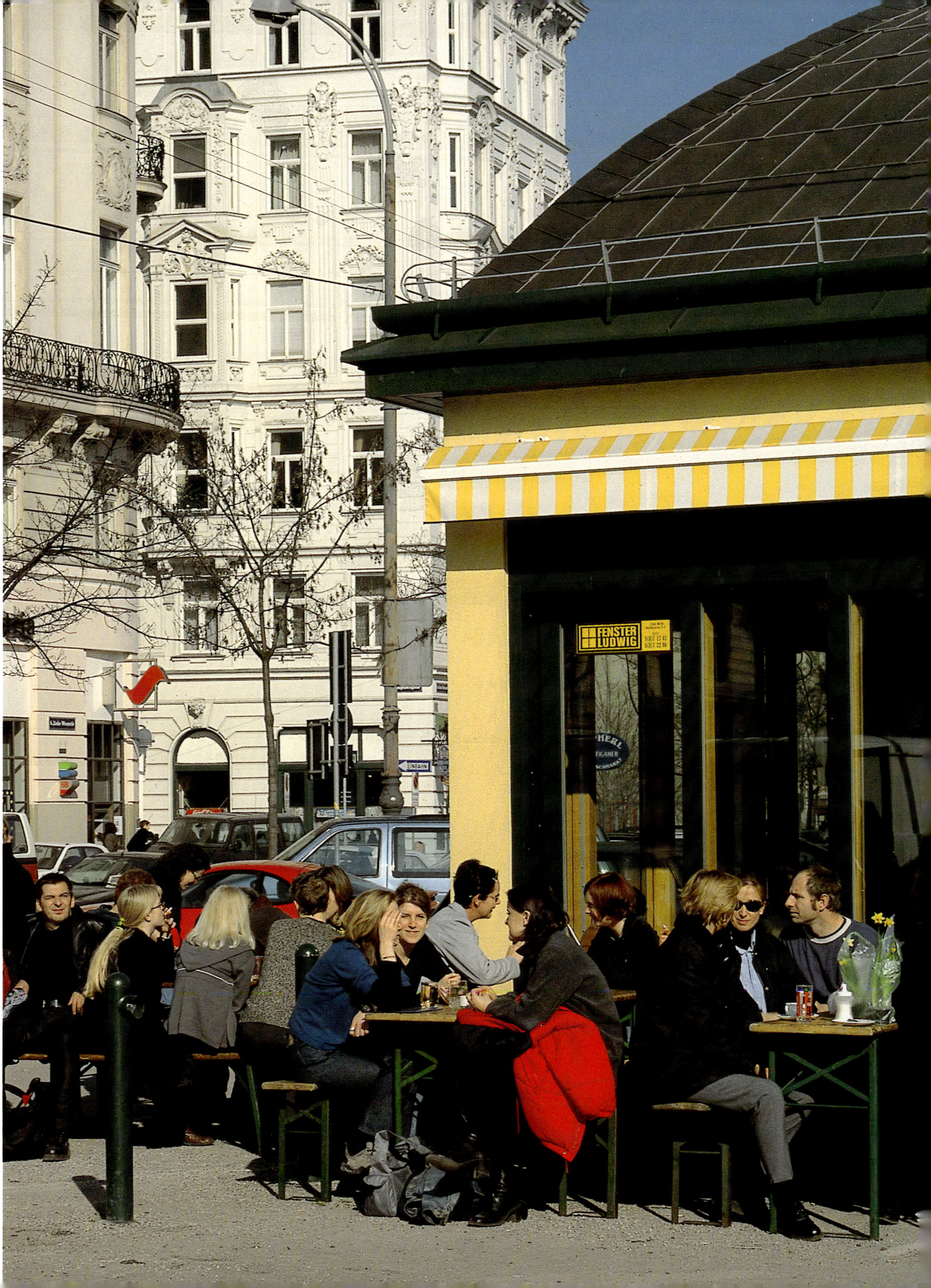
FENSTER
LUDWIG
EINBAHN

"Vastehst, Oida?"

Semmerl, Weckerl, Kipferl:
Wiens köstliche Eigenheiten.

Doch zurück zur kulinarischen Seite des Wienerischen: Hat man sich glücklich mit Gemüse eingedeckt, so warten die nächsten semantischen Überraschungen dort, wo es appetitlich nach frischem Gebäck duftet: Die im restlichen deutschen Sprachraum gängigen „Brötchen" sucht man in Wien vergebens. Ein Brot kann man zwar kaufen, entweder als kreisrunden Laib oder in Form eines länglichen „Weckens", auf Wunsch, auch in die Hälfte geschnitten – man verlange zum Beispiel „An hoiben G'staubten". „Brötchen" hingegen heißen in Wien „Semmel" und sind als „Maschinsemmel" oder „Handsemmel" erhältlich, erstere vom Fließband gerollt und zum Kampfpreis an den Mann gebracht, letztere vom Bäckermeister mit der bloßen Hand gefertigt und entsprechend höher im Kaufpreis angesetzt. Der Semmel beigeordnet ist in Wiens Bäckereien eine von Jahr zu Jahr wachsende Vielfalt von Gebäck unter dem Sammelbegriff „Weckerln". Verfeinert mit Nüssen, Sonnenblumenkernen und was der Dinge mehr sind, haben sie in den letzten Jahren das Herz der Wiener Gourmets erobert und den kleinen Bäckermeistern das Überleben gegen die wachsende Konkurrenz der großen

Supermarkt- und Bäckereiketten gesichert. Erwähnt sei an dieser Stelle noch das „Salzstangerl", sozusagen die Langform der Semmel, bestreut mit grobkörnigem Salz und ein beliebter Begleiter des Jausenstandards „Kleines Gulasch und Bier".

Das Stichwort Bier bringt uns zur Getränkekultur. Vermerkt sei zunächst, daß die eruopäischen Normmaße bis jetzt wohlweislich einen vorsichtigen Bogen um das heimische Bierglas gemacht haben. Wohl ist das „Krügel" oder „Krügerl" mit 0,5 Liter der anderswo verbreiteten „Halben" durchaus verwandt, aber bereits beim „Seidl" mit 0,3 Liter steht Österreich allein auf weiter Flur. Und wer sich sensibel an die Wiener Bierkultur herantasten möchte, der sei darauf hingewiesen, daß es eine weitere, noch kleinere Maßeinheit gibt: den „Pfiff". Aber dieser hat sich im durstigen Wien nicht allzuweit verbreitet. Der Wein wird hingegen im international gängigen „Viertel-" oder „Achtel"-Maß serviert. Was man weiter westlich „Schorle" nennt, nämlich das Verdünnen des Weins mit kohlensäurehaltigem Wasser, ist in Wien als der „G'spritzte" bekannt: das wahrscheinlich beliebteste alkoholische Standardgetränk an heißen Juli- und Augusttagen, mit besonders hohem Wasseranteil als „Sommerg'spritzter" serviert.

„G'spritzt" wird ihn Wien auch Alkoholfreies: Apfelsaft zum Beispiel, nach einer traditionsreichen Apfelsaftmarke weithin als „Obi g'spritzt" tituliert. Auch das Bier erlebt gelegentliche Eingriffe in seine Natur in Form des sogenannten „Radlers", das sind 0,5 Liter Bier und Limonade im Verhältnis 1 zu 1 gemischt. Übrigens bringt auch der Griff zu Milchprodukten Überraschungen: „Sahne" ist nicht erhältlich: Gleichgültig ober süß oder sauer – man kauft „Rahm" oder „Schlagobers".

Fast überflüssig zu sagen, daß sich auch im Fleischhauerladen Sprachbarrieren auftun: Was man hoch im Norden als „Haxe" bezeichnet, ist hier die „Stölzn" und auch die Methode, ein kapitales Rindvieh in möglichst wohlschmeckende Bestandteile zu zerlegen, unterscheidet sich in Wien deutlich von den Gebräuchen der Fleischer anderer Länder. Resultat der kühnen Schnitte sind Gustostückerln wie das „Kronfleisch", jener Muskelkranz, der das Zwerchfell des Rindes spannt, das „Hieferschwanzl", aus der Hüftgegend des Tieres stammend, „Lungenbraten", „Tafelspitz", „Kruschpelspitz", „Rieddeckel" und was der Dinge mehr sind. Die Wiener Küche kennt für alle diese Teile ausgesprochen raffinierte Zubereitungsarten, über die ein kundiger Fleischhackermeister dem interessierten Konsumenten gerne und ausführlich referiert.

So hat der wienerische Zugang zu kulinarischen Genüssen eine deutliche Spur in die Alltagssprache gegraben. Wie wichtig man in dieser Stadt diesen lokaltypischen Wortschatz nimmt, mag man an der Tatsache ersehen, daß, anläßlich der EU-Beitrittsverhandlungen, die österreichische Delegation der Konservierung eingesessener kulinarischer Begriffe im Widerspruch zu aktuellen und künftigen europäischen Normen eine eigene Demarche widmete, wissend, daß in Wien poli-

„Vastehst, Oida?"

Denken aus dem Bauch: Wenn der Wiener spricht, dann ist sein Appetit am Wort.

tische Entscheidungen von größter Tragweite „aus dem Bauch" getroffen werden. Als schließlich das Verhandlungspaket glücklich unter Dach und Fach war, hängten die Stadtväter an allen Einfahrten Wiens stolz ein großes, buntes Schild mit folgender trotziger Feststellung auf: „Erdäpfelsalat bleibt Erdäpfelsalat!" Wir möchten nicht unterstellen, daß dieser Botschaft die mit überwältigender 2/3-Mehrheit zustandegekommene Zustimmung der Wiener zum EU-Beitritt zu verdanken ist – aber geschadet hat es nicht...

„Aus dem Bauch heraus" – das ist eine für den Wiener charakteristische Methode, Menschen und Sachverhalte zu beurteilen. Dies offenbart sich umso mehr, je weiter man die Expedition zu den Eigenheiten des Wienerischen fortsetzt: Die Kulinarik ist zentraler Bestandteil des Dialekts. „Panier", zum Beispiel, ist einerseits das Wort für jene knusprige Hülle aus Mehl und Ei, in der man das saftige Schnitzel von Schwein und Kalb zu servieren pflegt – das weltberühmte Wiener Schnitzel. Als „Panier" bezeichnet man andererseits aber auch die Bekleidung des Wieners, in ihrer Ausprägung als „Anserpanier", also „Ausstattung Nummer eins" besonders wichtigen und festlichen Anlässen vorbehalten. Hält sich also der Wiener selbst vorbehaltlos für ein Schweins- oder Kalbsschnitzel? Oder folgt

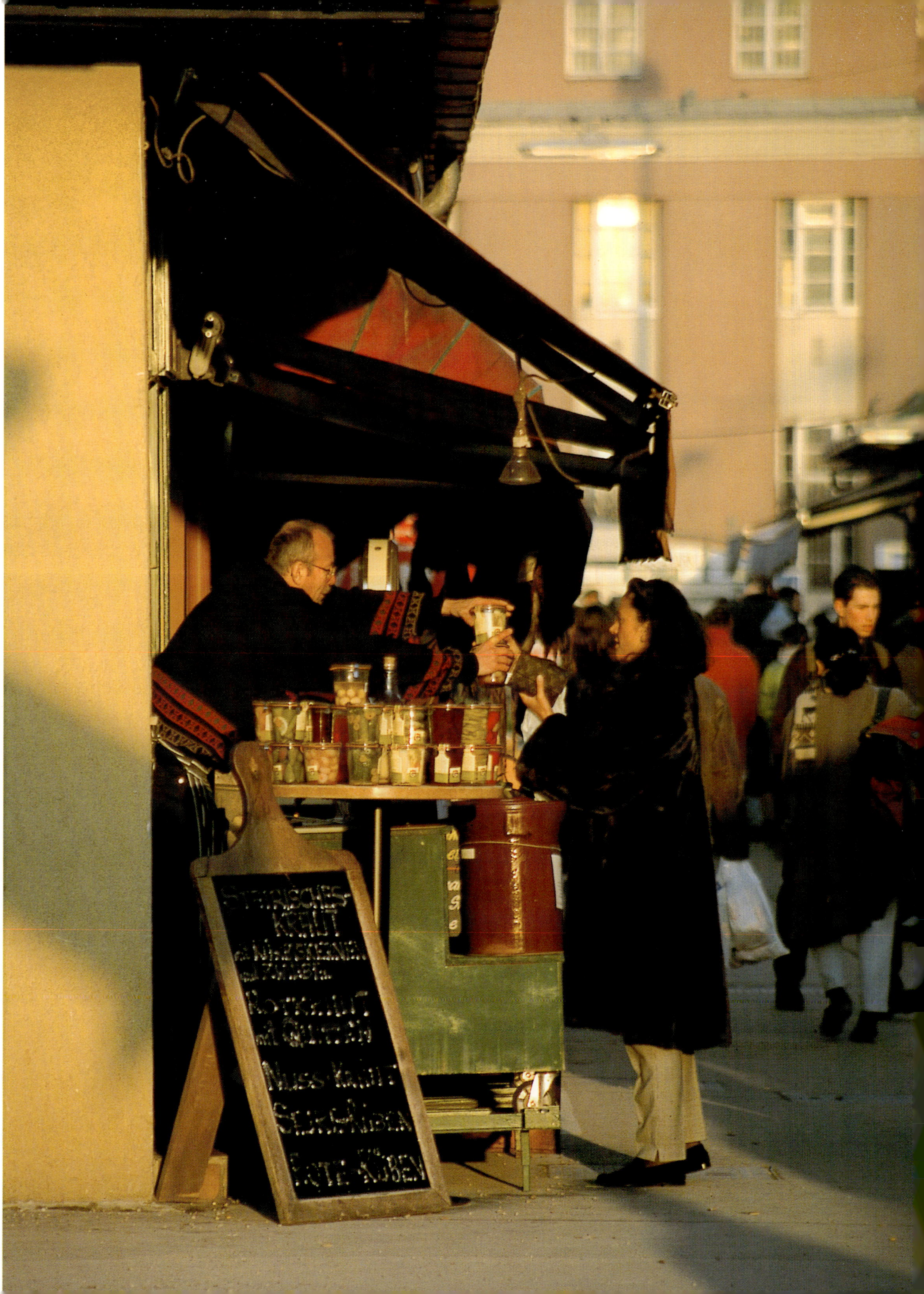
KRAUT
ROTKRAUT
NUSS KRAUT

er der metaphysischen Erkenntnis, daß man ist, was man ißt? Wir überlassen es dem Leser, Mutmaßungen anzustellen, denn schon sind die nächsten kulinarischen Dialektblüten reif, gepflückt zu werden: Das „Schmankerl" ist in Wien nicht nur eine appetitanregende kleine Köstlichkeit, ein Gustostück, ein kulinarisches Vergnügen, sondern auch eine amüsante, bisweilen skandalöse Anekdote: Ganz gleich, ob der Wiener ein Schmankerl serviert oder ein Schmankerl erzählt: Man darf sich zurücklehnen und mit Vergnügen genießen.

Auch „resch" ist ein verbaler Doppelpaß zwischen Gaumen und Charakter: Eigentlich der wienerische Ausdruck für knuspriges Gebäck, allenfalls auch für den leicht säuerlichen, herben Geschmack des hiesigen Weißweines, hat sich der Begriff auch auf wesentliche weibliche Eigenschaften übertragen: Die „resche" Wienerin ist die nicht mehr ganz junge, jedenfalls nicht naive, dafür ausgesprochen resolute und deshalb doppelt attraktive Vertreterin ihres Geschlechts.

Auch für die negativen Seiten des Lebens hat das Wienerische Ausdrücke aus dem Kalorien-Reich parat – wenn auch der Zusammenhang nicht immer auf den ersten Blick verständlich ist. Daß man jemanden „birnt", sprich, auf die „Birne", also auf den Kopf schlägt, ist noch einzusehen. Auch, daß einen etwas oder jemand „anfäult", also dem Aroma des Tages einen faulig-verdorbenen Geruch beimengt, ist ein durchaus nachvollziehbares Bild. Aber warum sagt der Wiener, der doch sein Blunzng'röstl, eine mit zerkleinerter Blutwurst und Zwiebel verfeinerte Kartoffelspeise, über alles liebt, zu einem ihn kaltlassenden Sachverhalt „Des is ma Blunzn!" und zu einem ungeschickt agierenden Zeitgenossen „Du Blunzenstricker!"? Und woher kommt der hämische Ausruf: „Ja, Schnecken!", wenn etwas trotz aller Bemühungen nicht und nicht funktionieren will? Wir stehen vor Rätseln.

Auch „Eine Bretzn reißen" ist, so wohlschmeckend die salzbestreute Brezn insbesondere in Verbindung mit Liptauer, einem reichlich mit Paprika versetzten Topfen auch sein kann, niemals eine angenehme Sache: Ursprünglich bezeichnete der Ausdruck summarisch das endgültige Hinscheiden. Der Literat Peter Wehle stellt in seinem 1980 erschienenen Buch „Sprechen Sie Wienerisch" die Vermutung auf, daß die Gewohnheit, Verstorbene mit an die Brezelform gemahnend verschränkten Armen zu bestatten, zu dem Ausdruck geführt hat. Im neueren Wienerisch bezeichnet das „Breznreißen" einen allgemeinen Fauxpas mit starker physischer Komponente: Stürze, Ausrutscher und harte Landungen werden so bezeichnet. Ein weiteres vielfach beliebtes Bäckereiprodukt muß herhalten, wenn jemand ganz oder teilweise den Kontakt zur Realität verliert und sich in stationäre psychiatrische Behandlung begeben muß: „Er geht in Guglhupf", pflegt der Wiener diesen Vorgang zu nennen, und man muß bis in die Zeit des Reformkaisers Josef II. zurückforschen, um die Wurzel dieses Ausdrucks zu entdecken: Besagter Kaiser ließ an das Wiener Allgemeine Krankenhaus einen sogenannten „Narren-

Der Wiener Naschmarkt

Nicht „zum Einmargerieren":
frisches Gemüse auf dem Markt

turm" anbauen, der mit seiner zylindrischen Form die Wiener sofort an Nahrhaftes denken ließ: eben an den hierzulande als „Guglhupf" bezeichneten Kranzkuchen. Auch der Kochtopf, in Wien „Häfn" genannt, hat eine unangenehme Doppelbedeutung: „In'n Häfn gehen" heißt eine Gefängnisstrafe antreten und die Insassen von Strafvollzugsanstalten werden summarisch als „Häfnbrüder" bezeichnet. „Verwortagelt" hingegen ist eine Situation, wenn sich aufgrund einer Serie von Fehlleistungen der Beteiligten unlösbare Komplikationen ergeben haben. Dieser Begriff soll sich nach Peter Wehle vom Alptraum aller Hausfrauen herleiten, nämlich dem Gebäck, das durch falsche Teigmischung nicht geraten will. Und gibt jemand permanent „seinen Kren dazu", dann handelt es sich um einen vorlauten Besserwisser, der seiner Umgebung mit unpassenden Gesprächsbeiträgen „auf'n Geist" geht.

Daß derart unnötige Beiträge auch als „zum Krenreibn" geeignet abqualifiziert werden, hat wohl damit zu tun, daß besagte Tätigkeit ähnlich tränentreibend sein kann wie das Schälen von Zwiebeln, mithin einfach „zum Weinen". Die Bezeichnung „Topfenneger" ist auch für Uneingeweihte nachvollziehbar. Gemeint ist ein Badegast, der unter den braungebrannten Sonnenanbetern durch seine besonders bleiche Hautfarbe heraussticht.

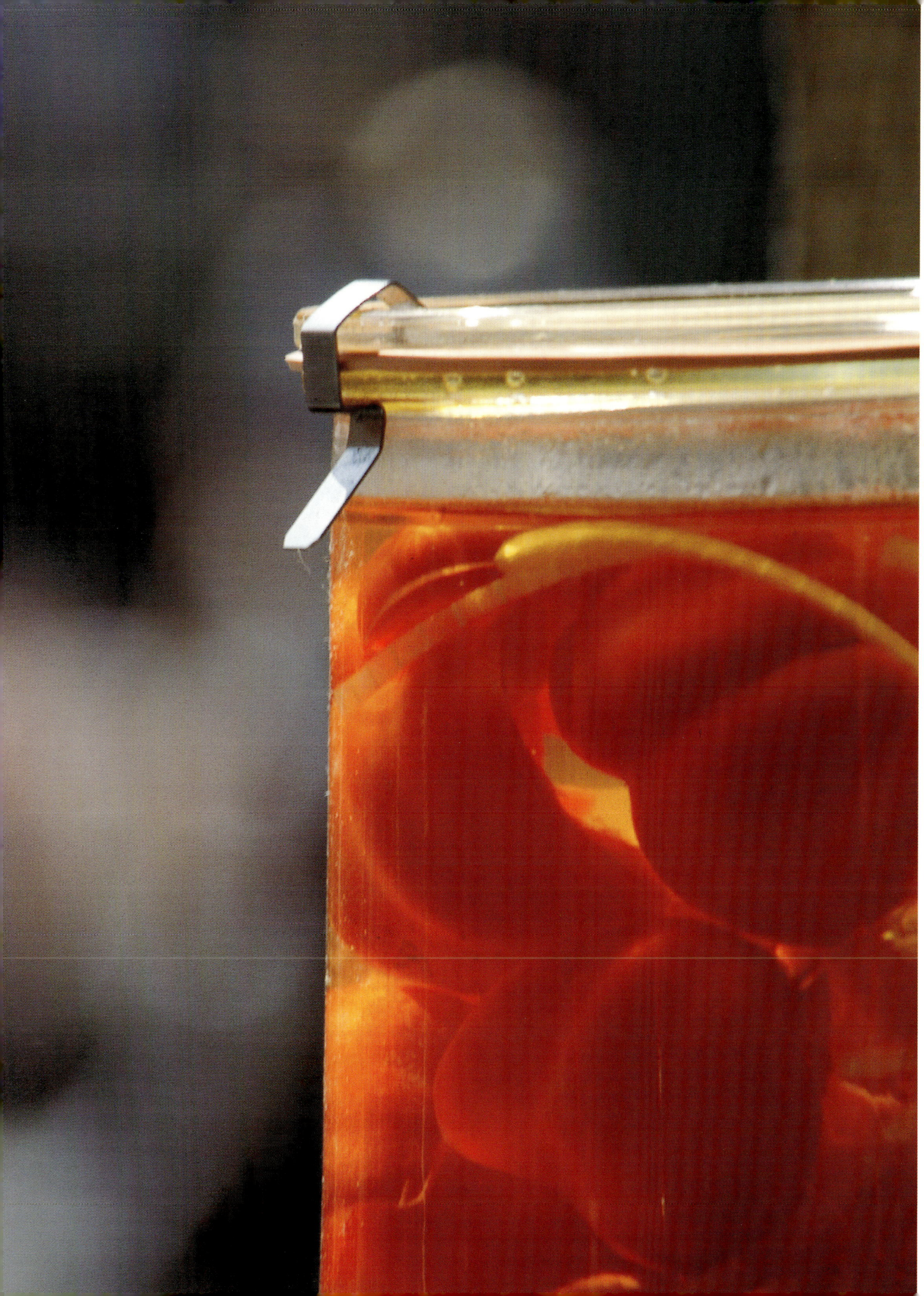

Einige Begriffe mußte sich die Wiener Mundart laut Wehle erst zurechtbiegen, um einen kulinarischen Zusammenhang herzustellen: Der jiddische „chavver", der Freund und Gefährte, wurde zum „Haberer", was sich eng ans Wienerische „habern", also „essen" anlehnt. Und teilt man einem Naschmarktstandler mit, daß er sich dieses oder jenes Angebot „einmargerieren" kann, so leitet sich der Begriff vom lateinischen „margo", dem Rand her, an den man unverkäufliche Ware legen sollte. – Diese Aufforderung sollte selektiv formuliert werden, da einem sonst der angesprochene Standler „zeigt, wo der Bartl den Most holt". Diese sprachliche Merkwürdigkeit, die an sich eine hervorragende Leistung beschreibt, welche selbst den größten Zweifler zu überzeugen vermag, leitet sich weder vom heiligen Bartholomäus ab noch vom Most, dem jungen Traubensaft. Sie stammt vielmehr aus dem Rotwelschen, der Sprache der Unterwelt: Der Bartel ist ein solides Einbrecherwerkzeug, ein Brecheisen, und „Most" hieß ehedem „Moos", und bezeichnet mithin den Geldbetrag, der beim Einbruch erbeutet wird.

Hält man sich länger auf dem Naschmarkt und in den Lokalen seiner Umgebung auf, so wird man ein feines Ohr für den speziellen Zugang Wiens zur Realität entdecken: den sprichwörtlich gewordenen „Wiener Schmäh". Auch hier tut sich wieder ein Doppelsinn auf: „Schmäh" ist zunächst einmal ein Witz, ein Scherz. Andererseits bezeichnet das Wort auch soziale Strategien, die mit einem Minimum an Anstrengung auch unter schwierigen Bedingungen ein Maximum an erwünschtem Effekt herbeiführen: Der „Lavendelschmäh" war beispielsweise die volkstümliche Verkaufsstrategie der Lavendelverkäuferinnen – heute ist das Wort die geringschätzige Bezeichnung für einen allzu durchsichtigen Versuch, statt mit Leistung mit verbaler Überzeugungskraft ans Ziel zu kommen. Daß sich das „Schmähführen", die humoristische Unterhaltung, in Wien zur Kunstform gesteigert hat, ist logisch: Am Schnittpunkt gegensätzlicher Kulturen plaziert, aus langer Tradition und vielen Niederlagen klug geworden, ist der Wiener ständig um Ausgleich bemüht und weiß, daß man dann am besten fährt, wenn man möglichst vielen Leuten sympathisch ist: Wer lacht, der kauft. Der Rhythmus des beschwingten Dahinschlenderns klingt im Wort „Strawanzer" durch, der wienerischen Bezeichnung für einen Flaneur mit eindeutig zweideutigen Absichten. Und auch negative Aussagen lassen sich mit

Manchmal vor die Rätsel des Wienerischen gestellt: die wachsende Zahl von Touristen auf dem Naschmarkt.

„Vastehst, Oida?"

„Zah an!" – „Ziag oh!", compris?

ein wenig Phantasie so blumig formulieren, daß der Abgewiesene nicht weiß, ob er empört oder schmunzelnd darauf reagieren soll. Wie gemütlich klingt „Du Anpumperer" als Beschreibung dafür, daß jemand in ungeschickter Weise angeeckt ist! Folgt dann die Aufforderung „Reiß ab wia a Vierzgerzwirn!", dann ist das die Umschreibung für „Geh sofort aus meinen Augen!" und selbst die Drohung, handgemein zu werden, kann in Wien durchaus für Unterhaltung sorgen: „Burli, I hau da an Hengl ins Kreuz und trag di als Koffer ham!" Auch jemanden „hamzudrahn", also sein Leben durch einen Gewaltakt zu beenden, ist ein eher poetisches als furchterregendes Bild. Und spricht man von Wiens Unterwelt, so wählt man ebenfalls den blumigen Vergleich:

„Pülcher" heißt der gewöhnliche Kriminelle, seit Wien im Mittelalter unter Plünderungen durch pilgernde Kreuzfahrer zu leiden hatte. Die Gesamtheit der vorbestraften und deshalb im Verbrecheralbum mit Fotografien erfaßten Übeltäter bezeichnet man schlicht und einfach als „die Galerie" und ihre einzelnen Angehörigen als „Galeristen". Man sieht: Auch wenn das Leben Ernst macht, muß

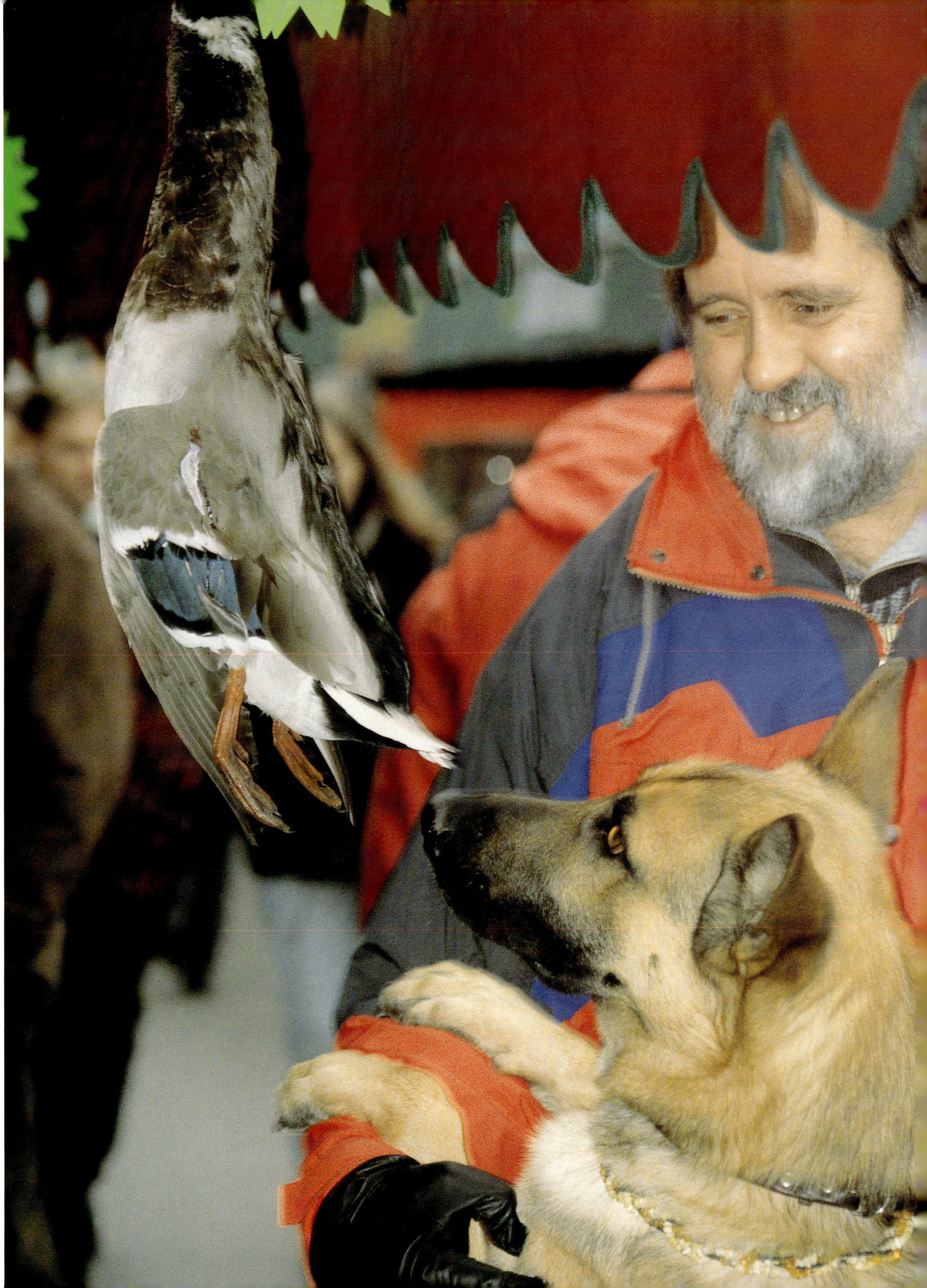

„Vastehst, Oida?"

in Wien „eine Hetz" sein, was an die durchaus blutige und an den römischen Zirkus Maximus gemahnende Unterhaltung in den „Hetztheatern" erinnert, die seit Karls IV. bis ins 19. Jahrhundert dem breiten Publikum tierquälerische Unterhaltung boten.

A propos Tiere: „Jemanden einen Bären aufbinden", eine Redewendung, die im gesamten deutschen Sprachraum verbreitet ist, stammt aus dem Naschmarktviertel. Genauer gesagt aus der Bärenmühle, auf deren Grundmauern heute das Eckhaus zwischen Rechter Wienzeile und Operngasse steht. Der pechschwarze Bär, der ihr seinen Namen gab, hat im Mittelalter den falschen Zeitpunkt gewählt, um sich den Müllermeister der Mühle am Wienfluß einzuverleiben. Im Dachboden des Mühlenhauses hatte nämlich der kräftige Müllersknecht seinen Schlafplatz. Geweckt durch die Hilfeschreie seines Meister, soll er dem Bären ins Genick gesprungen sein und ihn mit bloßen Händen erwürgt haben. Als Lohn für seine Tapferkeit bekam er den Pelz als Trophäe, band ihn sich auf und legte ihn, wie die Sage erzählt, ein Leben lang nicht mehr ab, was ihm unter dem Spitznamen „Der Bärenhäuter" zu legendärer Prominenz verhalf. Später gründete er das Wirtshaus „Zum schwarzen Bären", das sich eines regen Publikumzulaufs erfreute. Der gerettete Müller setzte ebenfalls auf die Werbewirkung des Vorfalls und zierte seine Mühle fortan mit dem Bild des schwarzen Bären. Ein späterer Bewohner der Bärenmühle, der Publizist Ignaz Castelli, scheint die Geschichte vom Bärenhäuter als Produkt des klassischen Wiener „Schmähs" betrachtet zu haben und titulierte folglich seine zwischen 1828 und 1831 erschienenen Wiener Anekdotenhefte als „Wiener Bären".

Ebenfalls vom Naschmarkt ist der Begriff „ausfratscheln" in den allgemeinen Wiener Sprachgebrauch übergegangen: Er beschreibt die schlechte Gewohnheit neugieriger Menschen, ihr Gegenüber durch zudringliche Fragen zu intimen Dingen zu belästigen und geht auf den Berufsstand der „Fragnerin" oder „Fratschlerin" zurück, also der Naschmarktstandlerin, die zuerst zu einem niedrigen Preis an die Waren des Bauern kommen mußte, um sie dann möglichst gewinnbringend an den Städter zu verkaufen. Verständlich, daß sich in der erfolgreichen Fratschlerin alle Überredungskunst und der Schmäh der Wiener Populärkultur vereinigte. – Und daß es diese Personen trefflich verstanden, ihrer Umwelt auf die Nerven zu gehen, bis sie hatten, was sie wollten. In diesem Wort „ausfratscheln" ist den legendären Naschmarktweibern ein verbales Denkmal gesetzt, das nicht verrosten wird, solange das Wienerische gesprochen wird.

Otto Wagners Erbe

Stadtbahn, Naschmarkt, Jugendstil

Der kulturinteressierte Naschmarktbesucher genießt doppelten Luxus: Während er sich auf dem Markt an Kulinarischem aus aller Welt erfreuen kann, schaut er in jeder Himmelsrichtung auf die beeindruckendsten Monumente des Wiener Jugendstils. Blickt er stadtauswärts, hat er Otto Wagners wegweisende Stadtbahnarchitektur mit ihren klassischen grün-weißen Stationsgebäude im Blickfeld. Wendet er sich stadteinwärts, dann grüßt ihn schon von weitem die durchbrochene, goldglänzende Blätterkuppel, die Josef Olbrich auf seinem Sezessionsgebäude kühn der barocken Karlskirche gegenübergestellt hat.

Blickt er mitten auf dem Markt von seinem Kaffee auf, so kann er die Fassaden zweier Häuser betrachten, die in der gesamten Fachwelt als prototypische Juwelen der Wohnhausarchitektur des Jugendstils gelten: das „Goldene" Haus und das „Majolika"-Haus Otto Wagners auf Wienzeile achtunddreißig und vierzig. Man ist umzingelt von den Geniestreichen der Stilrevolutionäre, die um die Jahrhundertwende Wiens Begriff von Ästhetik erst wütend bekämpft und dann so entscheidend geformt haben. In gewissem Sinne steht man sogar auf einem dieser Geniestreiche: Es war Otto Wagner, der den Naschmarkt auf eine Platte über der von ihm gestalteten Stadtbahn übersiedeln ließ. Betrachtet man die Geschichte dieses großen Wieners näher, dann wird deutlich, daß er rund um den Naschmarkt einen wesentlichen Teil seines Lebenswerkes verwirklicht – und zugleich sein allerkühnstes Projekt zu Grabe getragen hat.

Einen einzigen historischen Augenblick lang hat Wien als Ganzheit begonnen, nach Utopien zu haschen – und manche davon sogar verwirklicht. Alles schien möglich in der zweiten Hälfte des 19. Jahrhunderts, als die strategisch wertlos gewordenen Stadtmauern niedergerissen wurden, Wien seine Vorstädte eingemeindete und binnen zwei Jahrzehnte seine Einwohnerzahl verdoppelte. Dampfmaschine, Eisenbahn, Gas, Elektrizität, Telegrafie, Industrialisierung... – der Fortschritt begann ein atemberaubendes Tempo anzunehmen und man begann selbst in Wien einiges in Angriff zu nehmen. – Zunächst noch mit der allerhöchsten Autorität des Gottesgnadenkaisertums: Den Ersatz der abgerissenen Festungsanlagen durch den Prachtboulevard der Ringstraße hat Franz Josef I. höchstpersönlich dekretiert. Die nächsten Großprojekte, die Wiens Gesicht bis in unsere Tage formten, nahm bereits eine selbstbewußte und kompetente Stadtverwaltung in die Hand: Angesichts des explosiven Wachstums der Wienerstadt ging man an die systematische Planung der weiteren Stadtentwicklung.

Schon die Gestaltung der Ringstraße war 1857 als internationaler städtebaulicher Wettbewerb ausgeschrieben worden. Vom Erfolg dieser Strategie beflügelt, beschloß der Wiener Gemeinderat nach langen Diskussionen am 6. Mai 1892 die „Preisausschreibung zur Erlangung von Entwürfen für einen General-Regulirungsplan über das gesammte Gemeindegebiet von Wien". Der Ausschreibungstext forderte neben generellen stadtplanerischen Überlegungen vor allem spezielle Lösungsansätze für die zentralen Sorgenkinder der damaligen Wiener Stadtverwaltung: die Regulierung des Donaukanals, die Einbindung des Wienflusses und die Gestaltung der schon seit Jahrzehnten in Diskussion stehenden Stadtbahn. Von fünfzehn eingereichten Projekten wurden zwei sehr gegensätzliche Ansätze mit dem ersten Preis bedacht: „Die Wienerstadt" aus der etwas rückwärtsgewandten, ins sogenannte „Malerische" verliebten Perspektive des Kölner Baurates Josef Stübben. Und das Projekt Nr. 3 mit dem programmatischen Titel

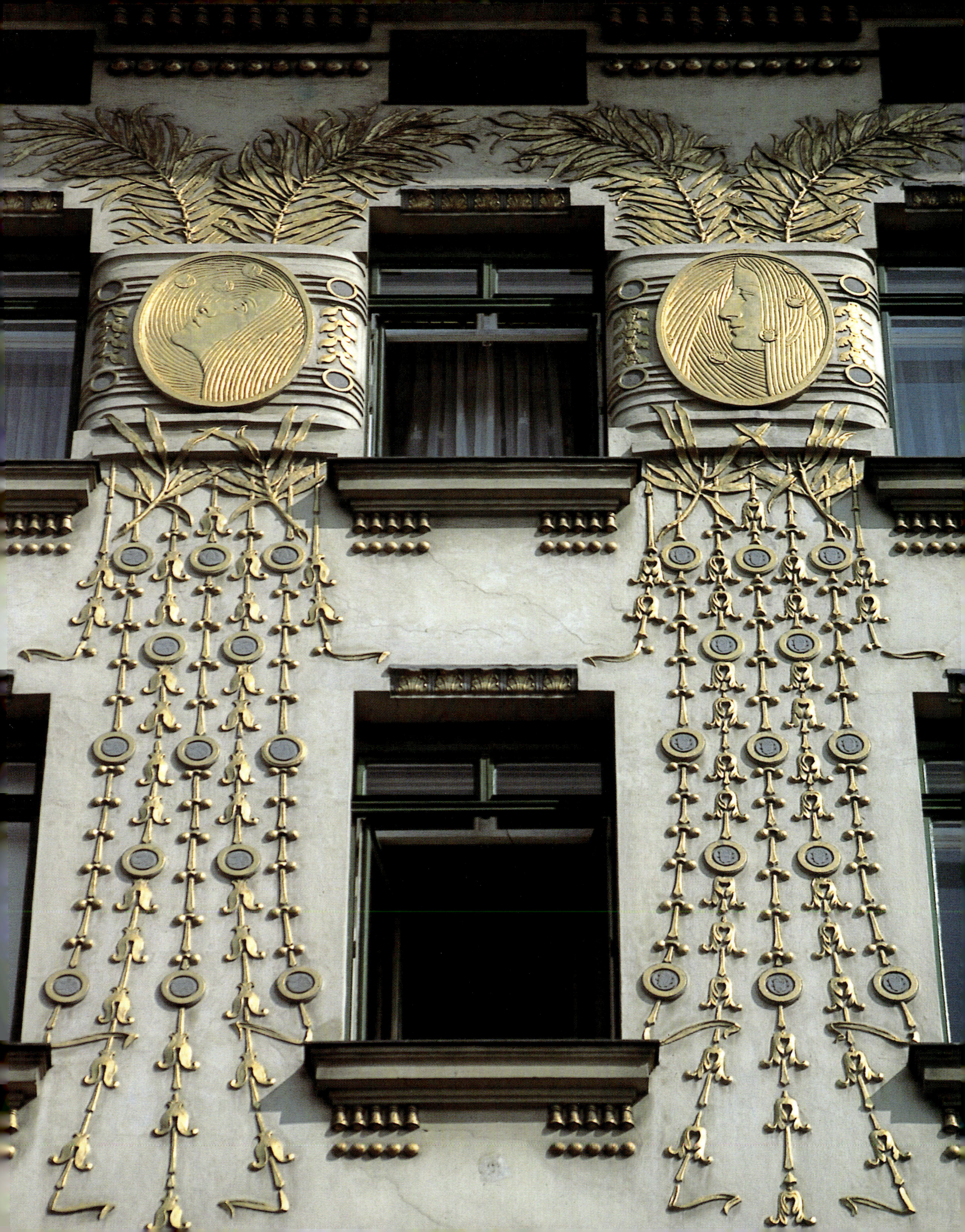

Der Wiener Naschmarkt

Wienfluß-Regulierung im
Bereich der Secession ‚1898.

„Artis sola domina necessitas" aus der Feder des Wieners Otto Wagner. Diese Arbeit war ein baukünstlerischer Husarenritt ersten Ranges: Ohne Rücksicht auf politische, wirtschaftliche, zeitplanerische und soziale Sachzwänge entwarf Wagner seine monumentale Vision einer zweckmäßigen und zugleich künstlerisch hochwertig gestalteten, modernen Großstadt. Er umging elegant die technischen Detailprobleme und konzentrierte sich auf die Gestaltung städtebaulich exponierter Bereiche, für die er vier beispielhafte ‚Perspektiven' präsentierte – seine Antwort auf den von ihm konstatierten „konstanten Rückschritt" der Wiener Architektur. Der Verunstaltung der wachsenden Stadt durch konzeptlosen architektonischen Wildwuchs sagte er im Kommentar zu den „Perspektiven" den Kampf an:

Otto Wagners Erbe

„Weg also mit diesen Ausgeburten der Geschmacklosigkeit und Untergang und ewige Verdammniss diesem Ingenieur – und Maurermeisterstyl!"

Otto Koloman Wagner war eine schillernde Mischung aus Querdenker und Realist, Visionär und Technokrat, Stadtplaner und Designer, Künstler und Bauspekulant. 1841 als Sohn eines Notars geboren, studierte er am Wiener Polytechnischen Institut, an der Königlichen Bauakademie in Berlin und schließlich bei den Staatsopern-Architekten Van der Nüll und Siccardsburg an der Akademie der bildenden Künste in Wien. 1863 begann er, zum Großteil auf eigene Rechnung, Zinshäuser im gängigen historischen Stil hochzuziehen und nach Fertigstellung gewinnbringend zu verkaufen. Auch wenn er sich von diesen frühen Arbeiten später als „Jugendsünden" distanzierte: Er hat mit ihnen das Vermögen gemacht, das ihm Spielraum für seinen durchaus großzügigen Lebensstil und seine späteren gestalterischen Experimente gab.

Otto Wagners preisgekrönte Stadtplanung für Wien war der entscheidende Wendepunkt seiner Karriere. Zwar entstanden dort, wo er sich an technischen Problemlösungen versuchte, denkwürdige Skurrilitäten. Ausführlich beschreibt er etwa den verbilligten Leichentransport per Stadtbahn: Von Leichenhallen im Bereich der Stadtbahnstationen sollten im Zehn-Minutenabstand Sonderzüge mit dem gesamten Trauerkonduct zum Zentralfriedhof rollen! Aber der große künstlerische Wurf seiner Arbeiten wurde sein Sprungbrett an eine zentrale Schaltstelle, von der aus Wagner Wiens Gesicht unauslöschlich prägen sollte.

Ob der Karrieresprung vom „Baulöwen" zum Stadtplaner einfach nur dem überwältigenden Eindruck zu verdanken war, den die Wettbewerbsentwürfe hinterlassen haben oder ob Wagner die historische Chance erkannte und begann, im Hintergrund Drähte zu ziehen, darüber darf gemutmaßt werden.

Jedenfalls wird er im Jahre 1894 zunächst zum Oberbaurat ernannt, dann als ordentlicher Professor und Leiter einer Spezialschule für Architektur an die Akademie der bildenden Künste in Wien berufen – und schließlich auf einstimmige Empfehlung der Genossenschaft der bildenden Künstler als künstlerischer Beirat der „Commission für Verkehrsanlagen" eingesetzt! Otto Wagner kommt gerade noch rechtzeitig, um ein ästhetisches Desaster zu verhindern: Der Leiter der Verkehrskommission, Handelsminister Graf Wurmbrand-Stuppach, bedient sich des prominenten Baukünstlers, um die schon fertig geplante neugotische Gestaltung der im Bau befindlichen Stadtbahn zu torpedieren. Zunächst als reiner Gutachter berufen, „welcher die von der bauleitenden Stelle verfassten Projectoperate der zumeist ins Auge fallenden Bauten vom künstlerischen Standpunkte zu beurtheilen hätte und zu diesem Zwecke von Fall zu Fall den Berathungen der Commission beizuziehen sei", mutiert er binnen weniger Wochen zum eigenverantwortlichen Gestaltungsbeauftragten, wie der am 22. Mai 1894 abgeschlossene Vertrag mit der Generaldirection der österreichischen Staatsbahnen dokumentiert:

„Herr k. k. Baurath Architect Otto Wagner in Wien übernimmt bezüglich sämmtlicher durch die k. k. General Direction bis einschließlich des Jahres 1897 zu erbauenden Linien der Wiener Stadtbahn die Anfertigung aller Entwürfe und zwar:

a) für die architectonische Ausgestaltung der Bauwerke des Unterbaues als: der Stütz- und Futtermauern, der Brücken, der Tunnelportale, der Viaducte, dann der Geländer, Gitter, Thore etc.

b.) für die Hochbauten, mögen diese für sich freistehend, oder im Anschlusse neben, über oder unter den Unterbauobjecten ausgeführt werden;

c.) für alle Gegenstände der Ausrüstung, Möblirung, Beleuchtung, für die Heizung, Wasserleitung, dann für die Aufzüge, Gepäcks-Auf- und Ausgabe, Fahrkarten-Controle etc. insoweit diese Gegenstände eine einheitliche Behandlung mit der architectonischen Ausführung der Bauobjecte erfordern."

Eine wahrhaft historische Chance: Zum ersten und vielleicht einzigen Mal in der Architekturgeschichte Wiens wird hier einem einzigen Baukünstler ein komplettes urbanes Nahverkehrsprojekt anvertraut, von der Einbindung in die Stadtlandschaft bis zur letzten Niete auf einer Eisentraverse. Die komplett fertiggestellten Pläne der „neogotischen" Stadbahn wandern in den Papierkorb, während die ersten Bauarbeiten bereits laufen. Wagner hat nicht einmal vier Jahre Zeit, zweiundachtzig Kilometer über- und unterirdische Trasse, achtunddreißig Stationsgebäude, fünfzehn Brücken und Viadukte sowie die ins Projekt eingebundene Donaukanal- und Wienflußregulierung samt Schleusenanlagen am Donaukanal ästhetisch zu bewältigen. Er versammelt einen siebzigköpfigen Mitarbeiterstab, ruft den auf Studienreisen befindlichen Joseph Maria Olbrich aus Sizilien heim, um ihn als Chefzeichner und Atelierleiter einzusetzen und engagiert junge Talente wie Josef Hoffmann, Max Fabian und Josef Plecnik. Rund zweitausend Pläne verlassen in den nächsten tausend Tagen das Atelier.

Kristian Sotriffer zitiert in seinen Begleitworten zu Walter Zedniceks Buch „Otto Wagner. Zeichnungen und Pläne" Wagners verachtungsvolle Worte für die nach 1860 entstandenen Prachtbauten der Ringstraße: Die von seinen Lehrmeistern Semper und Hasenauer errichtete Oper findet in seinen Augen noch Gnade, weil, wie er sagt „das scharfe Erfassen der Zweckerfüllung (Akustik, Optik, Komfort, Ventilation) nicht genug hoch ... anzuschlagen" sei. Rathaus und Parlament bezeichnet er als „Monumental-Unglücke", Produkte von „Laienkunsturteilen" mit „geradezu vernichtender" Wirkung auf die wahre Kunst.

Dem historischen Sammelsurium der Ringstraßenarchitektur stellt er nun das gewaltige Gesamtkunstwerk der Stadtbahnarchitektur gegenüber. – Ein durchgehendes ästhetisches Konzept, sensibel in die Stadtlandschaft eingefügt. Die Gestaltung jeder einzelnen Haltestelle trägt der Umgebung Rechnung: Verneigen sich etwa die Zwillingspavillons auf dem Karlsplatz vor dem gegenüberlie-

Otto Wagners Erbe

Zweitausend Pläne in rund tausend Tagen: Otto Wagners historischer Parforceritt bei der Gestaltung der Wiener Stadtbahn

genden Barockjuwel der Karlskirche, so trägt der Schloss Schönbrunn gegenüberliegende Hofpavillon, eine private Einstiegstelle für den Kaiser und sein Gefolge, die Charakterzüge eines miniaturisierten Jagdschlößchens – bis hin zum offenen Kamin!

In die neuen Stadtviertel außerhalb des Rings pflanzt Hoffmann massive Zweckbauten über die Bahngleise, am Donaukanal übt er sich in leichter, urbaner Eleganz. Die durchgängig eingesetzten Farben Weiss und Grün schaffen miteinander verbundene Bezugspunkte im Stadtbild, verknüpft durch die charakteristischen Geländer mit dem Blumenmotiv, die sich die gesamte Streckenlänge von achtzig Kilometern in durchgängigem Design hinziehen. Die Grundrisse sind quadratisch, die Gebäude wirken wie leichte, schwebende Schutzdächer, getragen von schlanken Eisenpfeilern. Jahre später wird Wagner in seiner berühmt gewordenen programmatischen Schrift „Moderne Architektur", 1895 erstmals aufgelegt und als „Die Baukunst unserer Zeit" tituliert, seine Auffassung der Moderne erläutern:

117

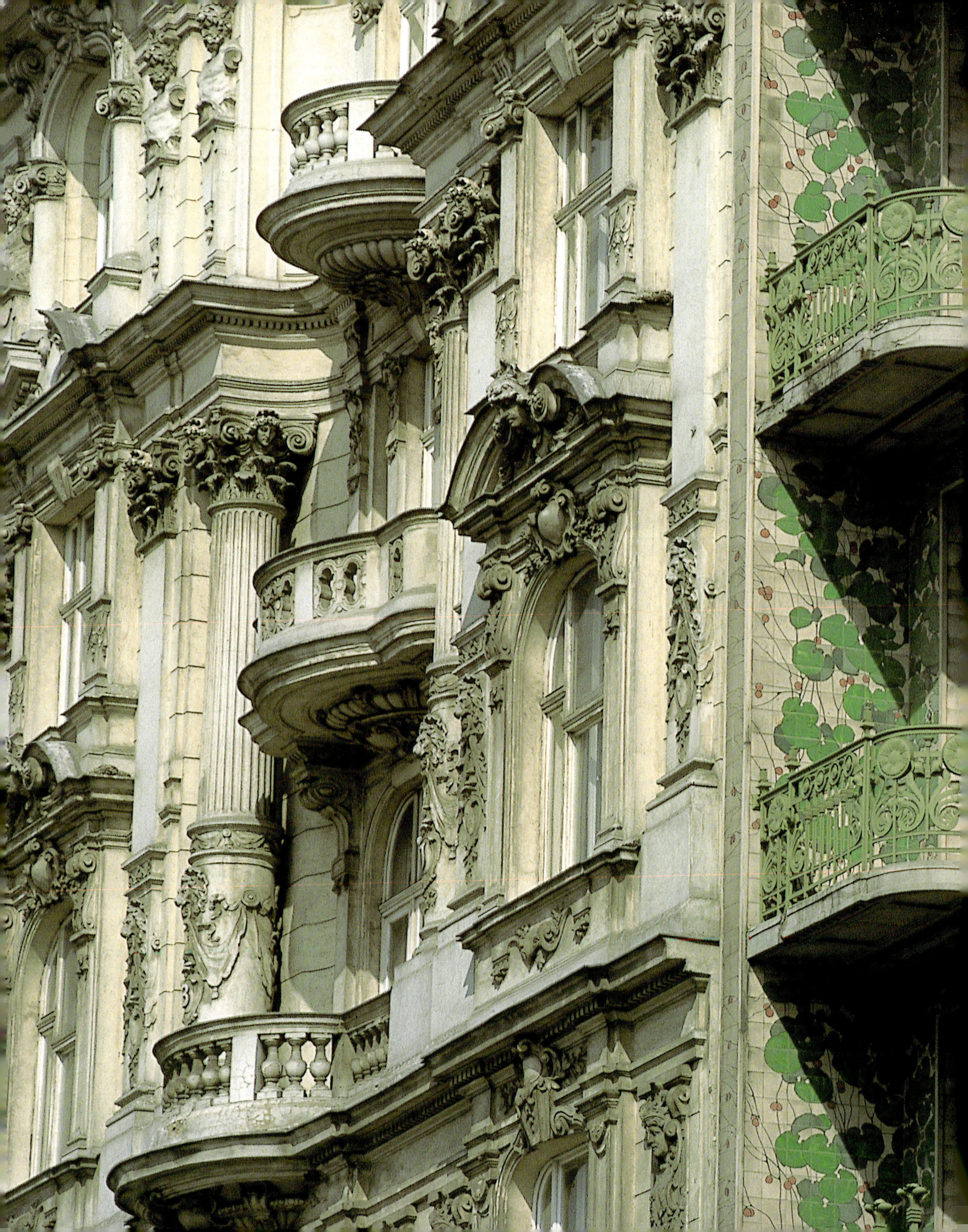

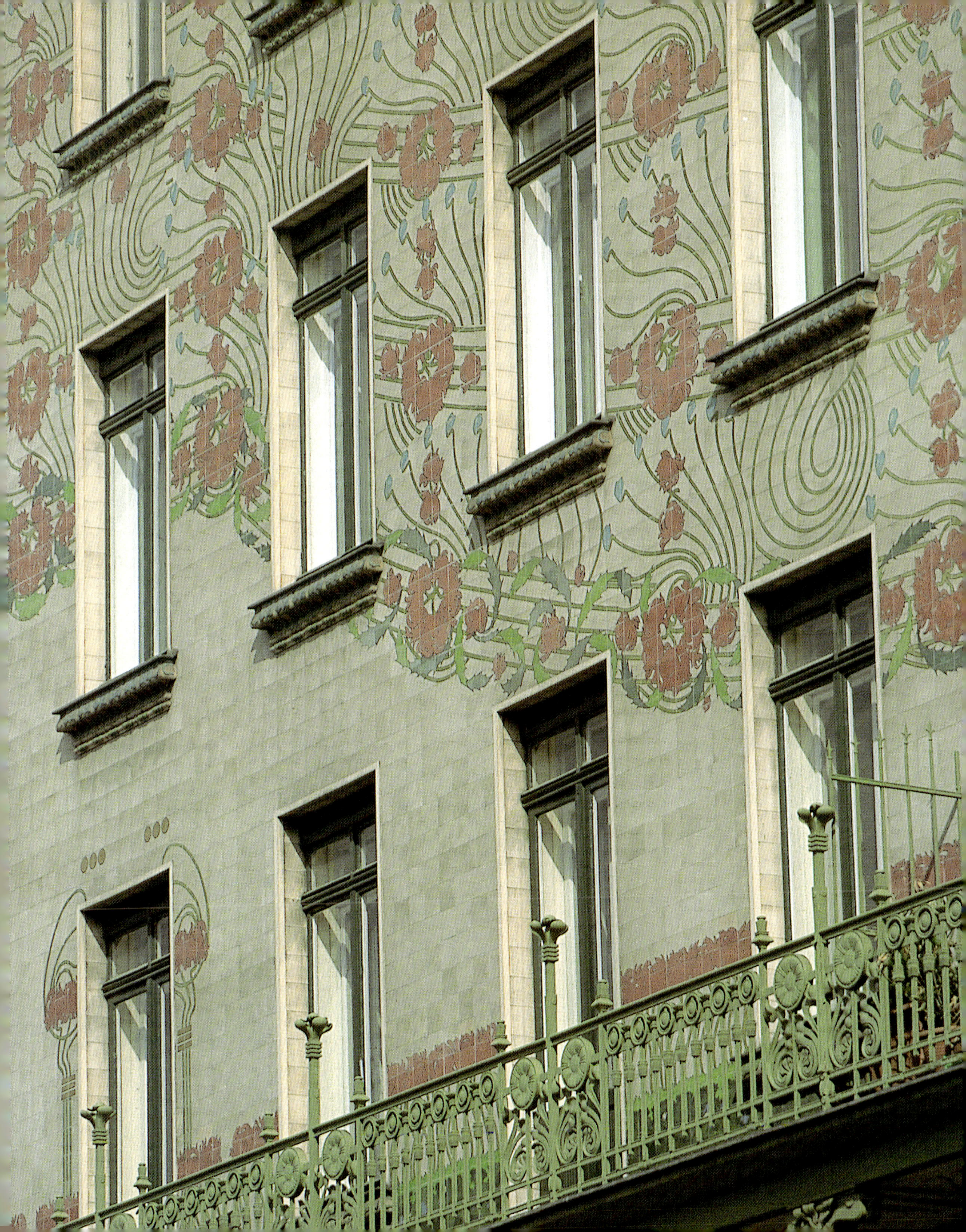

„Alles modern Geschaffene muß dem neuen Materiale und den Anforderungen der Gegenwart entsprechen, wenn es zur modernen Menschheit passen soll, es muß unser eigenes, besseres, demokratisches, selbstbewußtes, unser scharf denkendes Wesen veranschaulichen und den kolossalen technischen und wissenschaftlichen Errungenschaften sowie dem durchgehenden praktischen Zuge der Menschheit Rechnung tragen – das ist doch selbstverständlich." Er postuliert, daß „etwas Unpraktisches nicht schön sein" könne und fordert ein bis ins Detail „peinlich genaues Erfassen und vollkommenes Erfüllen des Zwecks" und die „glückliche Wahl des Ausführungsmaterials (also leicht erhältlich, gut bearbeitungsfähig, dauerhaft, ökonomisch)". Der Einsatz von Eisen als tragendes Material und Ornament dokumentiert auf jedem Kilometer Stadtbahn diese Ansichten. Einige Stationsgebäude entstehen in Leichtbauweise: Eisentragwerke werden außen mit Marmor, innen mit Gipsplatten verkleidet.

Spätere Analysen stellen Verbindungen mit dem Konzept des Zeltes her. In seiner 1977 erschienenen Arbeit „Das Großstadtmiethaus des Wagnerkreises" konstatiert Roland Schachel „(...) auch die übrigen Stadtbahnstationen sind von der Idee des Zeltes als Archetyp der Architektur abgeleitet. Die Wientalstationen haben nicht nur Zeltdächer, die Zeltstangen werden durch die Rauchfänge an den Gebäudeecken dargestellt."

Doch Wien wäre nicht Wien, wäre es der stadtplanerischen Vision Wagners konsequent bis zum Ende gefolgt. Das Naschmarktviertel ist in gewisser Weise ein Freilichtmuseum, das die Spannweite – und auch die Beschränkungen – seines Wirkens dokumentiert: Nach seinem Plan wurde der Markt auf die Stadtbahn gebaut, stadteinwärts wird er begrenzt vom Sezessionsgebäude des Mitarbeiters und Freundes Joseph Maria Olbrich – und mit den Häusern Wienzeile achtunddreißig und vierzig verzieren ihn die einzigen Überreste seines zentralen städtebaulichen Konzepts eines „Wiener Broadway": Diese Prachtstraße sollte an einen monumental neugestalteten Karlsplatz anschließen und von den Freihausgründen ausgehend ‚in einer schnurgeraden Linie auf dem überdeckten Wienfluß nach Schönbrunn führen. Fasziniert von der Pariser Stadtarchitektur hatte Wagner geschrieben: „Ich speciell kenne von modernen Stadtbildern nichts Schöneres, nichts Anheimelnderes, als den Anblick, den der 7000 m lange grandiose Strassenzug in Paris gewährt, der mit der Place de la Concorde beginnt, durch die Champs Elysees, Avenue de la grande Armée, de Neuilly und sofort sich hinzieht, erfüllt von einer wogenden Menge, mit all den zahlreichen Vehikeln." Die Wiener Version dieser weltstädtischen Großzügigkeit beschreibt Wagner folgendermaßen: „Am Kaiserin Elisabethplatze beginnt nun jener grosse Straßenzug, hier ‚Zeile' genannt, dessen hohe Bedeutung heute noch sehr unterschätzt wird. Trottoirs, Baumreihen, Strassenspiegel, Candelaberreihen, Bahneinschnitte, Quaimauern, sie werden zweimal diese Strasse der Länge nach durchziehen und derart markirte

Otto Wagners Erbe

Luxus für Naschmarktbesucher: Genießen zwischen den schönsten Monumenten des Wiener Jugendstils

Leitlinien abgeben, dass schon die geringste Abweichung von den Parallelen störend wirken wird. Es ist daher ästhetisch rein unmöglich, diese Linien nicht alle parallel laufen zu lassen und in weiterer Folge die Häuserfluchten von der Wienaxe unabhängig zu disponieren." Wagner beschreibt durch Stufen erhöhte, mit wildem Wein bewachsene Laubengänge, von denen aus man „den sich entwikkelnden großen Corso, von allen, durch Pferde und Wägen möglicherweise herbeigeführten Molestirungen und Unglücksfällen geschützt," beobachten kann und wird Jahrzehnte um dieses Projekt einer Prachtstraße zwischen den wesentlichen Epizentren der Kaiserstadt kämpfen.

Der historische Moment wäre eigentlich unvergleichlich günstig gewesen: Wienregulierung, Stadtbahnbau und die Anlage eines Prachtboulevards hätten in einem Zuge erfolgen können. Doch aus finanziellen Gründen entschied man sich für eine schrittweise Überwölbung der Wien und schuf so ein bis heute gültiges Dauerprovisorium, während die Stadtplaner für das Wiental Baulinien festschrieben, die der Krümmung des Flußlaufes folgten und damit dem Traum vom schnurgeraden, durchgestalteten Straßenzug für immer ein Ende setzten. 1911 setzte Wagner den Anfang seiner Traumstraße mit der Übersiedlung des Naschmarktes an seinen heutigen Standort durch. Dann brachte der Ausbruch des Ersten Weltkrieges die Planungstätigkeit endgültig zum Erliegen.

Nicht nur in der Optik, auch im Material revolutionär: die Keramik-Fassade des „Majolika-Hauses"

So bleiben rund um den Naschmarkt isolierte Denkmäler eines großen Konzepts, abgehoben von ihrer Nachbarschaft durch ihre überlegene formale Qualität. Joseph August Lux, der die erste Monographie über Wagners Werk verfaßt hat, bemerkt dazu: „In Wien merkt man sich jedes Haus, das er damals gebaut hat. Es fällt einem unbedingt auf; man sagt sich, das ist wer, wie man einer großen Persönlichkeit begegnet. Die umstehenden verblassen sofort und werden zu bloßen Hausnummern."

Wienzeile achtunddreißig und vierzig waren Otto Wagners erste reine Jugendstilentwürfe – eine Provokation für die konservativen Kreise des Künstlerhauses und eine Hommage an den Innovationsgeist der jungen Leute, die im Atelier Wagner am Stadtbahnprojekt arbeiteten und den Bruch mit dem etablierten Kunstverständnis der Zeit längst vollzogen hatten. Die besten Köpfe der noch jungen Sezessionsbewegung trugen zur Gestaltung bei. Das mit Blumenranken ornamentierte Haus Wienzeile vierzig ist dazu noch ein innovatives Material-Experiment: Wagner suchte nach Möglichkeiten für eine witterungsunempfindliche Fassade und verflieste die Häuserfront. Was hätte werden können, wenn ... – aber es wurde nicht. Otto Wagner ist 1918 gestorben. Eine ganze Generation junger Architekten war bei ihm in die Schule gegangen und schrieb seine Ideen bis in die dreißiger Jahre fort.

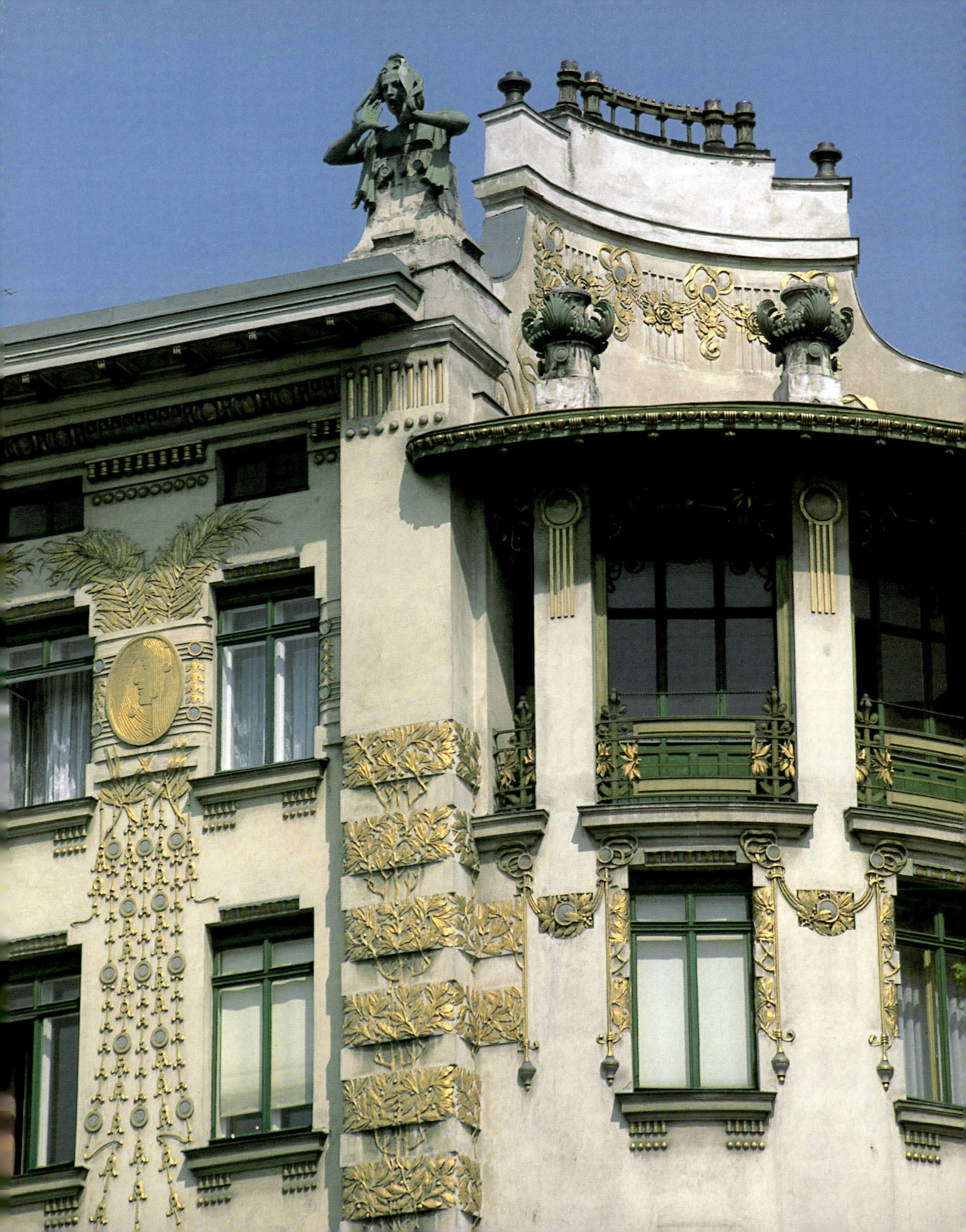

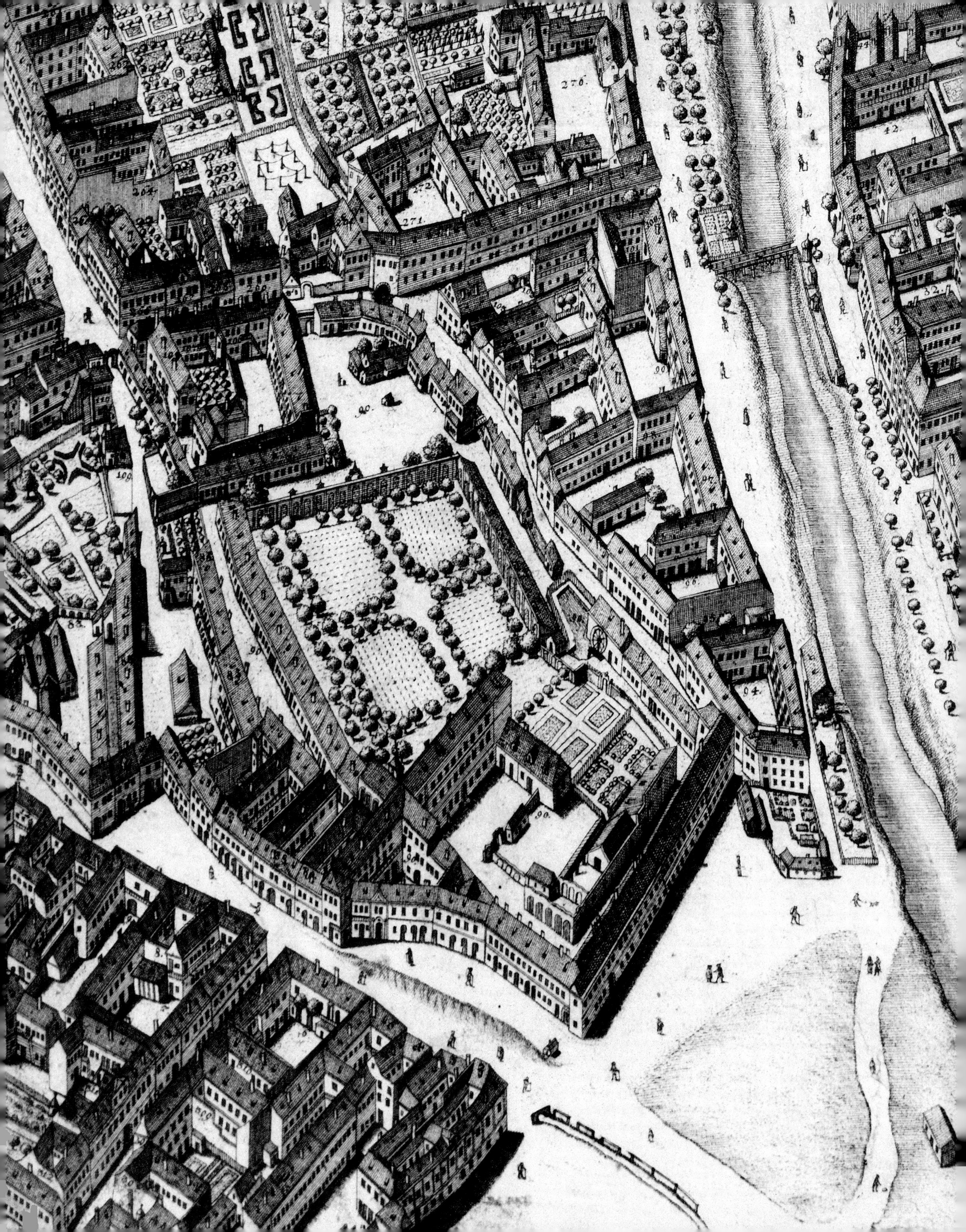

Otto Wagners Erbe

Spurensuche rund um den Markt: Freihaus, Mozart, Schikaneder

Über Jahrhunderte hinweg haben sich Genie und Wahnsinn dieser Stadt auf diesem einen Quadratkilometer rund um den Markt manifestiert wie nirgends sonst, vielleicht magisch angezogen vom Fluß, vielleicht angelockt von dem kleinen bißchen Mehr an Freiheit vor den beengenden Stadtmauern, sicher eingefangen zwischen den magnetischen Polen des Theaters an der Wien, das Emanuel Schikaneder in einem einzigen Jahr am linken Flußufer hochzog und des Freihauses, jenes riesenhaften Gebäudekomplexes, um den sich zahlreiche und abenteuerliche Legenden ranken.

Das Freihaus! Noch leben Wiener, die dem Abriß seiner letzten Reste zugesehen haben. Aber wer heute durch die kleinen Seitengassen spaziert, die sich zwischen Naschmarkt und Wiedner Hauptstraße erstrecken, sieht nur mehr wenig Spuren vom vielleicht größten Mietwohnungs-Komplex, den es im 18. Jahrhundert auf der Welt gab. Ein Fresko an einem Haus in der Operngasse gibt seinen Grundriß wieder, die Fassadenfronten einiger Gassen folgen diesem – aber sonst? Bei der Errichtung des neuen Gebäudekomplexes der Technischen Universität öffneten sich manchmal unerwartet Kavernen unter einer Baggerschaufel und verschlangen kubikmeterweise Fundamentbeton. So sind wohl die letzten der bis zu sechsundzwanzig Stufen tiefen Wein- und Kohlenkeller des Freihauses für immer verschwunden – samt dem Gewölbe, in dem Mozart die Chorproben für die erste Aufführung der Zauberflöte abgehalten haben soll. Die bewegte Geschichte des Freihauses dokumentiert das Buch „Das Freihaus" von Else Spiesberger, 1980 im Zsolnay-Verlag erschienen.

Erbaut wurde das Freihaus, so genannt, weil sein Besitz mit den Privilegien der Steuerfreiheit und der eigenen Gerichtsbarkeit verbunden war, von der Adelsfamilie der Starhembergs. Nicht nur berühmt, auch geschäftstüchtig war die Familie. – Zumindest gilt dies für Conrad Balthasar, Reichsgraf von Starhemberg. Er erhielt 1643 das Kernareal der späteren Freihausgründe von Ferdinand III. zu Lehen. Conrad Balthasar erwarb bald danach gegen Erlag von eintausend Gulden den Freibrief, der seinen Nachkommen über Generationen ein regelmäßiges Einkommen sicherte: Steuerfreiheit und eigene Gerichtsbarkeit über alle Insassen! Dann ging der Starhemberger konsequent an die Arrondierung seiner Erwerbung: Ein Nachbargrundstück nach dem anderen wechselte den Besitzer, und für jedes handelte er der Stadt Wien gegen bares Geld die Steuerfreiheit ab.

Erst 1665 waren die Ankäufe abgeschlossen. Aber schon aus 1660 datieren Urkunden, die auf den beinahe fertiggestellten Bau jenes Schlosses hinweisen, das mit der angeschlossenen Rosalienkapelle den Kern des Freihauskomplexes bildete.

1687 beerbte den Geschäftsmann der Kriegsheld: Ernst Rüdiger Graf von Starhemberg, der legendäre Verteidiger Wiens. Er wurde damit auch Nutznießer eines bereits ansehnlichen Komplexes von Mietwohnungen, die den Herrensitz der Starhembergs anstelle einer Mauer umgaben.

Es kann Rüdiger Graf Starhemberg nicht leichtgefallen sein, beim Heranrücken des Türkenheeres am 11. Juli 1683 das Niederbrennen der Wiener Vorstädte zu befehlen, um ein freies Schußfeld vor den Stadtmauern zu schaffen: Mit den umliegenden Siedlungen brannte auch sein Freihaus beinahe restlos nieder. 1698 muß es allerdings schon wieder gestanden haben – repräsentativ genug, um den Rahmen für den Empfang eines hohen Gastes zu geben: Zar Peter I. war inkognito in Wien und beehrte eines Abends das Starhemberg'sche Freihaus, wohin, wie ein Hofprotokoll vermerkt, „nach und nach Viele Cavalliers und Dames und die ganze Gesellschaft Kommen, und ein Tanz gehalten worden, und hat der Czar mit seinen Gesandten selbst mitgetanzt."

Kaum hundert Jahre später war das Freihaus schon wieder eine Ruine: Am 24. Juni 1759 brannte es vollkommen nieder. Der Wind trug Funken und brennende Holzteile so weit nach Osten, daß sie im Gebiet des heutigen dritten Bezirkes dreißig Häuser in Flammen setzten.

Der Wiederaufbau des Freihauses dauerte bis 1770 und verschlang Unsummen: Allein aus dem Jahre 1764 ist der Verbrauch von 1,130.000 Stück Dachschindeln dokumentiert! Die Starhembergs konnten es verschmerzen: Das Freihaus soll zu diesen Zeiten stündlich einen Dukaten an Zinsen erwirtschaftet haben – steuerfrei, wie gesagt!

Deutlich lästiger fielen den adeligen Hausherren die ständigen Versuche der Stadt Wien, im Vorfeld der Herrschaft Conradswörth, wie das Freihaus auch genannt wurde, ein Geschäft zu machen: Durch das ganze 18. und das halbe 19. Jahrhundert ziehen sich die Grundstücksstreitigkeiten zwischen den Starhembergs und dem Magistrat. Gegenstand der oft über Jahrzehnte geführten Prozesse waren vor allem die Vorläufer des heutigen Naschmarktes, jene Marktstände, die sich auf einem Platz zwischen Freihaus und Wiedner Hauptstraße anzusiedeln begannen und von denen beide Streitparteien gerne die Standmiete kassiert hätten. Aus den Prozeßurkunden ist zu ersehen, daß die Starhembergs recht kreativ mit der Interpretation der Grundstücksgrenzen umgingen – und daß sich die Stadt Wien mehr als einmal davor schraubte, die Familie ihres heldenhaften Verteidigers ernsthaft in die juridische Zwickmühle zu nehmen. Trotzdem ging es bisweilen recht handfest zu: Schranken wurden von starhemberg'schen Gutsverwaltern errichtet und von Magistratsbeamten umgehend wieder niedergerissen. Polizeieinsätze im Freihaus wurden unter Hinweis auf die gutsherrliche Gerichtsbarkeit nach Kräften behindert, widerrechtliche Gewerbeberechtigungen und Genehmigungen zum Betrieb von Marktständen wurden von der einen Seite

Otto Wagners Erbe

Einst im Zentrum des Freihauses, jetzt im Herzen des Naschmarktes: Die Johann Nepomuk-Kapelle wurde von der Union-Baugesellschaft auf den neu errichteten Markt übertragen.

erteilt und von der anderen Seite wieder angefochten – Generationen von Juristen dürften aus diesen Streitereien ein erkleckliches Einkommen bezogen haben, bis die Aufhebung der Grundherrschaften 1848 die Lage ein für allemal klärte und übrigens auch der Steuerfreiheit des Freihauses ein Ende setzte.

Unbeschadet von diesen Querelen waren die Wohnungen im Freihaus über Jahrhunderte begehrt. Die Gründe zählt der Schriftsteller Adolf Bäuerle, Schöpfer der populären Bühnenfigur „Staberl", in einem 1855 erschienenen Roman auf, dessen Handlung im Freihaus spielt:

„Wer das Freihaus in der Vorstadt Wieden kennt, wird wissen, daß es einer kleinen Stadt zweiten Ranges gleicht. Wer in diesem Riesenhause mit seinen kolossalen Höfen wohnt, hat nicht notwendig, sich aus seinem Bereich zu entfernen, um Einkäufe jeder Art zu machen, er findet darin alles, was ein Städter braucht, es gibt keinen Handwerker, keinen Gewerbsmann, keinen Kaufmann, keinen Krämer, keinen Künstler, keinen Gelehrten, der in diesem Hause nicht vertreten wäre. In der Zeit, in welche unsere Mitteilungen gehören, hatte das Freihaus auch

Der Wiener Naschmarkt

noch ein Theater, eine Leihbibliothek und einen Musiksaal. Theater, Musiksaal und Leihbibliothek besitzt manche respektable Stadt mit 30.000 Einwohnern nicht..."

Und ein anonymer Stadtchronist schreibt um 1830: „Wer Kinder hat, ziehe in's Freihaus, er miethet mit der Wohnung zugleich einen Spiel- und Tummelplatz für seine Kinder; wer Hunde hat, für den ist das Freihaus ein Eldorado, in des Wortes intimster Bedeutung ein „Freihaus".

Das Ende der Steuerfreiheit, die zunehmend überbordenden Instandhaltungskosten und die überall in der Nachbarschaft aus dem Boden schießenden moderneren und komfortableren Wohnhäuser läuteten den Niedergang des Komplexes ein. Fürst Camillo Heinrich verkaufte das Freihaus 1872 an eine Bank. Nach dem Börsenkrach des Jahres 1873 wurde es an die Wiener Ziegelwerksgesellschaft weiterverkauft.

Ab 1875 wurden Adaptierungsarbeiten ausgeführt, Zubauten errichtet, Gassenläden renoviert und sanitäre Einrichtungen verbessert. 1897 wurde gar in einem der zahlreichen Höfe ein Eislauf- und Tennisplatz angelegt! Mittlerweile begannen sich die Wiener Stadtplaner über das Areal herzumachen. Von Otto Wagner und seinen Kollegen sind viele Entwürfe für eine große Bandbreite von Nutzungsvarianten erhalten: Ein Warenhaus, ein Hotel, eine Prachtstraße, ein Blumenmarkt... – nichts davon wurde realisiert.

Andenken an eine seltsame Wanderschaft: die Gedenktafeln an der Naschmarkt-Kapelle

Die ersten Mauern fielen dann am 15. November 1913. An der Ecke Schleifmühlgasse-Mühlgasse wurden die Stiegen 1 bis 5 abgetragen und an ihrer Stelle das Häuserensemble des Kühnplatzes errichtet. Der Naschmarkt übersiedelte auf die Wienflußüberwölbung – und dann beendete der Erste Weltkrieg alle weiteren Aktivitäten. Einige Freihaus-Trakte mutierten zur Infanteriekaserne – mit letztlich verheerenden Folgen. Denn beim Zusammenbruch der Monarchie überließen die Soldaten ihre Quartiere widerstandslos Banden von Plünderern, die nicht nur fortschleppten, was nicht niet- und nagelfest war, sondern auch die Bausubstanz nachhaltig devastierten. Das Freihaus wurde nicht mehr instandgesetzt. Es blieb als Elendsquartier noch eineinhalb Jahrzehnte stehen, dann fiel es Trakt um Trakt

Otto Wagners Erbe

der Spitzhacke und den Bombenangriffen des Zweiten Weltkrieges zum Opfer. Kümmerliche Reste standen noch bis in die sechziger Jahre. Als letzte Gebäude wurden 1968 die Rosalienkapelle und der Rest des Herrschaftstraktes an der Wiedner Hauptstraße abgebrochen, die Überbleibsel des Mühlbachtraktes in der Operngasse fielen 1970. Damit war das Freihaus endgültig verschwunden.

Wirklich spurlos verschwunden? Diese „Stadt in der Stadt"? Dieses Gebäude-Monstrum, das man nie verlassen mußte, weil jedes Handwerk und jeder Laden dort vorhanden war, samt Kapelle, Theater, Weinschenke, Obstgarten und Pferdestall?

Tatsächlich finden sich bei näherem Hinsehen noch Spuren der einstigen Herrlichkeit, eine davon in der Mitte des Naschmarkts: eine kleine, schlichte Kapelle mit einer Marienstatue. 1817 ist sie vom Fischhändlerehepaar Joseph und Magdalena Putzer zu Ehren des heiligen Johannes von Nepomuk gestiftet und an die Rosalienkapelle des Freihauses angebaut worden. 1916, als der Naschmarkt auf die Wienfluß-Überdeckung siedelte, trug die damalige Freihaus-Eigentümerin, die Union-Baugesellschaft, die Kapelle ab und stellte sie auf dem Naschmarkt wieder auf. Die Gedenktafeln neben der Kapelle berichten von dieser seltsamen Wanderschaft.

Eine weitaus kürzere Reise legte die Ölhandlung und Ölpresserei Marsano zurück, die mehr als 250 Jahre lang im Freihaus tätig gewesen war. Gegründet 1662 von Michele und Domenico Marsano aus Genua, wurde sie bis in die heutige Zeit vom Vater auf den Sohn vererbt und versorgte die Wienerstadt mit reinem Olivenöl, Brennöl, Medizinalölen und Macassaröl, einem einst sehr beliebten Haarpflegemittel. Das Detailgeschäft übersiedelte 1914 in das Haus Linke Wienzeile 12, wo es bis 1968 blieb. Die Büros und Magazine wurden erst viel später, 1929, aus dem Freihaus in die Kettenbrückengasse verlegt, wo die Firma Marsano noch heute ansässig ist.

Zweihundertfünfzig Jahre lang im Freihaus ansässig: die Genueser Ölhändlerdynastie Marsano

„Es ist nur Chimäre, aber mi unterhalt's!" – das Theater an der Wien

Ein allerletzter Rest des Freihauskomplexes ist an völlig unerwarteter Stelle auffindbar, und zwar im Garten des Salzburger Mozarteums: Hier steht seit 1950 ein uraltes hölzernes Gartenhäuschen, auf gut Wienerisch ein Salettl, das in der Festspielstadt wie ein Heiligtum verehrt wird: Zwischen diesen hölzernen Wänden, so heißt es, hat Wolfgang Amadeus Mozart 1791, das Wunderwerk der „Zauberflöte" vollendet. Und dieses große Meisterwerk erklang erstmals im Theater des Freihauses, dem Zentrum einer blühenden Künstlerkolonie und Ausgangspunkt musikalischer Weltkarrieren.

Ignaz Franz Castelli berichtet als langjähriger Bewohner der nahegelegenen Bärenmühle von diesem Theater:

„Dieser Kunsttempel erhob sich in dem gegen die Schleifmühlgasse gelegenen rückwärtigen Hof des Freihauses und sah einer großen, länglich vierkantigen Kiste nicht unähnlich. Das Theater hatte beiläufig die Größe des Josefstädter Theaters und nur zwei Stockwerke. Der Zuschauerraum war ganz einfach bemalt. Seitwärts des Portals, vor der Bühne, standen zwei lebensgroße Figuren, rechts ein Ritter mit einem Dolche und links eine halbverlarvte Dame, gleichsam als Thaliens Wächter. Der Eintritt in's Parterre kostete ein Siebzehn- und im letzten Stock ein Sieben-Kreuzerstück".

Schon die Entstehung des Theaters ist ein eigenständiges Stück Wiener Sittengeschichte: 1787 ersuchte ein aus Fulda zugewanderter Komödiant und Bühnenschriftsteller namens Christian Roßbach um die Erlaubnis, im Freihaus ein Theater errichten zu dürfen. An der Stelle einer Bretterbude, in der schon 1776 eine Schauspielertruppe aufgetreten war, entstand ein für die damalige Zeit recht repräsentatives Vorstadttheater. Mehr wissen wir nicht über die Ära des Theaterdirektors Roßbach – außer daß sie schon im Frühling 1788 mit der eiligen Flucht von Schauspielern und Direktion vor ihren Gläubigern endet. Auch der nächste Direktor des Freihaustheaters, der Theaterdichter Johann Friedel, feierte keine nennenswerten Erfolge und starb 1789, noch nicht achtunddreißigjährig, an der Schwindsucht. In die Theatergeschichte trat er ein, indem er als Universalerbin seine Geliebte einsetzte: Eleonore Schikaneder. Sie hatte Friedel zuliebe ihren Ehemann sitzengelassen und befand sich durch den Tod ihres Liebhabers plötzlich in einer heiklen Situation: Einer Frau wäre zu diesen Zeiten keine Theaterkonzession erteilt worden, die Barschaft war ebenfalls knapp ... – das Erbe verlangte nach einem fähigen Manager! Eleonore nahm Kontakt mit ihrem Gatten Emanuel auf, der schon im Februar 1786 von Kaiser Joseph II. ein Privileg zur Erbauung eines neuen Vorstadttheaters erhalten hatte und deshalb längst Über-

Otto Wagners Erbe

siedlungspläne nach Wien wälzte. Das Ehepaar fand wieder zusammen und holte Josef von Bauernfeld als Kompagnon an Bord, um die Liquidität zu sichern. Schauspieldirektor war Schikaneder, für die Schulden haftete Bauernfeld. Wußte er, worauf er sich einließ? Der Historiker Wilhelm Kisch schildert Schikaneders Lebensstil und seine Geschäftsmethoden in den lebhaftesten Farben:

„Im Grunde war er doch nur ein roher und ungebildeter Mensch, ohne jede Schulbildung, ohne feineren Schliff, kaum imstande, sich schriftlich auszudrükken, überdies von den schlechtesten Leidenschaften beherrscht, ein Schlemmer und toller Prasser. Ein liederlicher, gewissenloser Mensch, in dessen Beutel immer nur Ebbe und Flut herrschte, heute alles leichtsinnig vergeudend, morgen von Gläubigern auf das Ärgste bedrängt. Über all diese Schwierigkeiten wußte er sich als Theaterdirektor doch immer wieder glücklich hinüberzuhelfen, durch seine unbesiegbare Laune, durch seinen Mutterwitz, durch seine ungeheure Routine und – wenn man will – auch durch seine Dummdreistigkeit."

Das berühmteste erhalten gebliebene Stück Freihaus: Das Gartensalettl, in dem die „Zauberflöte" entstand, befindet sich heute im Salzburger Mozarteum.

Es war ein logischer, gleichwohl historischer Schritt, als der Effekthascher, Theaterzauberer und Freimaurer Schikaneder einen kometenhaft zu Ruhm aufgestiegenen Logenbruder für sein Theater einspannte: Mozart und Schikaneder waren sich schon rund zehn Jahre zuvor in Salzburg begegnet. Jetzt, da Mozart in Wien lebte, gab es produktive Kontakte zur Theatertruppe im Freihaus: Er schrieb Arien für die Stars des Ensembles, verarbeitete ihre volkstümliche Possenmusik zu Klaviervariationen und traf sich auch privat mit den Sängern. Im Laufe des Jahres 1790 begann das Projekt der „Zauberflöte" Gestalt anzunehmen: Schikaneder skizzierte Dialoge, der Freihaustheater-Souffleur Haslböck entwickelte daraus ein Libretto und Mozart kleidete es in unsterbliche Melodien. Am 30. September dirigierte er die Premiere, ausgebrannt von der gewaltigen Anstrengung, zwei Opern parallel komponiert und auf die Bühne gebracht zu haben, die „Zauberflöte" in Wien und die Krönungsoper „Titus" in Prag. Er sollte keine drei Monate mehr leben. In der Nacht zum 5. Dezember fiel er in ein Fieberdelirium und glaubte sich im Freihaustheater. „Still!", soll er seiner Frau zugeflüstert haben: „Jetzt singt die Höfer das hohe B!" Es sollen seine letzten Worte gewesen sein.

Mozart wurde in einem namenlosen Grab beerdigt, Schikaneder kassierte im großen Stil: Die Zauberflöte wurde das Paradestück des Theaters. 223mal wurde sie in den folgenden Jahren gegeben. Das Publikum strömte in Scharen herbei, das Geld floß reichlich. Aber noch reichlicher floß es wieder ab: Schikaneders Partner Bauernfeld ging in Konkurs. Am 1. März 1799 wechselte das Theater im Freihaus seinen Besitzer. Bartholomäus Zitterbarth, ein reicher Geschäftsmann und wie Schikaneder Mitglied einer Freimaurer-Loge, investierte mehr als 130.000 Gulden und wurde Kompagnon des genialen Verschwenders. Als sich die Anzeichen verdichteten, daß Fürst Starhemberg den Mietvertrag für das Freihaustheater nicht mehr erneuern und das Theater durch einen Wohntrakt ersetzen würde, kaufte Zitterbart kurzerhand ein Grundstück auf dem gegenüberliegenden Flußufer, auf dem das Duo, den ablaufenden Mietvertrag im Nacken, in Rekordzeit ein neues Haus, das Theater an der Wien, aus dem Boden stampfte – das mit Abstand modernste, komfortabelste und prächtigste seiner Zeit.

Am 12. Juni 1801 inszenierte Schikaneder den Umzug ins neue Haus als eine Zauberposse eigenen Zuschnitts: Der Abend begann mit der Aufführung von „Thespis Traum" und glitt, während Schikaneders Auftritt, in ein Übersiedlungs-Happening über: Der Impresario packte auf offener Bühne die gesamte Ausstattung auf den Thespiskarren, verabschiedete sich mit dem Vers: „Der Weg ist nicht zu weit/Der Fluß auch gar nicht breit/Ein Sprung, und ihr seid da!/Nicht wahr, ihr saget ja!" vom Publikum und zog, voll kostümiert, gemeinsam mit seiner Compagnie und begleitet von hunderten Schaulustigen ins Haus auf dem anderen Flußufer, wo er die Vorstellung fortsetzte. – Natürlich nicht, ohne nochmals Eintritt zu kassieren!

Otto Wagners Erbe

Schikaneders neues Haus – das Theater an der Wien – war selbst für das theaterverrückte Wien eine Sensation: Ein Zeitgenosse kommentierte den nicht endenwollenden Zustrom von Neugierigen, die, angelockt vom damals hochmodernen Bühnenapparat und der nie dagewesenen Größe und Pracht des Zuschauerraums, das Theater frequentierten: „Hätten Schikaneder und Zitterbarth die Idee gehabt, Eintrittsgelder nur für das Beschauen seiner Herrlichkeiten anzunehmen: Schikaneder hätte durch drei Monate, ohne eine Theatervorstellung zu geben, gewiß enorme Summen eingenommen."

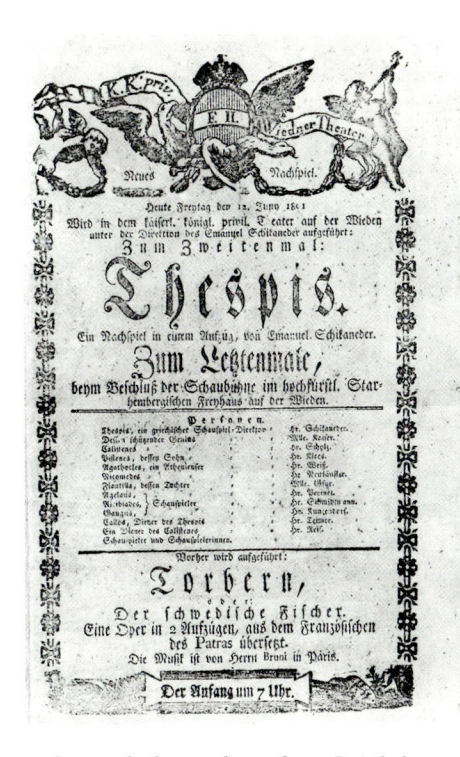

Ankündigung eines Happenings: Der Theaterzettel der legendären „Thespis"-Aufführung, in der Schikaneder samt Dekoration und Publikum ins Theater an der Wien übersiedelte

Eine Ausstattungsoper nach der anderen beherrschte den Spielplan, der Erfolg war enorm. Doch um aus den roten Zahlen zu finden, war der Theaterdirektor zu sehr Künstler und zu wenig Kaufmann. Letztlich legte er 1802 die Geschäftsführung zurück, verkaufte sein Theaterprivileg um 100.000 Gulden an Zitterbarth, der immer davon geträumt hatte, das Theater selbst zu führen, und beschränkte sich auf die künstlerische Leitung, sprich: aufs Geldausgeben. Das Arrangement währte keine zwei Jahre, dann verkaufte Zitterbart überraschend an Schikaneders eingeschworenen Konkurrenten, den Hoftheaterpächter Freiherrn von Braun. Schikaneder wurde gefeuert und starb, ein Jahrzehnt später, völlig verarmt in einer kleinen Mietwohnung im heutigen achten Bezirk.

Die folgenden hundert Jahre Theater an der Wien lassen sich wie folgt zusammenfassen: Historische künstlerische Erfolge – und spektakuläre finanzielle Pleiten. Den Anfang des Direktorenreigens nach Schikaneder machte Joseph Sonnleithner, Mitbegründer der Gesellschaft der Musikfreunde, und nebenbei gesagt, Grillparzers Onkel. Sonnleithner brachte Ludwig van Beethoven ans Wienflußufer: Die „Eroica" und Beethovens einzige Oper „Fidelio" erlebten hier ihre Welturaufführungen. Als Fidelio gespielt wurde, saßen im Zuschauerraum allerdings nicht die Wiener Opernfreunde, sondern Napoleons Offiziere, die ein paar Tage zuvor in die Kaiserstadt eingerückt waren. Der Pleitegeier schwebte wieder über dem Haus – und das sollte sich auch nicht mehr ändern: Theaterverrückte Adelige wie Graf Palffy versuchten sich als Direktoren und verspielten mehr als einmal riesige Vermögen.

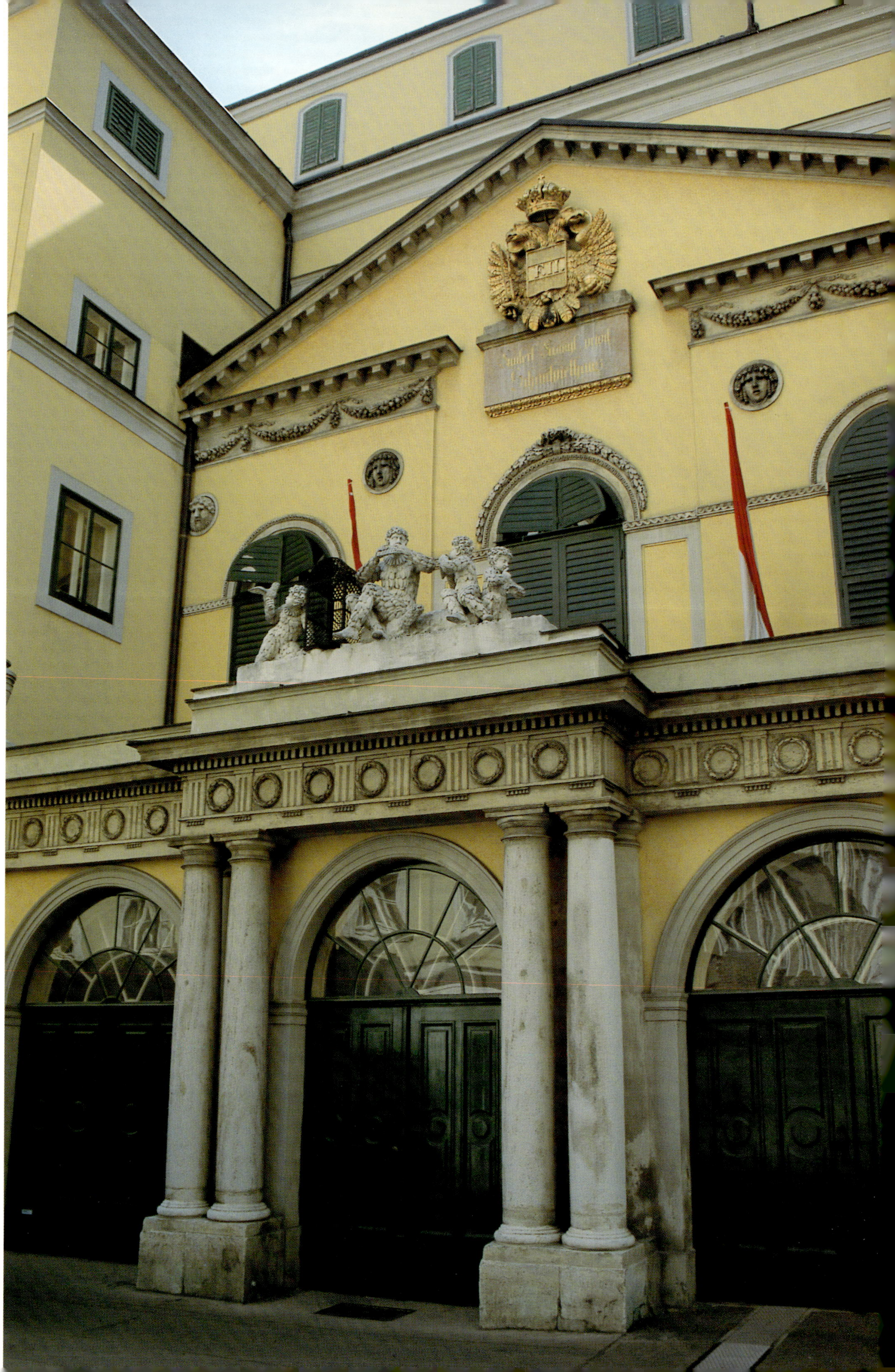

Otto Wagners Erbe

Der einzige Theatermann, der an der Wien auch kaufmännisch nennenswert reussieren sollte, war Carl Carl. Er liebte die Kunst und den Erfolg, aber vor allem hatte er sich vorgenommen, reich zu werden. Nach drei Jahrzehnten als Theaterdirektor hinterließ er ein Vermögen von zwei Millionen Gulden und verfügte testamentarisch, daß seine Erben mit dem Theater nichts zu tun haben dürften.

Carl zahlte Hungerlöhne, feuerte an schlechten Tagen den kompletten Stab, um ihn am nächsten Morgen zu noch ungünstigeren Konditionen wieder einzustellen, und machte ab 1831 mit dem Engagement Johann Nestroys den Griff seines Lebens: Nestroy spielte und schrieb sich die Seele aus dem Leib. Er brachte es auf achtzehn Auftritte pro Monat, trat zeitweise täglich auf und schrieb nebenbei unsterbliche Klassiker des Wiener Volkstheaters wie den „Lumpazivagabundus", „Zu ebener Erde und im ersten Stock", den „Talisman" und „Das Mädl aus der Vorstadt".

Carls Nachfolger waren wiederum weniger glücklich: Man versuchte es mit großer Oper, verpflichtete den Operettenstar Jacques Offenbach als Hauskomponisten, hob die Johann Strauß-Operette aus der Taufe und engagierte Publikumsliebling Alexander Girardi. Man entfachte mit der Weltpremiere der „Lustigen Witwe" ein erdumspannendes „Merry Widow"-Fieber und brachte Emmerich Kalman groß heraus. Doch keine noch so gewiefte Personal- und Premierenstrategie änderte etwas an der Tatsache, daß den größten Publikumserfolgen mit tödlicher Sicherheit der Konkurs auf dem Fuße folgte. Von 1938 bis 1945 blieb das Theater dann geschlossen.

Wiederbelebt wurde der rattenverseuchte und halbverfallene Kunsttempel von den Sängern und Tänzern der noblen Wiener Staatsoper: Sie wollten spielen. Und die Wiener wollten Oper hören. Denn ihre eigentliche Heimat, die Staatsoper, war in den letzten Kriegstagen im Bombenhagel ausgebrannt. Für ein volles Jahrzehnt blieb das Theater an der Wien provisorische Ersatzheimat des Staatsopernensembles.

Eröffnet wurde am 6. Oktober 1945 mit „Fidelio". Kulissen gab es keine, die kahlen Bühnenmauern sorgten für die adäquate Gefängnisatmosphäre. Die Aufführungen waren improvisiert, aber von legendärer Qualität und das Publikum gelegentlich so enthusiastisch, daß während des Einlasses die Polizei eingreifen mußte, um Tumulte zu verhindern.

1955, als die Staatsoper am Ring wiedereröffnete, setzte eine heftige Diskussion um die Zukunft des Theaters an der Wien ein. Abreißen? Ein Kino daraus machen?

Der damalige Bürgermeister Franz Jonas nahm Wiens Verpflichtung gegenüber der Geschichte wahr und veranlaßte den Ankauf des Hauses durch die Stadt. Es folgten ein höchst aufwendiger Umbau und die festliche Wiedereröffnung am 28. Mai 1962. Das Theater sollte vor allem den Wiener Festwochen als Festspielbühne und den Bundestheatern als kleines Haus dienen. Das Konzept ging nicht auf: Wochenlang stand die Bühne leer und die Frage nach dem Sinn des kostspieligen Umbaus stand immer öfter im Raum.

Das Erfolgskonzept der Musical-Produktion im Broadway-Stil brachte dann Rolf Kutschera an die Wien. Er holte „How to succeed without really trying", „Irma la Douce", „The King and I", und den „Mann von La Mancha" ins Wiental, inszenierte „Helden", adaptierte „Anatevka"und reussierte von Premiere zu Premiere spektakulärer. Kutscheras Konzept ging nicht nur auf. Es hat sich drei Jahrzehnte lang, bis zu den Direktionen von Peter Weck und Rudi Klausnitzer als gegen jede Änderung resistent erwiesen. Heute muß man vor den Glitzerlichtern des Minibroadway am Naschmarkt lange die Augen zukneifen, bis man hinter all dem elektrifizierten Glanz die verblaßten Schatten seiner Gründerväter tanzen sieht.

Kehren wir dem verschwenderischen Musical-Prunk den Rücken zu und gehen ein paar Schritte stadteinwärts, um der anderen Seite des Wiener Kulturlebens zu gedenken: der frechen, anarchistischen, boshaft-satirischen. Nestroy war ihr erster Exponent und hat mehr als einen Strauß mit der Zensur gefochten. Einmal wurde er von der Bühne weg verhaftet, als er über den überhöhten Preis für zu kleine Brote extemporierte. Wieder freigelassen, bestieg er am nächsten Abend zum Gaudium der Zuschauer die Bühne in einem Gehrock, an den winzige Brötchen als Knöpfe genäht waren. Nestroys geistiger Ziehsohn war Karl Kraus, der es in seiner beinahe vierzigjährigen Karriere als Kulturkritiker und Zeitsatiriker unternahm, aus den Bosheiten, Schlampereien und Entartungen des Wiener Pressewesens den Termin des kommenden Weltunterganges herauszulesen. Friedrich Torberg, Jura Soyfer und Peter Hammerschlag – eine ganze Generation junger Satiriker und Kabarettisten, die Kraus´Spuren folgten, haben den „Untergang der Welt durch schwarze Magie", die „Dritte Walpurgisnacht" erlebt. Erwartet haben sie ihn in den dreißiger Jahren im Keller des Cafe Dobner, das hier am Naschmarkt noch bis 1977 geöffnet hielt und dann einem völlig unpoetischen Drogeriemarkt weichen mußte. Hier, im Keller des Dobner, machte man literarisches Kabarett. „Literatur am Naschmarkt" hieß die Unternehmung, in dessen Ensemble auch der bekannte Wiener Literat Hans Weigel mitwirkte. In den verbleibenden fünfeinhalb Jahren bis zum Untergang der österreichischen Welt gab die „Literatur am Naschmarkt" Nestroy und Offenbach, Molière, Molnár, Schnitzler und Thornton Wilder und etablierte sich als das „Burgtheater unter den Kleinkunstbühnen". Im Frühling 1938 marschierten die Nazis ein. Ein Umstand, der den Großteil der Mitwirkenden zur Emigration zwang. Jura Soyfers Fluchtversuch endete mangels Visum an der Schweizer Grenze. Im Februar 1939 wurde er im KZ Buchenwald ermordet.

Bemerkenswert, daß häufig dann, wenn sich in der Wienerstadt etwas bewegte, die Naschmarktgegend zum Schauplatz wurde: Zum ersten Male 1848,

THEATER AN DER WIEN
7. Mai – 20. Juni 1999
Wiener Festwoch
GLÜCKSJAHR '99
CASINO WIEN
Wiener Festwochen
7. Mai – 20. Juni 1999
BIPA
PUTZEREI
6. Millöckergasse
THEATERCAFE

Der Wiener Naschmarkt

**Einkaufen im schönsten
Ambiente der Welt**

als im Freihaus ein Reiter feierlich die neue Verfassung zur Verlesung brachte, während draußen auf dem Markt die Standler über ihren Ausbeuter herfielen. Genau 150 Jahre später erfolgte am gleichen Schauplatz ein wesentlich friedlicherer, aber nicht weniger folgenreicher Aufstand gegen den etablierten Wiener Kulturbetrieb: Wenige Schritte vom Naschmarkt entfernt stellte eine aufmüpfige junge Künstlergeneration mit einer durchbrochenen, vergoldeten Blätterkuppel aus Metall, dem Barockprunk der Karlskirchenkuppel ihr neues Selbstbewußtsein entgegen. Mit dem Postulat: „Der Zeit ihre Kunst, der Kunst ihre Freiheit!", vollzogen sie den radikalen Bruch mit verstaubten Kunstauffassungen. Die Wiener reagierten freundlich-nachsichtig, tauften den kühnen Bau liebevoll „Krauthappel" und begannen nach einer außerordentlich kurzen Gewöhnungsphase von knapp siebzig Jahren, den Wiener Jugendstil erfolgreich als Fremdenverkehrsattraktion zu vermarkten.

Die dritte umstürzlerische Bewegung, die den Naschmarkt zum Schauplatz hatte, bescherte Wien einen kurzen Sommer der Anarchie und in direkter Folge den sogenannten Beiselboom zu Beginn der achtziger Jahre. Die Rede ist vom heißen Sommer 1976. Im Rahmen der Wiener Festwochen hatte die Wiener Stadtverwaltung ein eigenes Jugendprogramm namens „Arena" eingerichtet, das teils auf dem zum Abriß disponierten Schlachthof in St. Marx und teils auf einer provisorischen Bühne im Bereich des Naschmarktes durchgeführt wurde. Das Programm verlief ohne nennenswerte Zwischenfälle, bis die Abschiedsvorstellung spektakulär entgleiste: In der Veranstaltungshalle in St. Marx weigerten sich die Besucher nach Schluß der Vorstellung, das Gelände zu verlassen – und parallel dazu rief ein gewisser Willi Resetarits, Sänger der stadtbekannten und engagierten Musikgruppe „Schmetterlinge", das Publikum im Rahmen eines Konzerts auf dem Naschmarkt auf, zur „Arena" zu pilgern und das Gelände zu besetzen. Tausende folgten dem Ruf und trampten ins Brachland an der Autobahnbaustelle. Die Polizei stellte sich erfolglos in Dienst: Ihre Amtshandlungen beschränkten sich darauf, die Besetzer bei der vorderen Hallentür hinauszukomplimentieren. Daß die solcherart Entfernten zwar artig die Halle verließen, dann aber durch die Hintertür ungehindert wieder einmarschierten, entging der Einsatzleitung völlig. Man warf zwar fleißig raus, doch die Zahl der Rauszuwerfenden wuchs von Minute zu Minute, bis die Ordnungskräfte enerviert abzogen. Einen kurzen Sommer lang überlebte die fröhliche Kommune im dorfähnlichen Schlachthausgelände. An Wochenenden lockten Free Concerts bis zu zehntausend Besucher an. Doch Wien wäre nicht Wien, hätte sich der bunte Haufen nicht beim ersten Anzeichen von Abkühlung zerstreut: Der hereinbrechende Herbst leerte das Gelände – und im November fuhren die Bagger auf. Was immer in Wien aufgetischt wird – es wird mit Genuß gegessen. Nur niemals so heiß, wie es gekocht wird. Hundertzwanzig Jahre ist es her, daß Nestroy auf der Bühne des Theaters an der Wien das Lebensprinzip der Stadt in einen eingängigen Refrain packte: „Es ist nur Chimäre, aber mi unterhalt´s!"

DER·ZEIT·IHRE·KVNST·
DER·KVNST·IHRE·FREIHEIT

VER·SACRVM

Otto Wagners Erbe

Der Schöpfer des „Krauthappls" – die Wiener Sezession

Auf den erhaltenen Stadtbahn-Entwürfen des Otto Wagner-Ateliers taucht immer wieder eine, meist an versteckter Stelle angebrachte, Signatur auf: Joseph Maria Olbrich.

Ab 1890 studierte Olbrich an der Akademie der Bildenden Künste beim Ringstraßenarchitekten Carl von Hasenauer. Er fiel rasch durch den eleganten Zeichenstil seiner Entwürfe auf und gewann zahlreiche Preise, unter anderem ein mit 1500 Gulden dotiertes Stipendium für einen Studienaufenthalt in Rom. Anläßlich einer Ausstellung an der Akademie begegnete er Otto Wagner, der auf der Suche nach neuen Mitarbeitern für sein rasch wachsendes Atelier war. Olbrich wurde vom Fleck weg engagiert. Zwischen dem etablierten Stararchitekten und seinem jungen Schüler entwickelte sich rasch eine solide Freundschaft, gestützt durch weitgehend übereinstimmende Auffassungen von zeitgemäßer Kunst. – Auffassungen, die im diametralen Widerspruch zu den konservativen Positionen der damals alles beherrschenden Institutionen Akademie und Künstlerhaus standen. Hatte die Akademie ein de facto Ausbildungsmonopol, so regierte der Künstlerhaus-Verein über Wiens einziges permanentes Ausstellungszentrum. Beide haben ihr Monopol beherzt und bisweilen gnadenlos zur Durchsetzung ihres konservativen Kunstverständnisses eingesetzt. Die unausweichliche Rebellion fand 1896 statt: Unter der Führung von Gustav Klimt bildeten die radikalen Querdenker der Wiener Kunstszene die „Vereinigung bildender Künstler Wiens – Secession". Olbrich und sein Atelierkollege Josef Hoffmann waren von Anfang an mit von der Partie, ihr Chef Otto Wagner folgte nach einer auffallend langen Nachdenkpause von drei Jahren. Man gründete eine eigene Zeitschrift namens „Ver Sacrum", pflegte den Kontakt mit gleichgesinnten Künstlern in ganz Europa und begann umgehend mit den Vorbereitungen für eine erste Ausstellung im Gebäude der Gartenbaugesellschaft am Parkring. Joseph Maria Olbrich wurde mit dem Ausstellungsdesign betraut. Die Resonanz in der Öffentlichkeit übertraf alle Erwartungen. Unter den ersten Besuchern war der Kaiser höchstpersönlich. Viele der ausgestellten Werke fanden Käufer, die finanzielle Lage der Mitglieder verbesserte sich schlagartig – und damit rückte die Errichtung eines eigenen Ausstellungsgebäudes in den Bereich des Vorstellbaren. Im Oktober 1897 war ein freies Grundstück unweit des Naschmarktes gefunden und Joseph Olbrich machte sich an die Entwurfsarbeit. 1899 gibt er in der Zeitschrift „Der Architekt" Einblick in die Gefühle, die ihn dabei bewegten: „Mit welcher Freude gebar ich dieses Haus! Aus einem Chaos von Ideen, einem rätselhaften Knäuel von Empfindungslinien, einem Durcheinander von Gut und Böse entspross es; nicht leicht! Mauern sollten es werden, weiss und glänzend, heilig und keusch. Ernste Würde sollte alles umwerben. ... Und als ich so mit dem Herzen die Aufgabe erfasste, als das innere Gefühl lauter wurde als Verstand und Geist, da hatte ich auch den Muth, zu bringen, was ich empfand; und geboren ward es! So muss es gekommen sein, dass ich dabei Formen fand, die mir als Ausdrucksmittel meiner Empfindung gut erschienen, welche mir sagten, dass sie das sprechen, was ich sprechen und deuten wollte. Nicht einen „neuen Stil", noch „die Moderne" wollte ich erfinden oder gar das „Neueste" geben; das wäre verwünscht eitles Beginnen! Nein, nur meine eigene Empfindung wollte ich im Klang hören, mein warmes Fühlen in kalten Mauern erstarrt sehen. Das Subjective, meine Schönheit, mein Haus, wie ich es erträumt, wollte und musste ich sehen. Die Aufgabe war mir gestellt und, wie unter subjectiv veranlagten Künstlern es gehalten, ist mir in meinem Schaffen keine Grenze gesteckt worden. Mein Fürstenrecht war es nun, meine Schönheit zu zeigen, zu sagen, so mache ich es aus meinem Herzen heraus, und sollte auch alles, gemessen mit dem Masstabe der Tradition und traditioneller Schönheitslehre, dumm und blöde erscheinen. Ein volles Herz gab diesen Muth, starkes Empfinden, eigene Schönheit."

Am 28. April 1898 wurde der Grundstein gelegt. Der Schriftsteller Herrmann Bahr vermittelt ein wenig von dem Aufsehen, daß der Bau bei den Wienern erregte: „Wenn man jetzt zeitlich in der Früh an die Wien kommt, kann man dort, wo es, hinter der Akademie, aus der Stadt zum Theater geht, jeden Tag eine Menge Leute sich um einen neuen Bau drängen sehen. Es sind Arbeiter, Handwerker und Weiber, die zu ihrer Arbeit sollen, aber hier stehen bleiben, verwundert schauen und sich nicht abwenden können. Sie staunen, sie fragen, sie besprechen das Ding. Es kommt ihnen sonderbar vor, so etwas haben sie noch nicht gesehen; es befremdet sie, sie sind recht betroffen. Ernst und nachdenklich gehen sie dann, kehren sich wieder um, sehen noch einmal zurück, wollen sich nicht trennen, und zögern, an ihr Geschäft zu enteilen. Und das hört jetzt dort den ganzen Tag nicht auf. Der Bau ist das neue Haus der Secession, von dem jungen Architekten Olbrich. Es soll am 4. November der Stadt übergeben werden: am selben Tage wird die erste Ausstellung darin beginnen. Ich glaube, es wird dann ein grosses Geheul sein, die dummen Leute werden toben."

Bahr hat seine Wiener gut gekannt: Als nach rekordverdächtigen sechs Monaten Bauzeit und unter Einhaltung eines Sparbudgets von 60.000 Gulden die Secession eröffnete, regnete es Gift und Galle. Im „Deutschen Volksblatt" vom 19. November ätzte Carl Schneider: „ein wenig ägyptisch, etwas assyrisch und ein wenig indisch – kein Wunder also, daß das Ganze der großen Mehrheit der Menschen 'spanisch' vorkommt."

Ein Zaungast soll von „einer Kreuzung aus einem Treibhaus und einem Hochofen" gesprochen haben, ein anderer von einer „assyrischen Bedürfnisan-

Otto Wagners Erbe

stalt". Die breite Masse der Wienerschaft dagegen blickte auf das durchbrochene Blattwerk der Kuppel – und einigte sich rasch auf den Spitznamen „Krauthappl", der sich bis heute gehalten hat.

Nach der ersten Ausstellung gab sich Herrmann Bahr nochmals als Prophet: „Vor einem halben Jahr hat man noch über das neue Haus der Secession gelacht. Heute ist es schon der Stolz der Wiener. Ich fürchte, noch ein halbes Jahr, und es wird eine Schablone sein, nach der eifrige Copisten Kirchen, Hotels, und Villen bauen werden: im ‚secessionistischen Stil'."

Olbrich, das junge Genie der Secession, brannte an beiden Enden weiter – und verbrannte viel zu schnell. Er verließ Wien und arbeitete in Darmstadt und Düsseldorf. Hier hat er den Werkbund mitbegründet und in einem knappen Jahrzehnt rund hundertfünfzig Häuser entworfen. Am 8. August 1908 starb er, vierzigjährig, an Leukämie. Die Prominenz, die er zu diesem Zeitpunkt bereits erreicht hatte, läßt sich daran messen, daß man den großen Frank Lloyd Wright bei seinem ersten Europabesuch als „den amerikanischen Olbrich" titulierte. Otto Wagner hat seinen Schüler um ein volles Jahrzehnt überlebt. In seinem Nachruf auf Olbrich sagt er: „Das Ende dieses stolzen und lebensfrohen Künstlers wirkt umso tragischer, als sein letzter verhältnismäßig kurzer Aufenthalt in Düsseldorf ihm all das brachte, was er zeitlebens ersehnte: den stürmischen Enthusiasmus und die Begeisterung selbst recht kühl denkender Männer für seine Werke und seine Person." In Wien dauerte es länger, bis man sich in den revolutionären Stil verliebte: Vom „Krautwaschl" bis zum anerkannten Status als Fremdeverkehrsattraktion mußte die Sezession Jahrzehnte abdienen. Wenigstens wurde sie gebaut. Was man von anderen genialen Entwürfen nicht sagen kann.

Wien ißt anders

Was und wie man rund um den Naschmarkt genießt

In jeder Minute eines Markttages wird der Naschmarktbesucher Gesprächsfetzen aus mindestens sechs Sprachen belauschen können. Türken, Chinesen, Inder Italiener, Armenier, Russen und Griechen haben die Mehrzahl der Stände besetzt. – Diese Marktstandler ausländischer Herkunft machen nicht nur ein blendendes Geschäft – sie bieten ihren Landsleuten auch die Basar-Atmosphäre ihrer Heimat, die man im unterkühlten Wien wohl schmerzlich vermißt. Und: Sie bringen eine ungeheuere Palette von exotischen Spezialitäten auf den Markt, auf dem noch für die vorige Generation selbst simple Erdnüsse exotisch

Der Wiener Naschmarkt

Als Erdnüsse noch etwas Besonderes waren: Reste früherer Kolonialwaren-Herrlichkeit auf dem Geschäftsschild eines Naschmarktstandes

genug waren, um prominenten Raum auf der Eigenreklame eines Naschmarktstandes zu finden.

Daß die große transeuropäische Straßenkreuzung Wien Menschen aus aller Herren Länder anzieht, ist allerdings keine Novität: Werner T. Bauer zitiert in seinem Buch „Die Wiener Märkte" den um 1750 verfaßten Bericht eines gewissen Anselm Desing: „Durch die Handelschaft werden viel frembde Nationen hierher gezogen und es ist eine Lust, auf den Straßen bald Ungarn, bald Türken, Heiducken und Croaten, Griechen und Armenier, Perser und Mohren anzutreffen." Zu Zeiten der Reichshaupt- und Residenzstadt der K.u.K. Monarchie mischten sich hier Böhmen und Ungarn, Polen und Italiener, Kroaten und Ruthenen zu einem bunten Völkermosaik, das nicht nur im Wiener Telefonbuch von „A" wie Adamovich bis „Z" wie Zakostelski deutliche Spuren hinterlassen hat – sondern auch im Wiener Zugang zu den leiblichen Genüssen: Den Wein brachten schon die alten Römer aus dem Süden mit, die Bierkultur wurde aus dem Böhmischen Budweis importiert und die Küche, ja, die Küche ... – Die einzige Stadt des Planeten, die einer ganzen Kochkultur den Namen gegeben hat, ist das genußverliebte Wien. Oder kennt jemand eine Pariser, eine Römische oder eine Athener Küche? Betrachtet man die Herkunft der urwienerischen Speisen, dann kommt man diesem Phänomen rasch auf den Grund: In bisweilen völliger mentaler Isolation von seinem unmittelbaren Umland hat sich Wien aus den multikulturellen Einflüssen seiner aus allen Himmelsrichtungen zugewanderten Arbeitskräfte ein ganz eigenes Menü angerichtet und mit hoher Detailveriebtheit perfektioniert. Aus Ungarn kam die Liebe zum Paprika, materialisiert im köstlichen Gulasch, das der g´lernte Wiener gerne zusammen mit einem kleinen Bier zu einem großen Frühstück kombiniert, oft in der Hoffnung, einen ausgewachsenen Alkoholkater in die Flucht zu schlagen. Aus Italien – und lange davor in Marco Polos Reisegepäck aus China – kam die Gewohnheit, feines Fleisch mit einer ebenso knusprigen wie kohlenhydratreichen Kruste zu überziehen, zu kulinarischer Weltgeltung gelangt als das „Wiener Schnitzel". Und aus Böhmen, woher der Prototyp der reschen böhmischen Köchin in die Wiener Herrenhäuser der Ringstraßenzeit einwanderte, kommen die Mehlspeisen, die der Seele in den sieb-

BERBER
DIMITRIOS

東洋 한국

أبو محمود
BAZAR

OBST GEMÜSE
PFLAUMEN
Neue Ernte
cape
Vom Kap der guten Hoffnung

محمد

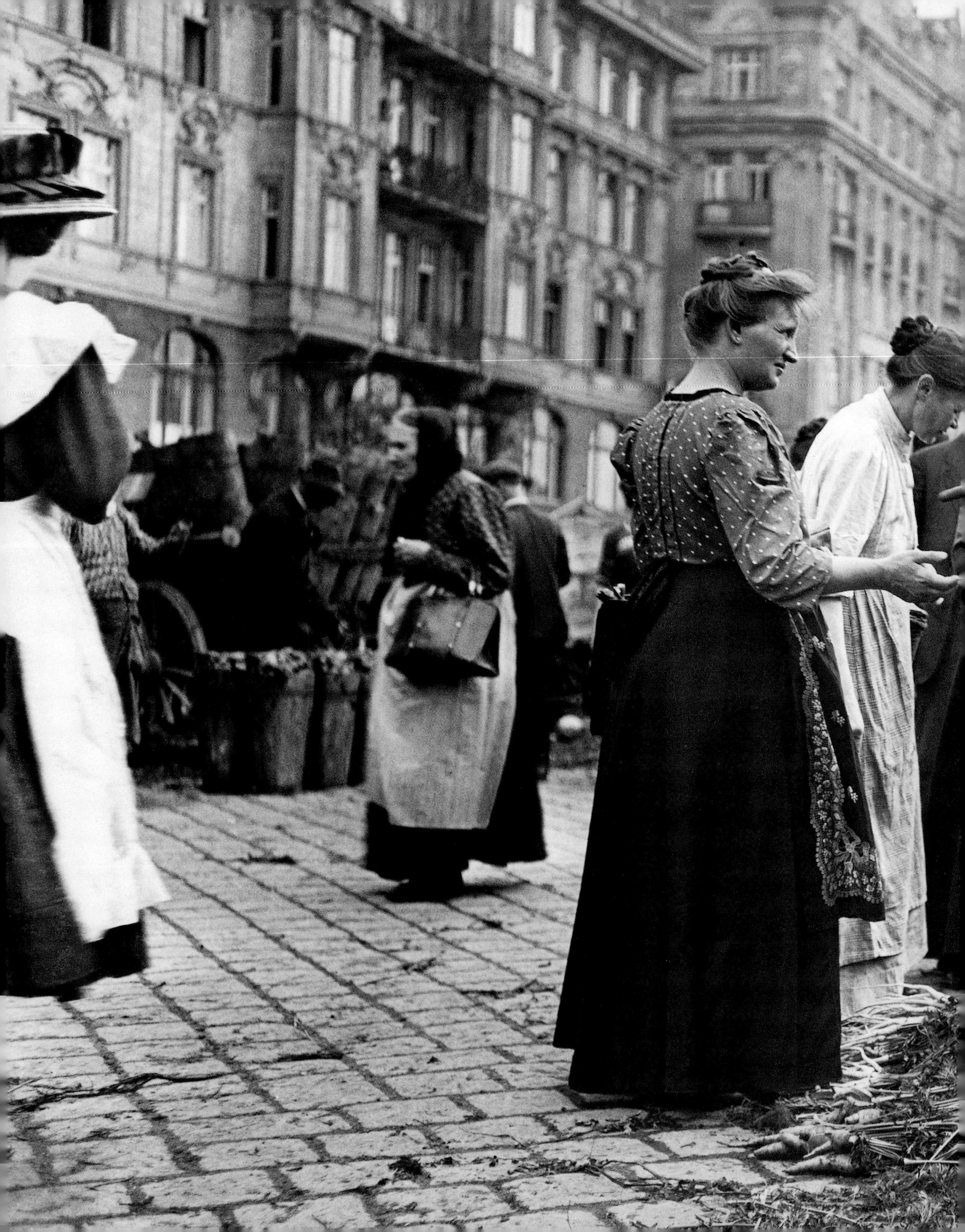

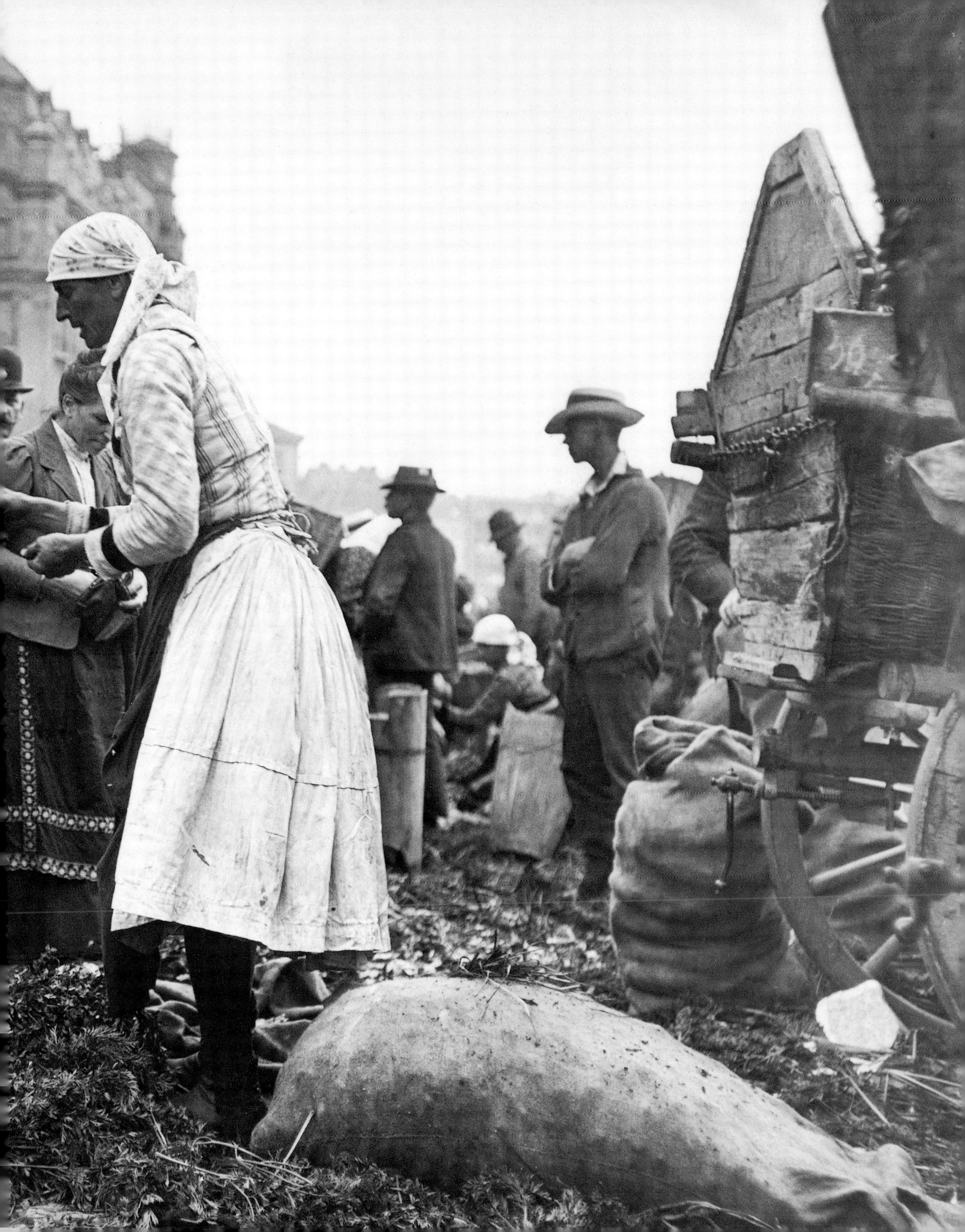

Der Wiener Naschmarkt

ten Himmel und der Zeigernadel der Badezimmerwaage immer wieder zu einem deutlich sichtbaren Rechtsruck verhelfen.

Der oder die Figurbewußte ist vielleicht gut beraten, die folgenden Seiten konsequent zu überblättern. Wir sezieren die Anatomie des Genießens und begeben uns zu diesem Zweck auf einen kulinarischen Spaziergang über den Naschmarkt und an die wesentlichsten Kalorienquellen seiner Umgebung.

Das Frühstücksgulasch als Wiener Institution wurde bereits erwähnt. Am und um den Naschmarkt ist es seit vielen Jahrzehnten auf den Speisekarten zu finden. Das liegt einerseits an der nicht unbeträchtlichen Zahl von Nachtschwärmern, die in der Marktumgebung die spätnächtliche oder frühmorgendliche Endstation ihres, wie es auf gut Wienerisch heißt, „Drahrers" ansteuern. Und andererseits an der ebenfalls kopfstarken Gruppe der Marktfahrer, die hier in den frühen Morgenstunden ans Werk gehen und spätestens gegen zehn Uhr vormittags das einnehmen, was der Normalverbraucher sein Mittagessen nennt.

Meist hervorragend und schon am Vormittag erhältlich ist das Gulasch im Durchhaus, einem, wie der Name schon

Unverzichtbar für das geliebte Frühstücksgulasch: frische Zwiebeln vom Naschmarkt

sagt, zweitürigen Lokal an dem der Stadt zugewandten Ende des Marktes. Falls der Leser jedoch vom Fleischermeister Meyer auf Stand 60-65 zu hören bekommt, daß „der Wadschinken heute ausgezeichnet wär", kann er auch ohne Zögern zur Selbsthilfe schreiten. Er deckt sich auf einem der zahlreichen Gemüsestände mit Zwiebeln ein – ein richtiges Gulasch besteht im Gewichtsverhältnis von 1 zu 1 aus Fleisch und Zwiebeln – und besorgt ausreichend Majoran, Kümmel und Knoblauch. Die Zwiebeln schneidet er nudelig zu, röstet sie in heißem Fett goldgelb, streut wenige Sekunden vor Fertigstellung einen Eßlöffel Rosenpaprika dazu und löscht dann rechtzeitig mit Wasser ab, bevor der Paprika anbrennt und bitter wird. Zu dem Ganzen fügt man den in gleichmäßige Stücke geschnittenen Wadschinken und, pro Kilo Gulasch einen Eßlöffel Tomatenpüree, einen halben Löffel Majoran, einen Viertellöffel Kümmel, eine Knoblauchzehe und ein kleines Stück Zitronenschale bei, all das möglichst kleingehackt. Es folgt die stundenlange Geduldsprobe, das Gulasch zugedeckt, mit ganz wenig Flüssigkeit langsam butterweich dünsten zu lassen. Jeder Versuch, den Vorgang zu beschleunigen, führt unweigerlich in die Katastrophe. Erst am Schluß gießt man noch etwas Flüssigkeit

Wien ißt anders

Etwas figurfreundlicher als die klassische Wiener Küche: das breite Meeresfrüchteangebot

zu und läßt alles noch einmal aufkochen. Über die verschiedenen Varianten des Servierens, als „Fiakergulasch" mit Würstel, Semmelknödel und Essiggurkerl, als „Herrengulasch" verziert mit einem zusätzlichen Spiegelei und was der Dinge mehr sind, mache man sich in den Lokalen rund um den Naschmarkt durch Ausprobieren kundig. – Es ist immer ein Genuß!

Ebenfalls als Katerfrühstück des Wieners etabliert, allerdings auch als Mittagessen, Abendessen, „Drüberstrahrer" zu späten Nachtzeiten und auch zwischendurch hoch geschätzt, ist die heiße Wurst, als Wiener Genußtradition ein historisches Relikt aus den fleischknappen Zeiten nach den Napoleonischen Kriegen. Auf dem Naschmarkt begegnet man ihr am vielleicht phantasievollst dekorierten aller Stände, in einem Durchgang zwischen zwei Standzeilen im stadteinwärts gelegenen Marktdrittel: „Ich bin ein Wiener Würstelmann/der niemand hungern sehen kann/drum eßt's was geht/von meiner Wurst/nehmt's Senf dazu/a'Bier für'n Durscht/dann halt's es aus.../–bis z'haus!" – So reimt der Würstelstandler Ehrenreich auf einem in entzückend naivem Stil bemalten Schild. Ein anderes nimmt die in Wien eigenartigerweise immer latent vorhandene und

Der Wiener Naschmarkt

"Warum wir streiten?
Du sein Wurst – ich sein
Wurst ..."

auch auf dem Naschmarkt gelegentlich endemische Fremdenfeindlichkeit aufs Korn: "Warum wir streiten? Du sein Wurst – ich sein Wurst – uns beide böse Menschen sowieso aufessen!"

Zwischen den Schildern reicht Herr Ehrenreich mit Grandezza dampfende Würstel, die nur in Wien "Frankfurter", auf dem Rest des Planeten aber "Wiener" heißen, gegrillte Käsekrainer, aus denen beim Aufschneiden der geschmolzene Käse fließt – und den köstlichen Leberkäse, nicht ohne bei der Bestellung zu fragen: "Normal? Oder vom Pferd?"

Figurbewußte werden um solche Ungeheuerlichkeiten einen weiten Bogen machen und sich in die Gewölbe der "Nordsee" retten, die ihre Karriere dem unaufhaltsamen Aufschwung der Tiefkühltechnologie in den vergangenen hundert Jahren verdankt: Ausgestattet mit einer Fangflotte, die in die wahrscheinlich erste Kühlkette Europas lieferte, begann sie schon vor Jahrzehnten frischen Meeresfisch nach Österreich zu importieren und schaffte sich bei den Naschmarkt-Gourmets genug Freunde, um den Betrieb von mittlerweile drei nebeneinander

Wien ißt anders

gelegenen Pavillons rentabel erscheinen zu lassen. Von den Morgenstunden an serviert man hier gegrillten Fisch und Krustentiere, gratinierte Muscheln und hervorragende Austern und dazu den standesgemäßen Chablis oder Chardonnay zu fairen Preisen.

Dem Böhmischen Erbe der untergegangenen Monarchie dagegen begegnet man in Reinkultur auf Höhe des Theaters an der Wien in Form der „Palatschinken-Kuch'l". Hier rüsten kundige Hände die in Wien „Palatschinken" genannten, möglichst hauchdünnen Pfannkuchen aus Milch, Mehl und Ei mit einem nahezu endlosen Variationsreichtum von Füllungen zu hochbrisanten Kalorienbomben auf. Neben den klassischen Variationen „Erdbeermarmelade", „Marillenmarmelade" und „Schoko-Nuß" sei der Neuling im speziellen auf die urwienerische „Topfenpalatschinke" hingewiesen. Sollten die geneigten Leser mit dem österreichischen Idiom nicht völlig vertraut sein, so haben sich hier wohl schon wieder gewisse Verständnisschwierigkeiten eingestellt. Wir übersetzen: „Marille", so heißt in Österreich die Aprikose, „Marmelade" die Konfitüre und „Topfen" – das ist der schlichte Quark.

Zurück zur Palatschinke und verwandten Köstlichkeiten: Importiert wurden sie vom Küchenpersonal, das die im vorigen Jahrhundert explosiv wachsende Kaiserstadt vor allem aus dem Staatsgebiet des heutigen Tschechien zu beziehen pflegte. Die eigentlich Böhmische Mehlspeiskultur gewann rasch derartige Beliebtheit, daß sie heute als eine der tragenden Säulen der weltberühmten Wiener Küche gilt. Wer sich eigenhändig in dieser kalorienreichen Art von Traditionspflege versuchen möchte, deckt sich mit den entsprechenden Früchten zweckmäßigerweise auf dem Naschmarkt ein. Im Hochsommer zum Beispiel, wenn die Marillen zu einigermaßen vertretbaren Preisen zu haben sind, beschafft man sich eine ausreichende Menge davon, ebenso eine Quantität mehliger, also nicht festkochender Erdäpfel – und schreitet daheim zur Tat: Zu einem Kilo Erdäpfel, die man nach dem Kochen heiß schält und rasch zu einem Brei passiert, mischt man 30 Deka Mehl, 2 Eßlöffel Rahm, einen Klacks Butter, ein Ei und – nach Geschmack – ein wenig Salz. Diesen Teig rollt man halbzentimeterdick aus, schnei-

Wiens Austern-Epizentrum: die Nordsee-Stände beim Markt-Eingang

Der Wiener Naschmarkt

Palatschinken, die geliebten Kalorienbomben in ungezählten Varianten.

det ihn zu Vierecken und schlägt jeweils eine Marille in so ein Viereck. Besonders resolute Naschkatzen stoßen vorher aus jeder Marille den Kern heraus und ersetzen ihn durch ein Stück Würfelzucker. Man kocht die so entstehenden Knödel einige Minuten lang in leicht gesalzenem Wasser. Am Schluß werden die Marillenknödel in gerösteten Semmelbröseln gewälzt und mit Staubzucker bestreut. Eine von vielen Alternativen für andere Jahreszeiten: Man rollt den Teig dünn aus, bestreicht ihn zur Hälfte mit Zwetschkenmarmelade, sogenanntem Powidl, klappt die andere Hälfte darüber, sticht kleine Tascherln aus und kocht diese 2 Minuten lang in leicht gesalzenem Wasser. Es folgt das bereits erwähnte Bad in gerösteten Semmelbröseln und die anschließende Staubzuckerdusche – voila! – Die legendären Powidltascherln sind servierfertig!

Auf eine andere und wesentlich jüngere Art von Kulturerbe stößt der kulinarisch interessierte Entdeckungsreisende vorwiegend in jenen Lokalen, die sich an der Wende von den siebziger Jahren zu den achtziger Jahren unseres Jahrhunderts rund um den Markt angesiedelt haben:

„Szenelokale" nannte man solche Etablissements damals und wie so vieles sind auch sie zum größten Teil irgendwann wieder aus dem Stadtbild verschwun-

Wien ißt anders

Inzwischen prototypisch für den Naschmarkt: Türkisches Kebab

den. Die legendäre „Gärtnerinsel" zum Beispiel, in der sich viele Jahre lang alle trafen, die dem Nonkonformismus frönten, – fort! Oder das „Cafe´ Dobner", wo eine transsexuelle Kellnerin auf die arglose Frage nach einem Aschenbecher zwei Marmortischchen auseinanderzurücken und wortlos auf den Boden zu deuten pflegte – zum Drogeriemarkt mutiert!

Eines der wenigen Überbleibsel ist das „Schmauswaberl", benannt nach einem alten Wiener Dialektbegriff, der eine Person beschreibt, welche Speisereste von großen Festtafeln zusammenrafft, um sie dann zu billigen Preisen an Minderbemittelte weiterzuverkaufen. – Eine frühe Form von Recycling, die auf Maria Theresias Zeiten zurückgeht. Hier im Schmauswaberl sieht man die letzten Aufrechten zu später Stunde melancholisch mitwippen, wenn auf einem altersschwachen Cassettenrecorder Jimmy Page, Eric Clapton und andere Idole von einst die Elektrogitarre geißeln. Meldet sich dann, gelegentlich befeuert von etwas unförmigen, sehr aromatisch riechenden selbstgedrehten Zigaretten, der Hunger, so greift man zu den Standards der Beisl-Kost, die sich in der Tat durch ihren Hang zum Recycling auszeichnen. Unverzichtbar sind in solchen Momenten zum Beispiel Schinkenfleckerln: Das sind kleine viereckige Nudeln, gemischt mit

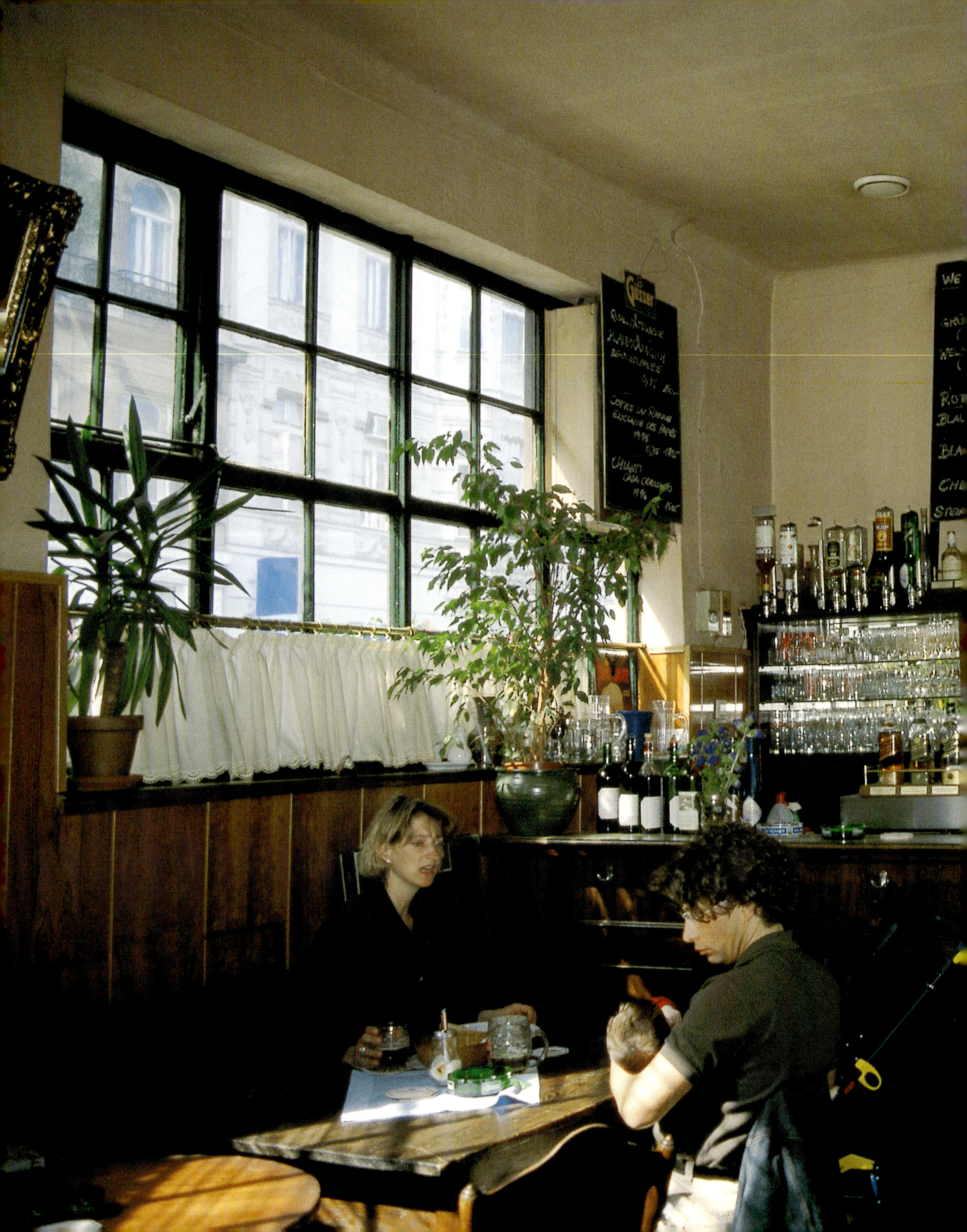

HAUSBRÄNDE	2cl
MARILLE	
BIRNE	$ 20.-
OBSTLER	
MURAUER BIERBRAND	$ 25.-
GRAPPA	
TREBERNBRAND	
2 JAHRE IM BARRIQUEFASS	
GELAGERT 2cl	$ 35.-
AVERNA	
SBK. KRÄUTERBITTER 2cl	$ 30.-

BELLINI 1Glas	40.-
VODKA MIT FEIGE	$ 30.-
BLOODY MARY	$ 60.-

Der Wiener Naschmarkt

Beisl-Boom oder Beisl-Sterben?
Wien erlebt beides synchron.

angeröstetem Selchfleisch und fallweise in einer feuerfesten Form mit Käse überbacken.

Beisl – hier sind wir bei einem Stichwort angelangt, das nähere Betrachtung verdient. Der Begriff ist, wie so vieles in Wien, ein wenig vage. Sein Inhalt bewegt sich zwischen so gegensätzlichen Interpretationen wie „bodenständiges Wirtshaus" und „auf vorwiegend nachbarschaftliche Klientel eingerichtetes, resopalverkleidetes Vorstadt-Espresso". Sucht man den gemeinsamen Nenner, dann liegt er wohl in der meist familiären und immer ungezwungenen Atmosphäre, die das „Beisl" im Sprachgebrauch des Wieners vom wesentlich hochgestocheneren „Restaurant" unterscheidet. Die inhaltliche Bandbreite des Wortes erlaubt es den Bewohnern der Donaumetropole, im praktisch gleichen Atemzug einen „Beisl-Boom" zu registrieren und ein „Beisl-Sterben" zu beklagen. Beides berechtigterweise, denn in den letzten fünfundzwanzig Jahren fand ein massiver Generationswechsel in der hauptstädtischen Gastronomie statt: Junge, experimentierfreudige Gastwirte eröffneten reihenweise Lokale mit teilweise phantasievollen Namen, manchmal designpreisverdächtigem Styling, meist sehr ansprechender Küche und das auch noch mit zuweilen nachhaltigem Erfolg.

Die Protagonisten der sogenannten „Neuen Wiener Küche" stellten als Kinder einer Zeit, die vom Höhepunkt der „Bio-Welle" und einer allgemeinen, politisch „grün" angehauchten Zurück zur Natur-Sehnsucht geprägt war, zehn Gebote in den Raum, die in mancher Hinsicht einen radikalen Bruch mit den Traditionen der klassischen Wiener Küche darstellen. Im 1999 erschienenen „Lebensmittelreport" der Autoren Nohel, Payer und Rützler finden sich zehn Gebote für diesen Kochstil:

„1. Nur frische Produkte höchster Qualität.
2. Produkte nur dann verwenden, wenn sie am schmackhaftesten sind.
3. Betonung des Eigengeschmacks durch natürliche Würzung.
4. Vitamine, Mineralstoffe und Eigengeschmack sollen nicht durch lange Garzeiten beeinträchtigt werden.
5. Konserven sind verpönt.
6. Gerichte nur frisch zubereiten und servieren.
7. Auf dicke Saucen und Schwerverdauliches verzichten.
8. Statt Mehl sollen Obers, Butter, Gemüsesaft oder Eier als Bindemittel dienen. Die alten österreichischen Rezepte sollen nicht reformiert, sondern die traditionelle Karte soll durch neue, dem Geschmack und den Bedürfnissen unserer Tage angemessene Kreationen ergänzt werden.
9. Die Wiener Küche gebärdet sich nicht exotisch und wird die Neue Französische Küche nicht kopieren, sondern mit einheimischen Materialien das kochen, was dem österreichischen Geschmack entspricht.
10. Die Menüzusammenstellungen sollen abwechslungsreich sein, und die Präsentation soll auch das Auge befriedigen.

So mancher Wirt eines solchen Beisls neuen Zuschnitts wurde mit einer der begehrten „Hauben" gekrönt. Viele erfreuen sich regen Zuspruchs. Während aber solche Lokale von Erfolg zu Erfolg eilten, schloß still und heimlich ein traditionelles Vorstadtwirtshaus nach dem anderen für immer seine Pforten.

Es grenzt heute schon fast an eine archäologische Unternehmung, will man einen echten Prototyp des Wiener Beisls mit traditioneller Einrichtung, traditioneller Küche und entsprechender Klientel ausfindig machen. Der Neugierige ist eingeladen, vom stadtauswärtigen Ende des Naschmarktes aus die Rechte Wienzeile zu überqueren und durch das vor ihm liegende Gassengewirr in die Pressgasse vorzudringen. Dort wird er an einer Straßenecke ein grüngestrichenes Schild mit dem Namen „Ubl" entdecken und darunter die Tür zu dem, was ein Wiener Restaurantkritiker knapp vor der Jahrtausendwende als „Urgestein der Wiener Beislszene" bezeichnet und gleich wie folgt präzisiert: „Letzte architektonische Veränderungen in den dreißiger Jahren. Speisekarte ähnlich geartet." In diesem

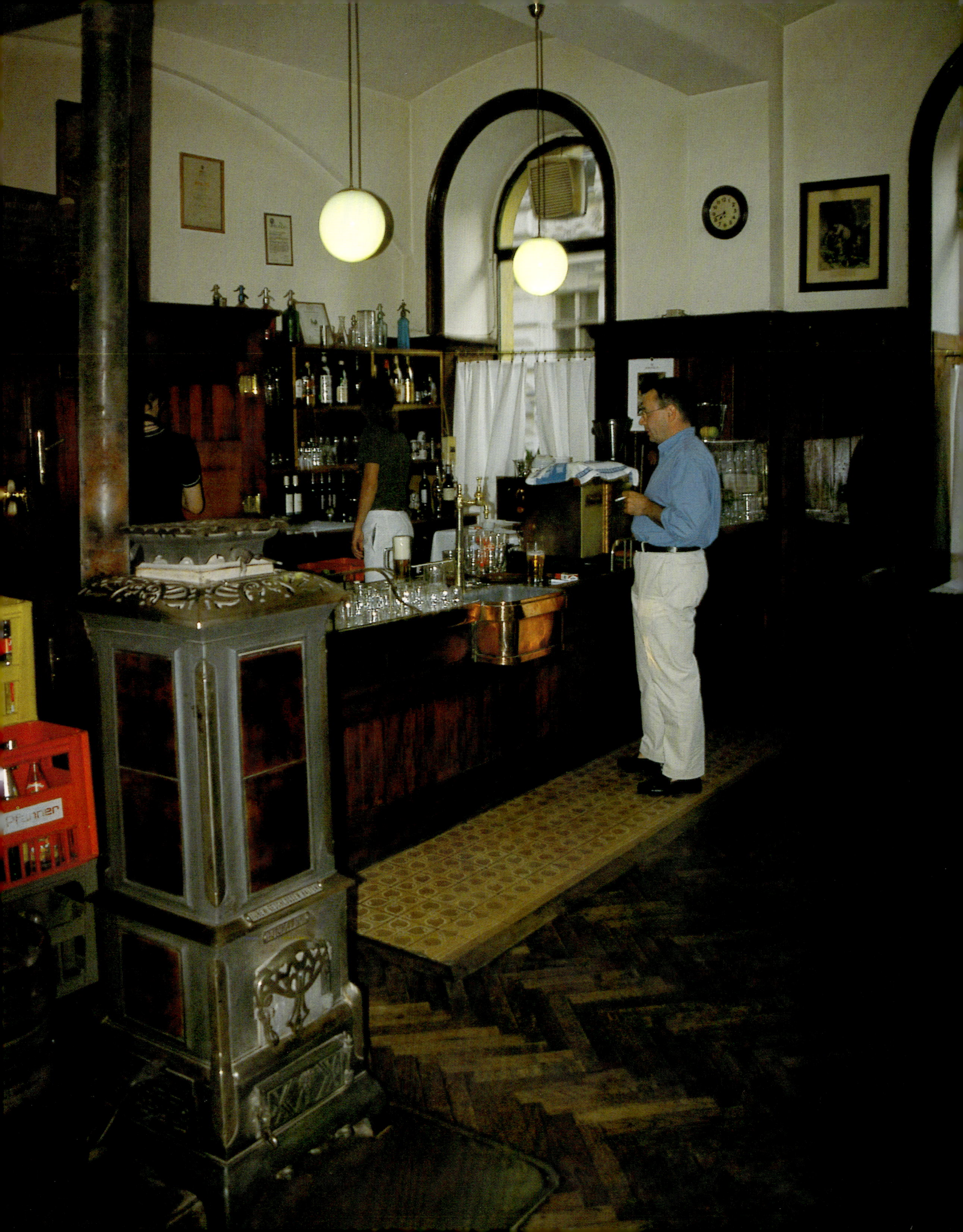

Wien ißt anders

unprätentiösen Rahmen nimmt auf angejahrten Holzstühlen eine bunte Mischung von Stammkunden Platz, die eines gemeinsam hat: die Liebe zu deftiger urwienerischer Küche, ehrlichem Schankwein und gepflegtem Bier. Ortskundige identifizieren unter den Gästen einen auffallend hohen Anteil an Prominenz und Kenner entdecken in der Speisekarte einen letzten authentischen Rest der langsam, aber doch vergehenden Glorie des Alten Wien. Vielerorts längst out, beim Ubl jedoch nach wie vor zu genießen, ist der kreative Umgang mit Innereien. Man versuche sich zum Einstieg einmal am Beuschl. – Das ist auf gut Deutsch die Lunge, weshalb eine starke Zigarette in Wien gelegentlich als „Beuschlreißer" tituliert wird.

Ein frisches Kalbsbeuschel kocht man eine gute halbe Stunde lang in reichlich Wasser mit einem Schuß Essig, ein wenig Salz, etwas Zitronenschale, ein paar Gewürznelken und Pfefferkörnern sowie einem Lorbeerblatt und Thymian. Danach schneidet man es in feine Streifen. Für die dazugehörige Sauce röstet man ein wenig Mehl in Butter zur klassischen Einbrenn und fügt fein gehackte Essiggurken, grüne Petersilie, Sardellen, Kapern und Zitronenschale zu. Dann röstet man es langsam weiter, bis man das Ganze mit der Beuschelsuppe zu einer dickflüssigen Sauce aufgießen kann, die mit Senf und Zitronensaft verfeinert, noch eine Stunde kochen muß. Danach wird zum Beuschel reichlich Rahm dazugegossen und das Ganze mit einem ordentlichen Semmelknödel serviert. Man beginnt zu verstehen, was Künstler, Intellektuelle und gelegentlich auch Spitzenpolitiker regelmäßig in diesen in Würde gealterten Tempel des Deftigen und Traditionellen zieht ...

Dem weltläufigen Gegenmodell zur bodenständigen Wiener Küche begegnet man mittlerweile an jedem zweiten Naschmarktstand: Je exotischer, heißt es, desto besser. In der Tat hat sich in eigentlich atemberaubendem Tempo eine kulinarische Internationalisierungswelle um den Planeten bewegt und spät, aber doch auch Wien erfaßt. Es ist heute schwer vorstellbar, daß in dieser Großstadt Anfang der siebziger Jahre gezählte drei China-Restaurants, vier Griechische Tavernen

Warum die Europa-Norm wohlweislich einen Bogen macht: das Seidl, nach dem Krügerl Wiens zweitliebste Maßeinheit.

161

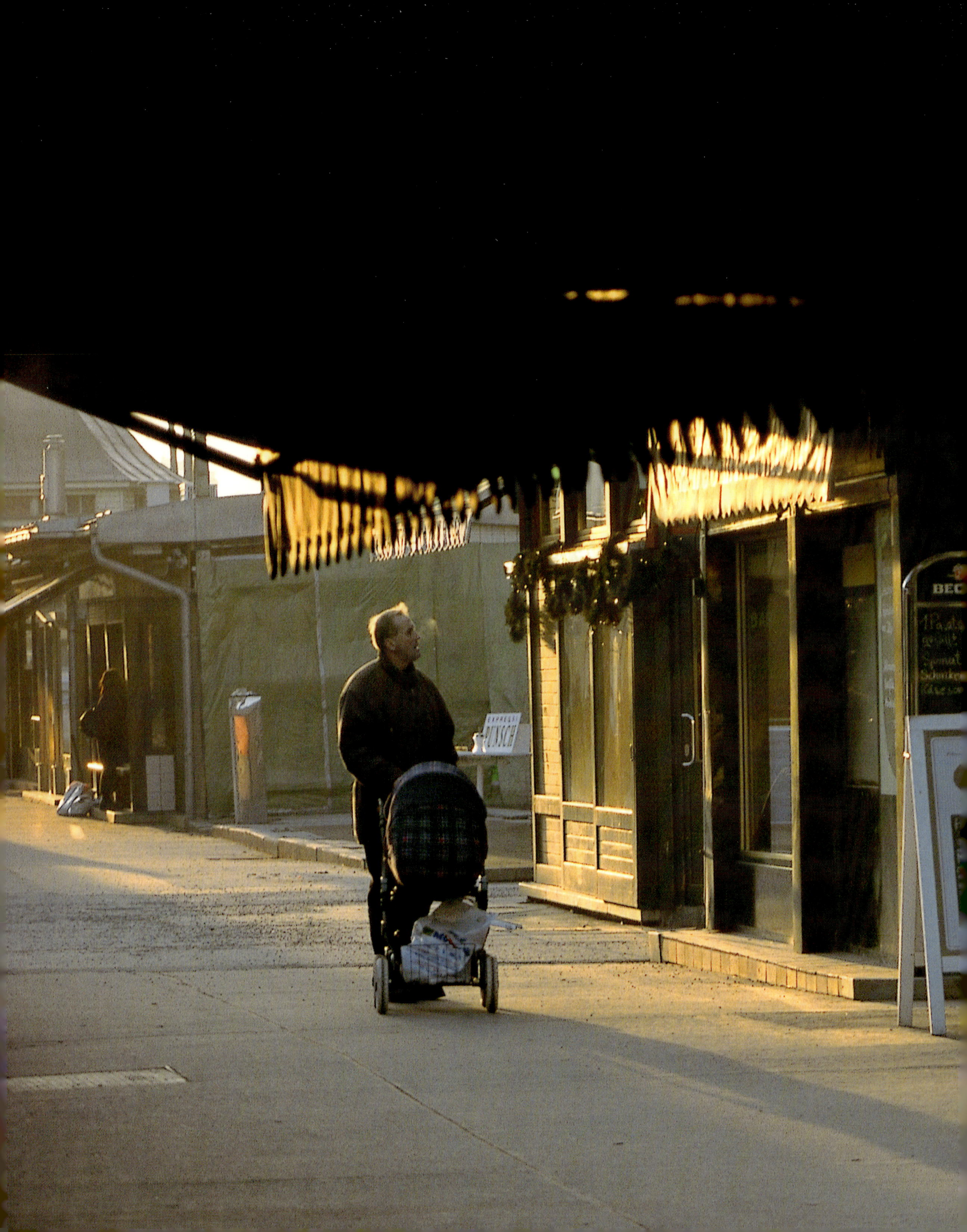
PUNSCH

KÄSEBAR   Akakiko

Akakiko
Japanisch essen mit Hit

SCHNAITL

DAUER-AKTION:

Zu jeder Hauptspeise:

- japanischer Genmaitee
- Salat
- kleine Nachspeise

GRATIS!

Auch beim Mitnehmen

Akakiko

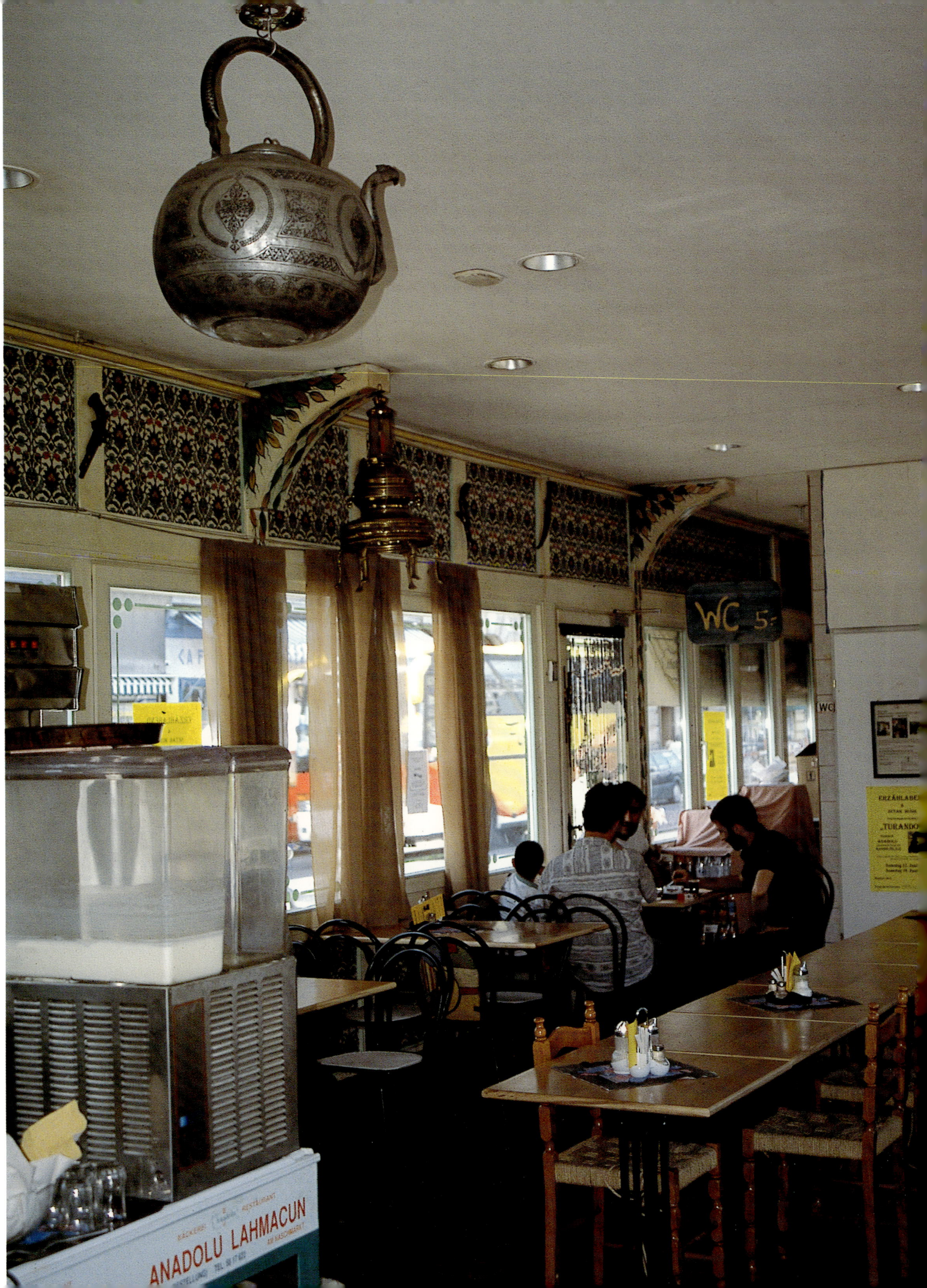
WC 5,-
WC
ANADOLU LAHMACUN

Wien ißt anders

Je exotischer, desto lieber: Sushi erobert den Naschmarkt.

und keine einzige Pizzeria existierten! Pioniere internationaler Eßkultur waren übrigens schon damals am Naschmarkt daheim: Bei einem griechischen Importeur mit angeschlossenem Beisl konnte man sich mit Schafkäse und gefüllten Weinblättern eindecken. Und auf der Linken Wienzeile Nr. 4 lockt schon seit dem Jahre 1856 der Italien-Spezialist Riccardo Piccini mit Prosciutto, Bardolino, Grappa und Panini von derart erlesener Qualität, daß der Traditionsladen von einer prominenten österreichischen Lebensmittel-Fachzeitschrift mit dem Einzelhandels-„Oscar" ausgezeichnet wurde. Neuerdings gibt es übrigens, direkt ans Geschäft angeschlossen, das empfehlenswerte Restaurant „Piccolo Gourmet", das eine erlesene Auswahl von Piccinis festen und flüssigen Importen auf den Tisch bringt.

Ihre Pionierzeit hat die multikulturelle Kulinarik in Wien längst hinter sich gelassen: Heutzutage findet man auf dem und rund um den Naschmarkt praktisch alles, was die Erde an Köstlichkeiten zu bieten hat: Hier schneidet ein Anatolier routiniert duftendes Kebab in eine Blechschaufel, um es dann mit geübtem Schwung in einem Sesambrot zu plazieren und dem hungrigen Kunden zu

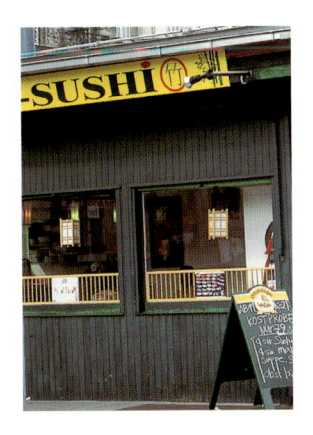

ORIGINAL
GRIECHISCHE WEINE

SAMOS
METAXA
OUZO
RETSINA
USW.

Hirter

Wien ißt anders

überreichen. Dort zaubert ein Koreaner aus rohem Fisch und Reis kleine Sushi-Kunstwerke und ein paar Stände weiter locken orientalische Süßspeisen, Mandeln, Pistazien und getrocknete Aprikosen. „Ricardos Cous-Cous" serviert Frisches aus dem Maghreb und ein Inder bietet Mullingatawny mit echter Kokosmilch. In der ohnehin mit exotischen Spezialitäten überladenen Auslage eines China-Importeurs wirbt ein handgeschriebener Zettel für Chinesische Glückskekse und wenn man an einem der wenigen Stände vorbeigeht, an denen noch prototypische Wiener regieren, so hört man selbst diese bisweilen in fließendem Englisch mit japanischen Touristen parlieren. Zwischen wienerischen Lokal-Klassikern wie „Drechsler" und „Gräfin am Naschmarkt" drängen sich Chinarestaurants, griechische Gyrosläden und Sushibuden im Dutzend. Hier am Naschmarkt ist Wien am mit Abstand lautesten, buntesten und multikulturellsten. Denn fast alles, was die Welt bewegt, manifestiert sich am schnellsten und augenfälligsten an Epizentren wie diesem. Auch jenes Kulturphänomen, das man „Globalisierung" nennt. Beruhigend nur, daß auch das „globalisierte" Wien in vielen seiner Eigenschaften wie versprochen Wien bleibt.

Alle Köstlichkeiten dieser Erde: Wien genießt global.

Tag und Nacht
im Bauch der Stadt

Das Naschmarktviertel für
Bummler, Gourmets und Strawanzer

Wenn sich eine Großstadt dadurch auszeichnet, daß man sich in ihr rund um die Uhr verköstigen und amüsieren kann, dann ist das Naschmarktviertel ein prototypischer Ausweis für Wiens Metropolentum. Das liegt an den allgemein höchst restriktiven Sperrstundenregelungen, welche die Stadt ihrer Gastronomie auferlegt – und an der kleinen Ausnahme, die man im Interesse der frühaufstehenden Marktfahrer zugelassen hat: Rund um den Naschmarkt können Lokale nach Belieben öffnen und schließen und sie tun es auch. Zwar lassen die Marktstände pünktlich um 18 Uhr ihre Rolläden herunter, aber rundherum öffnen sich beinahe ungezählte Möglichkeiten, den Tag, den Abend und sogar die ganze Nacht herumzukriegen.

Der Morgen beginnt standesgemäß – und zu beliebigen Zeiten – im bereits erwähnten Cafe Drechsler. Im Morgengrauen teilt man sein in Würde ergrautes Ambiente mit einer bunten Mischung von Marktstandlern, späten Nachtschwärmern und unermüdlichen Alkoholkonsumenten, betreut von Kellnern, denen wenig Menschliches fremd ist. Der Autor selbst beobachtete am Übergang eines sehr späten Abends in den sehr frühen Morgen einen Kellner, der ein Frühstücksgulasch an zwei mehr als angeheiterten Stadtstreichern vorbeibalancierte. Der eine der beiden abgerissenen Gäste entledigte sich plötzlich, ohne Vorwarnung und höchst geräuschvoll seines Abendessens auf den Boden des Lokals. Was anderenorts zu einem Tobsuchtsanfall des Personals geführt hätte. Der Drechsler-Kellner äußerte nicht mehr als ein indigniertes „Na, na!" und trug sein Gulasch ungerührt weiter.

Mit ähnlich überlegener Ruhe hat das Drechsler den Verwandlungsprozeß ignoriert, dem Wiens Kaffeehaus-Szene in den letzten drei Jahrzehnten ausgesetzt war: Vor die Wahl gestellt, sich zur Touristenattraktion hinzurenovieren wie das Cafe Schwarzenberg, die Einrichtung breitenwirksam zu verunstalten, oder sang- und klanglos zuzusperren wie das benachbarte Cafe Dobner, wählte Herr Drechsler, in dritter Generation den Familienbetrieb führend, den wienerischen Mittelweg: nicht zu renovieren, nichts zu verändern und zäh weiterzumachen, – belohnt mit einer Rolle als Institution von vorbildlicher Kontinuität.

Wer die Wiener Tradition des Müßiganges hochhalten möchte und zu diesem Zweck einen Vormittag nach Art der legendären Kaffehaus-Literaten „nicht daheim und doch nicht an der frischen Luft" mit der Lektüre von Zeitungen und dem Konsum von „Kleinen Braunen" oder „Einspännern" zubringen möchte, vielleicht verlängert durch eine Partie Billard, dem bietet sich zum „Drechsler" noch eine historisch kostbare Alternative: Nicht weit vom Hintereingang des Theaters an der Wien öffnet sich an einer Straßenecke der Gumpendorferstraße die aus geschliffenen Gläsern zusammengesetzte Tür des Cafe Sperl, wo in den letzten Jahren des 19. Jahrhunderts die nachmaligen Gründer der Wiener Sezession über ausländischen Kunstzeitschriften brüteten und den radikalen Bruch mit dem etablierten Kunstverständnis ihrer Zeit vorbereiteten.

An dieser Stelle ein Caveat für angehende Kaffeehausbesucher: Wählen Sie Ihre Worte vorsichtig, Sie befinden sich auf geheiligtem Boden! Wie Bayern vom Rest der Welt durch den „Weißwurstäquator", so ist Wien vom übrigen Planeten durch den „Kaffeeäquator" getrennt. Spricht man dieses Getränk weiter im Nordwesten an, so heißt es zackig „KAFF-e" und erinnert durch die Assoziation mit „Kaffer" vielleicht an die längstvergangene Kolonialwaren-Ära. Der Wiener hingegen singt „Ka-FEE" – und irgendwo in dieser Lautmalerei schwebt ein Zauber-

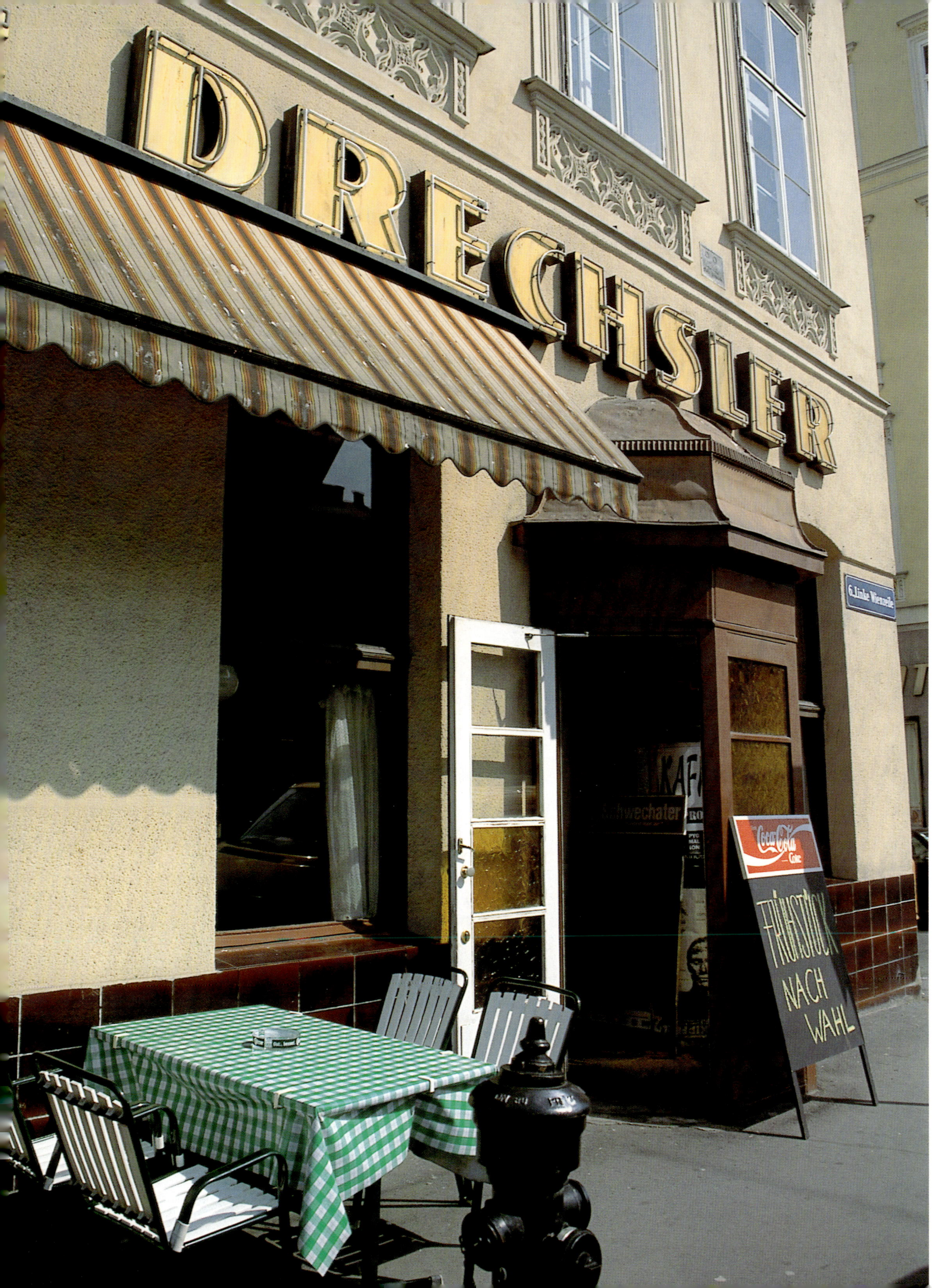
DRECHSLER
Coca-Cola
Coke
FRÜHSTÜCK
NACH
WAHL

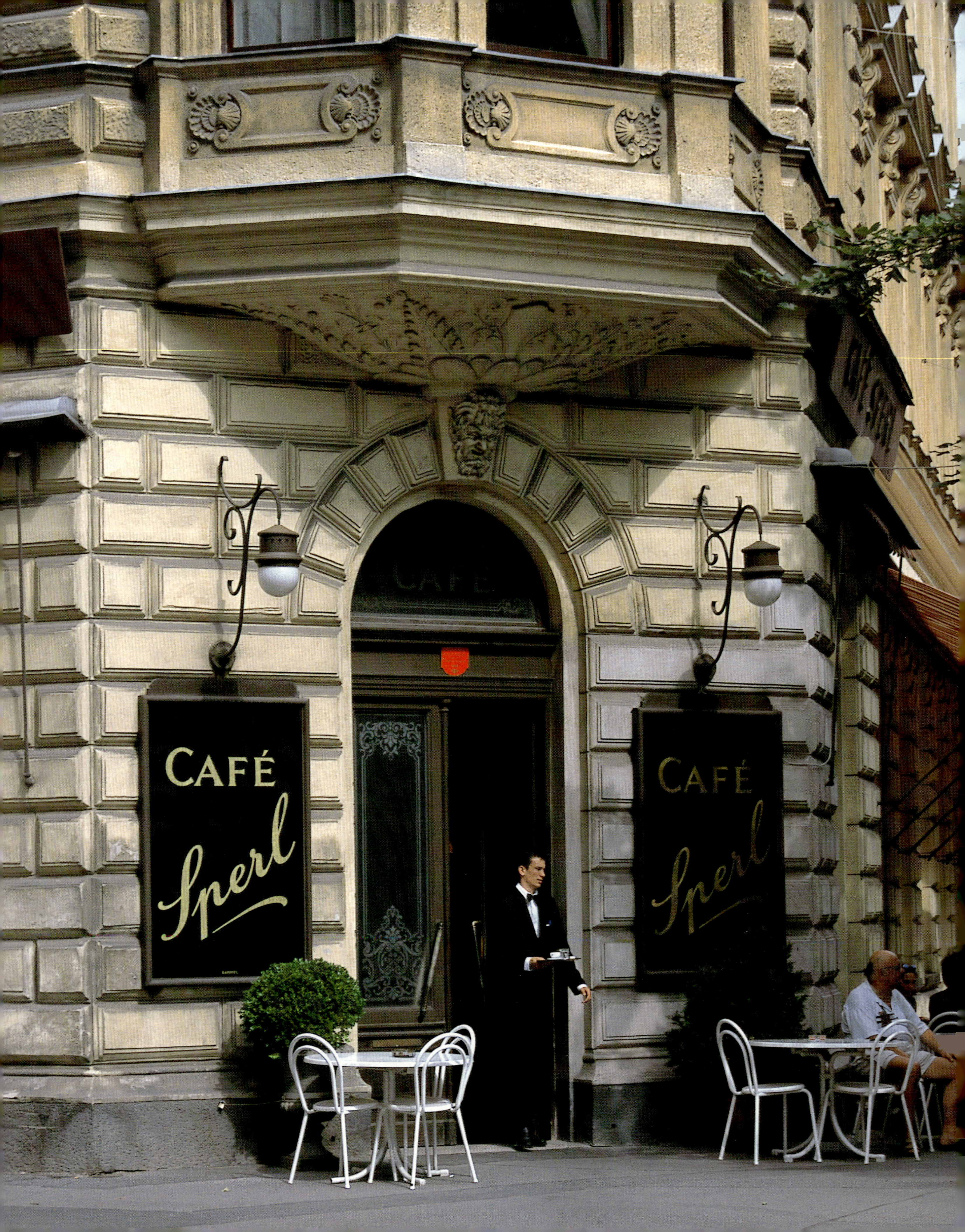
CAFÉ
Sperl
CAFÉ
Sperl
CAFÉ

wesen herum, das Entspannung und Belebung verspricht und ein Fest für die Sinne. Dementprechend heikel ist auch der Umgang mit den schwarzen Bohnen: Was anderswo kritiklos als Kaffee durchgehen würde, entlockt dem Wiener nur ein mitleidiges: „Hearst! Dem muaßt ja aus der Tassn hölfn, so schwach is der!" oder ein angeekelt-vernichtendes „G´schloder!" Und ganz gleich ob KAFF-e oder Ka-FEE: Verlangt der Uneingeweihte von einem Wiener Kaffeehauskellner schlicht und einfach diesen, so wird der Gott in Schwarz zu devoter Bewegungslosigkeit erstarren und leise fragen: „Welchen, bittschön?"

In der Tat hat man in Wiens Kaffeehäusern die Zubereitung des Getränks zu beinahe unüberschaubarem Variantenreichtum perfektioniert. Hier nur die wesentlichsten Eckpfeiler der Wiener Kaffeekultur: Zu nennen sind der kleine und der große Mokka, auch Espresso oder einfach „Schwarzer" gerufen. In der schonenden Variante wird ein kleiner Schwarzer mit heißem Wasser auf das Volumen eines großen Schwarzen aufgefüllt und nennt sich dann „Verlängerter".

Die Zufügung einer kleinen Menge Obers oder Milch macht aus den „Schwarzen" im Handumdrehen „Braune", groß, klein oder verlängert, je nach Wunsch. Verlangt man dagegen eine „Melange", so erhält man Kaffee, im Verhältnis 50 zu 50 mit schäumend gesprudelter Milch versetzt. Um diese Standards gruppieren sich Originale wie der „Einspänner", ein kleiner Mokka, garniert mit Schlagobers und Staubzucker, und in einem speziellen Glas serviert, der „Franziskaner", ein kleiner Mokka mit viel Milch und schokoladestreuselverziertem Schlagobershäubchen oder der „Kapuziner", ein kleiner Mokka, der mit höchst sparsamer Zugabe von Obers oder Milch auf die charakteristisch dunkelbraune Farbe der Kutte eines Kapuzinermönchs getrimmt wird. Ebenfalls gängig ist ein italienischer Gaststar, der Cappuccino: ein kleiner oder großer Espresso mit kakaopulverbestreutem Milchschaum, welcher leider immer häufiger mit seiner nahen Verwandten, der Melange verwechselt wird. Nicht unerwähnt bleiben sollte auch der köstliche Eiskaffee, in Wien bestehend aus Vanilleeis, das in schlagobersbedecktem Kaffee serviert wird.

Ob hinter diesem Zeremoniell nicht auch ein bißchen Wiener Schmäh steckt? Der große Wiener Kabarettist Karl Farkas zeigte in einem seiner berühmtesten Sketches den Kaffehauskellner, der nichtsahnende Wienbesucher durch hartnäckiges Nachfragen nach der gewünschten Zubereitungsart halb zur Verzweiflung treibt, schließlich feierlich die Bestellung eines Kapuziners, eines Einspänners und eines Verlängerten entgegennimmt und dann in der Küche diese Bestellung, wie folgt, formlos weitergibt: „Drei Kaffee auf Tisch zwei!"

Man könnte sowohl im Drechsler als auch im Sperl den ganzen Tag und einen guten Teil des Abends verbringen, aber mittlerweile öffnen andere Lokalitäten rund um den Markt, die durchaus einen Besuch wert sind: Zum mittäglichen Imbiß laden das bereits erwähnte „Piccolo Gourmet" mit köstlichen italienischen

Der Wiener Naschmarkt

Samstagvormittag im Savoy.

Spezialitäten, das erst vor kurzem eröffnete modernistische „Theatercafe" neben dem Theater an der Wien und eine ganze Reihe von griechischen, chinesischen und balkanorientierten Beisln rund um den Markt.

Ernsthaft unübersichtlich wird die Auswahl, wenn sich der Abend über den Naschmarkt senkt. Hat man keine Karten für das aktuelle Musical im Theater an der Wien, kann man die Gelegenheit zu einem frühen Abendessen nützen und dieses mit einer Reminiszenz an die Kellerkabarett-Szene verbinden: Etwas stadtauswärts vom Standort des samstäglichen Flohmarktes gelegen, bietet das Lokal „Spektakel" in seinem Keller täglich Liveauftritte von wesentlichen Protagonisten der höchst lebendigen österreichischen Kabarett-Szene und zu ebener Erde ein qualitativ hochwertiges Abendessen vor oder nach der Vorstellung. Ebenso ambitioniert ist die Küche im weiter stadteinwärts gelegenen „Amarcord". Mit deftiger Kost locken echte Lokal-Klassiker der Umgebung: Wen ein Ambiente aus hunderten kleinen, glühwürmchenähnlich leuchtenden Lämpchen nicht zu sehr verwirrt, der findet in der „Gräfin am Naschmarkt" bis spät in die Nacht ein breites

Tag und Nacht im Bauch der Stadt

Angebot bodenständiger Speisen. Das „Omega", eine Gründung der wilden siebziger Jahre, hat sich von seinem Ziel, eine moderne Neuauflage des Jugendstil-Cafes zu werden, längst entfernt und definiert sich heute als „Pub" mit den unvermeidlichen Spareribs auf seiner Speisekarte. Eine durchaus erwägenswerte Alternative findet sich in der Girardigasse, die Cafe Drechsler und Cafe Sperl verbindet: Die „Schwarze Katz", schon vor Jahrzehnten vom ehemaligen Schlagersänger Georges Dimou gegründet, bietet klassische griechische Küche auf hohem Niveau in familiärem Ambiente und wird von der Künstlerriege des Theaters an der Wien hoch geschätzt. Zwar durchaus einen Blick auf das gut erhaltene Jugendstil-Ambiente wert, aber des Abends vorwiegend von Männerfreunden frequentiert, ist das Savoy. Wem dies nicht behagt, wird das Lokal am Samstagvormittag heterogen besetzt vorfinden und sich vielleicht entspannter fühlen. Leider als

Typisch Naschmarktviertel: „Die Gräfin".

verloren zu bezeichnen, auch wenn es immer noch existiert, ist das „Einhorn" in der Joanelligasse, eine Gründung der Wiener Jazzlegende Uzzi Förster. Der charismatische Saxophonist, Entertainer und Showman, der sich zeit seines Lebens nicht als Musiker, sondern als „Musikant" bezeichnete, versammelte in den Räumen des „Einhorn" die Elite der heimischen Jazzszene zu legendären Jams. Nach seinem Tode 1995 blieb das Lokal zwar bestehen, aber das Jazzvolk zerstreute sich in alle Winde. Heute ist das Einhorn ein etwas angestaubtes Szenelokal und wenn man sich zu einem Bier auf einen der Barhocker setzt, bleibt nur mehr die wehmütige Erinnerung an ekstatische Jazzoriginale, die einst die Räume belebt haben.

Verläßt man zu später Stunde das Einhorn, dann braucht man nur die Straße zu überqueren, um bis zum Morgengrauen weiterzufeiern: „Salz & Pfeffer" heißt die Institution und sie bietet in einem höhlenähnlichen Ambiente, vollgestopft mit tiefen, weichen Fauteuils, dem hungrigen Nachtschwärmer bis vier Uhr Morgens eine komplette Restaurant-Speisekarte, was Nacht für Nacht eine beträchtliche Zahl von Strawanzern und Strawanzerinnen in die Joanelligasse zieht.

Was übrigens die Sicherheit bei nächtlichen Unternehmungen in der Naschmarktgegend betrifft: Sorge ist weitgehend unangebracht.

Man kann sich am Naschmarkt wie überall in Wien zu praktisch jeder Tages- und Nachtzeit aufhalten, ohne ein drastisch erhöhtes Risiko für Leib, Leben und Eigentum einzugehen. Das ist deutlich mehr als die meisten Großstädte des Planeten von sich sagen können. Will man eine Kriminalgeschichte des

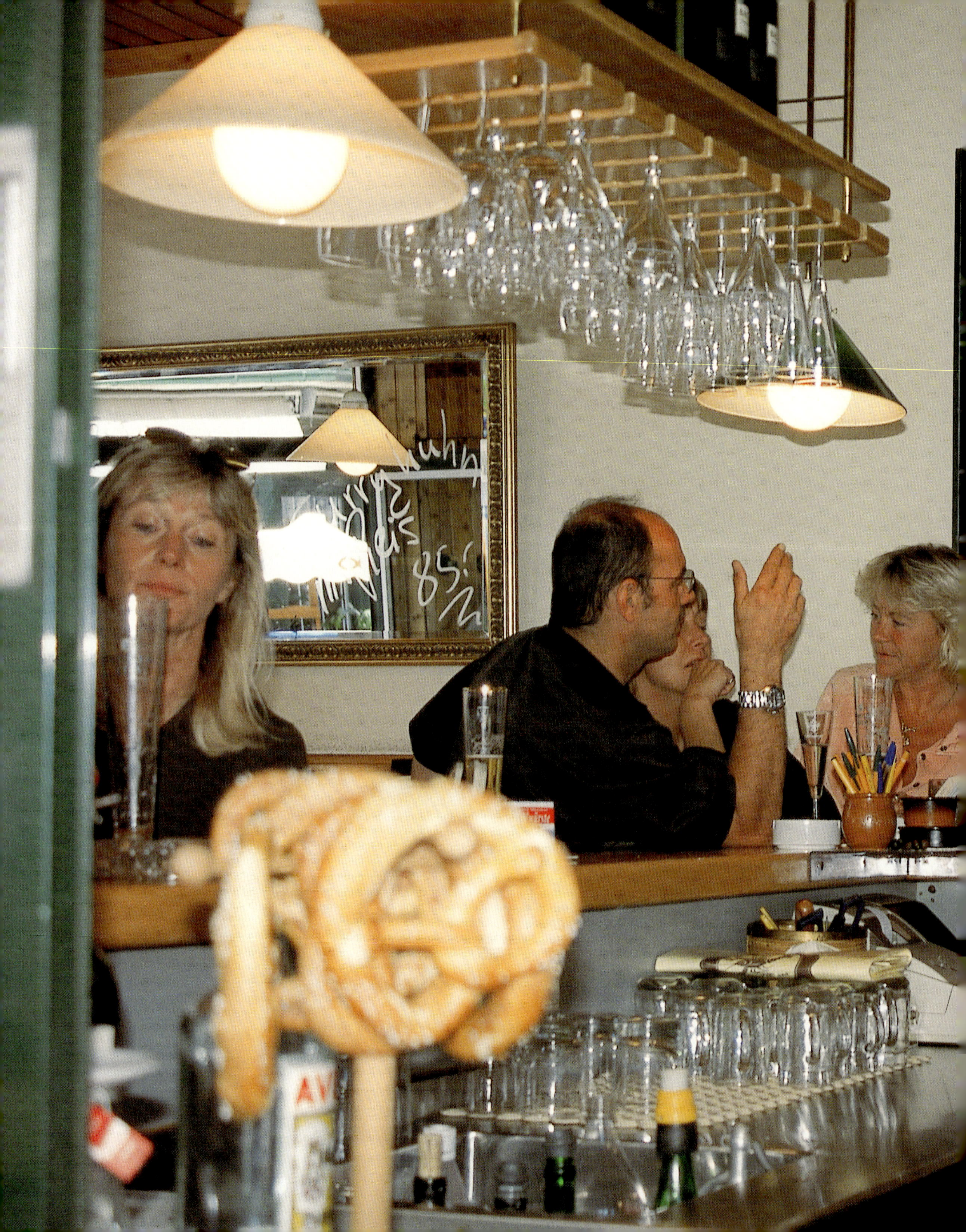

hweinsgulasch	75.-
atwurst, Senf, Kren	45.-
wurst, Kart. u.	75.-
Krautsalat	
wurst p. Stk.	24.-
filet gut	75.-
Blattsalat	
Gemüsevariation	85.-
der Ziegenkäse u.	85.-
Weinblätter u.	
oblauch-Olivenöl dr.	
fel mo... lla u.	95.-
mater	
pesse	
5.155	85.-
atschi	Grand.
nier mar.	5.-

Der Wiener Naschmarkt

Glanz und Gloria der klassischen Wiener Hausmannskost: das Gasthaus Ubl

Naschmarktes schreiben, so fällt sie, von einigen Highlights abgesehen, ausgesprochen durchschnittlich aus. Eine der ganz wenigen ungeklärten Kriminalfälle findet sich in der Chronik des benachbarten Freihauses:

Ein Trödler namens Jeremias Broda, der an minderbemittelte Bewohner des Komplexes Geld verlieh, verschwand am 9. Juli 1830, ohne Spuren zu hinterlassen. Johann Baptist Soboth soll ihn auf dem Gewissen gehabt haben, aber beweisbar war diese Vermutung nicht. Am 22. April 1865 ist der Raubmordversuch an der siebenundzwanzigjährigen Trödlersgattin Wilhelmine Obrist zu verzeichnen. Das Opfer überlebte schwer verletzt, der Täter, ein gewisser Josef Bieringer, wanderte lebenslänglich hinter Gitter. Massiver beeinträchtigt war die Sicherheit rund um den Naschmarkt in der Zeit nach dem Ersten Weltkrieg, als sich in den teilweise devastierten Stiegen und Gängen des Freihauses eine Menge Gelichter herumtrieb. Diese Phase wurde allerdings durch den Abbruch der alten Gemäuer für immer beendet. Ein wirklich berichtenswerter Übergriff wird von der Wiener

Tag und Nacht im Bauch der Stadt

Stadtchronik mit dem 11. April 1945 datiert. Während sich deutsche und russische Truppen über die Donau hinweg Artillerieduelle lieferten, fielen Zivilisten und desertierte Soldaten über den Naschmarkt her: Die Stände wurden restlos ausgeplündert, Schlägereien um die ohnehin kargen Mengen an noch vorhandenen Lebensmitteln forderten zahlreiche Verletzte. Marktstände, die den Krieg bis dahin unbeschädigt überstanden hatten, blieben als Ruinen zurück. Die Täter kamen ungeschoren davon: Weder Polizei noch Rettung ließen sich an jenem finsteren Tag am Schauplatz der Ausschreitungen sehen. Der nächste Kriminelle, der das Naschmarktviertel unsicher machte, erlangte Weltbekanntheit – war aber nichts weiter als die Erfindung eines phantasiebegabten Thrillerautors: Graham Greene erfand den „Dritten Mann", Carol Reed verfilmte ihn 1949 in den Ruinen des zerbombten Wien – und Orson Welles stieg als Harry Lime keine hundert Meter vom Markt entfernt in die Wiener Kanalisation ein, um im unterirdischen Labyrinth am Wienflußufer ein letales Showdown zu liefern. Der faktische Hintergrund der Story vom korrupten Schwarzmarkthändler bildet zugleich das nächste Kapitel der Naschmarkt-Kriminalgeschichte: Der den Karlsplatz beherrschende Resselpark und seine Umgebung, Marktgelände inklusive, waren der Hauptumschlagplatz des Schwarzmarktes in einem Nachkriegs-Wien, in dem theoretisch jedes wichtige Versorgungsgut rationiert und praktisch alles, was das Herz begehrte, erhältlich war. – Vorausgesetzt, man hatte das Geld oder Tauschwaren, es zu bezahlen. Die Bekämpfung des Schwarzmarktes nahm epische Dimensionen an: Eine Razzia jagte die nächste, Verhaftungen waren an der Tagesordnung – aber zu Fall brachte ihn nicht die Polizei, sondern vielmehr der wirtschaftliche Aufschwung, den die Stadt ab den fünfziger Jahren erlebte. Die Stelle der Schwarzmarkthändler in der Wiener Kriminalstatistik nahm dann eine sich neu formierende Unterwelt ein, die es in den sechziger und siebziger Jahren zeitweise schaffte, ihre Tätigkeitsbereiche, insbesondere den Gürtel und gelegentlich auch die Naschmarktgegend, in eine Art Wilden Westen zu verwandeln. Feuergefechte um die Reviere der „Strizzis", wie der Wiener die Gilde der Zuhälter zu bezeichnen pflegt, und ihrer „Katzen" füllten die Seiten der Boulevardpresse. Den Finger am Drücker hatten geistig nicht unbedingt hoch bemittelte, aber mit exzellenten Anwälten ausgestattete Figuren wie der legendäre „Notwehr-Krista", der einen Großteil seiner Bluttaten als quasi gerechtfertigte Abwehr eines Angriffes auf Leib und Leben

Zeichen einer neuen, multikulturellen Zeit

Der Wiener Naschmarkt

legalisieren konnte, letztlich aber doch hinter schwedische Gardinen wanderte. Ebenso legendär war die Karriere der Wanda Kuchwalek, die, dem eigenen Geschlecht zärtlich zugeneigt, einen in einschlägigen Kreisen raren Akt der Emanzipation setzte und sich der Zuhälterei zuwandte. Ihre physische Schwäche als Frau machte sie rasch durch ausnehmende Gewaltbereitschaft wett, was ihr den Spitznamen „Wilde Wanda" und in letzter Konsequenz langjährige Freiheitsstrafen eintrug. In jenen Zeiten konnte sich an ungünstigen Tagen jederzeit das ereignen, was einem ahnungslosen jungen Mann in einem noch heute existierenden Naschmarkt-Lokal wiederfuhr: Akut angetrunken und von einem naiven Selbstbewußtsein beseelt betrat er in den frühen Morgenstunden ein Beisl. An einem Tisch sah er mutterseelenallein eine sehr blonde junge Dame sitzen und versuchte, sicher nicht ohne Hintergedanken, eine Konversation mit ihr in Gang zu setzen. Es gelang mehr schlecht als recht und war endgültig zum Scheitern verurteilt, als der Galan der Dame an den Tisch zurückkehrte und sich mit den Worten „Laß den Hasn aus, der g'hört mir!" formatfüllend ins Bild rückte. Der junge Schwerenöter dürfte den Ernst der Lage zumindest zur Hälfte erfaßt haben, denn er zog sich mit einer gemurmelten Entschuldigung zurück, was sein Gegenüber mit einem verbindlichen „Guat so, Burli, weil sonst hätt i di niederschiassn müssen" quittierte. Ob sich der junge Mann daraufhin versöhnlich geben wollte oder ob ihn einfach nur der Teufel ritt – er soll jedenfalls so etwas Ähnliches gesagt haben wie „Du schaust nicht aus wie jemand, der einen niederschießt." Der Kavalier der jungen Dame verließ daraufhin wortlos das Lokal und stand drei Minuten später mit einer geladenen Pistole vor dem Jungen. Dieser wurde wenig später mit gezählten sieben Schußverletzungen an durchaus wesentlichen Körperteilen ins Krankenhaus eingeliefert und wird wohl bis an sein Lebensende darüber sinnieren, daß er nicht mehr am Leben wäre, wenn sein Gegner ein etwas größeres Kaliber gewählt hätte. In den Lokalspalten der Wiener Tageszeitungen war übrigens ein halbes Jahr später zu lesen, daß der reizbare Herr mit dem Argument, er habe sein Opfer eh gewarnt, auf Notwehr plädiert hatte.

Zu dieser Zeit, es muß um das Jahr 1979 gewesen sein, waren die führenden Köpfe der Wiener „Galerie", wie man die Gürtelkönige zu nennen pflegt, nach langem Nachdenken zum naheliegenden Schluß gekommen, daß spektakuläre Schußwechsel eigentlich nur Geschäftsstörung darstellen. Unter der Führung einer weitblickenden Ganovenelite machte man sich daran, die Szene zu säubern und die Reviere friedlich aufzuteilen. Wie man an der seither herrschenden, beinahe friedhofsähnlichen Ruhe ablesen kann, scheint man sowohl untereinander als auch mit den zuständigen Behörden einen produktiven Modus Vivendi gefunden zu haben. Die nicht unbeträchtlichen Geldsummen, die sich aus dem nach wie vor illegalen, aber zumeist stillschweigend geduldeten Geschäft mit der bürgerlichen Doppelmoral erwirtschaften ließen, wurden über die Jahre in den An-

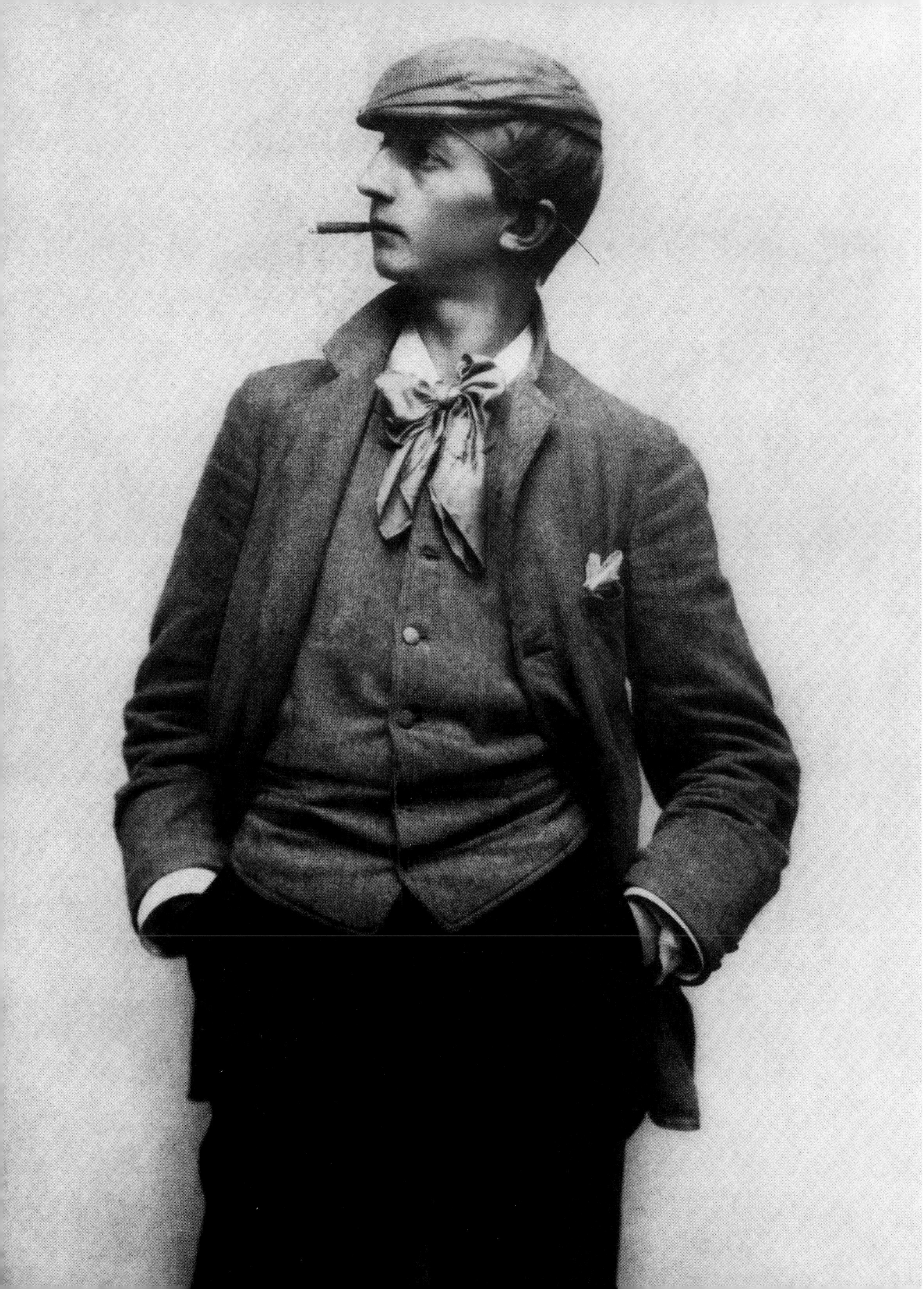

kauf von Häusern und die Einrichtung von Lokalen investiert, für welche die Peepshow beim stadtauswärtigen Ende des Naschmarktes prototypisch stehen mag. Auch „zugereiste" Gangs – man munkelt von einem stetig ansteigenden Anteil russischer „Investoren" in der einschlägigen Szene – änderten nicht viel an der beneidenswerten Ruhe, die in Wien herrscht. Wenn also heutzutage auf dem Naschmarkt Unruhe entsteht, dann nicht im Zuge einer großangelegten Unterweltfehde, sondern eher, weil sich Betrunkene in die Haare geraten oder ein unpassend disponierter Gast sich weigert, einem Lokalverweis Folge zu leisten. Eine Verbrechenssparte allerdings, die auf dem Markt unausrottbar zu sein scheint, ist der banale Einbruchsdiebstahl: Standler, die größere Geldbeträge in ihren Geschäftslokalen zurücklassen, riskieren immer empfindliche Verluste. Nicht Geldgier, sondern schlichter Appetit dürfte den Ganoven getrieben haben, der sich an der besonders schön und mit saftigen Schinkenbeinen alla Italiana dekorierten Auslage des Fleischermeisters Meyer delektiert hat. – Und das nicht nur optisch, sondern auch handgreiflich: Eines Morgens fand man die Auslagenscheibe zersplittert vor – und in der Schinkenreihe prangte eine breite Lücke. – Business as usual! Eine der wenigen berichtenswerten Episoden aus den letzten Jahren spielt an dem Würstelstand gegenüber dem Verkehrsbüro, wo eines Nachts zwei schlaflose und einander völlig unbekannte Inländer männlichen Geschlechts einträchtig ihre „Haaße" konsumierten und dabei ins Gespräch kamen. Jeder der beiden mag sein Quantum Alkohol gehabt haben, jedenfalls begann der eine sein Herz auszuschütten: nach abgeschlossener Forstwirt-Ausbildung, so legte er dar, sei er nun seit Monaten arbeitslos und allmählich in trister finanzieller Lage. „Vielleicht," so sagte der andere, an seiner Wurst kauend, „hab I an Job für di." Ob daraufhin der arbeitslose Förster seinen unbekannten Gesprächspartner etwas zu enthusiastisch mit seinem Informationsbedürfnis bedrängt hat oder ob der Fremde überhaupt jenseits von Gut und Böse war, ließ sich im Nachhinein nicht mehr eruieren. Jedenfalls hatte der junge Jobsuchende plötzlich eine martialisch aussehende, großkalibrige Pistole an der Schläfe: „Burli, glaub net, Du kannst mi rollen!" äußerte der Fremde mit deutlichem Zungenschlag. Der Bedrohte nahm ohne Widerrede die Beine in die Hand und erreichte, völlig außer Atem, das nächstgelegene Polizeirevier. Ein Streifenwagen begab sich zum Tatort und fand den Kontrahenten, die Pistole locker in der Hand und ungerührt sein Bier trinkend, vor. Identifiziert wurde er als polizeibekannter Waffennarr mit leicht psychotischen Neigungen. – Auch dies also eine Episode, in der die Komik über die Tragik siegt.

Stößt der nächtliche Strawanzer vom Flohmarkt aus in Richtung des vierten Bezirks vor, dann endet das Naschmarktviertel mit dem bereits erwähnten Gasthaus Ubl. Auf dem Weg dorthin wird der Spaziergänger allerdings mehr als einmal in Versuchung geführt. Vom „Zazie" zum Beispiel, dem ersten Lokal Wiens,

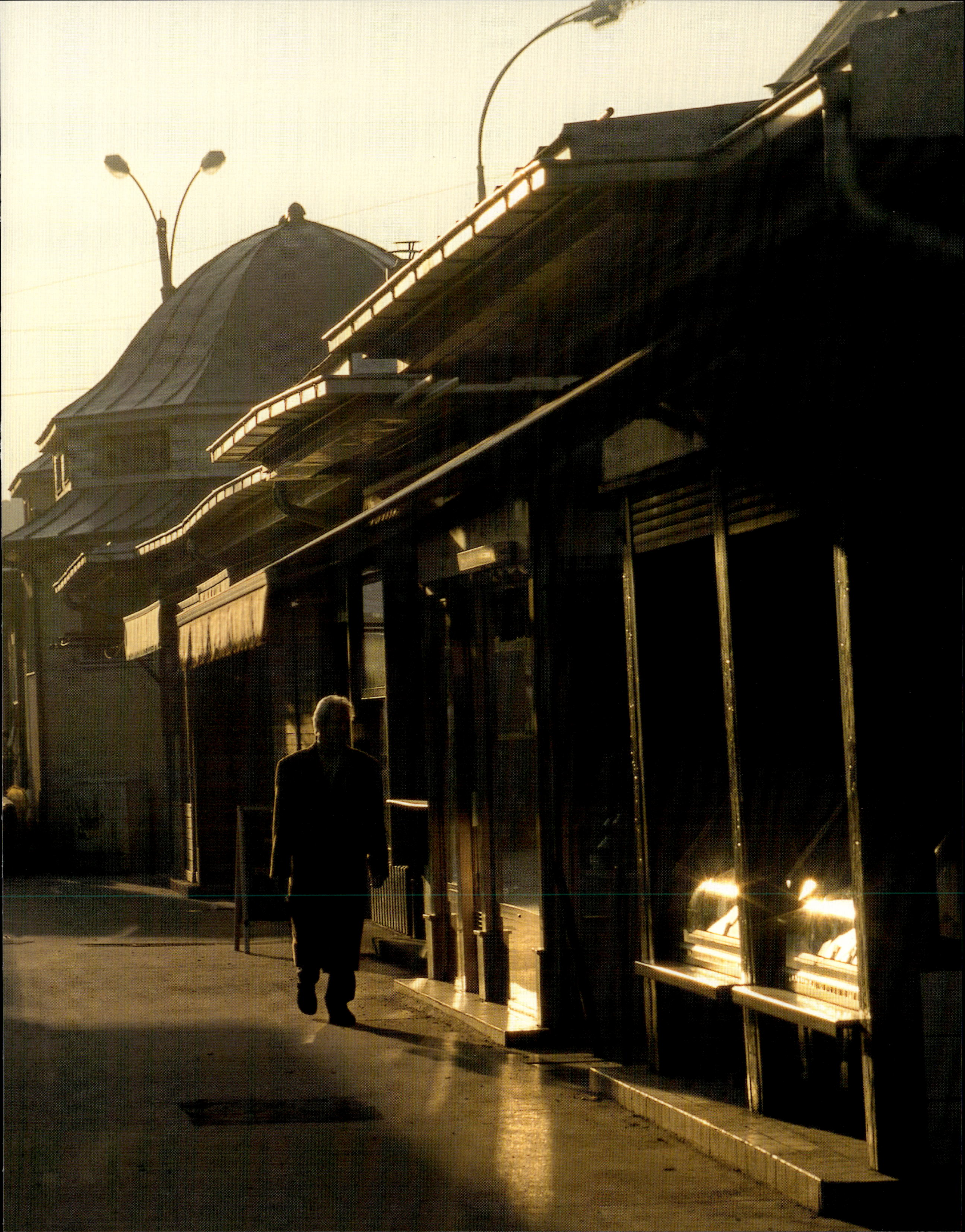

in dem original brasilianisch gekocht wird, was in Verbindung mit einschlägiger Musik einen durchaus animierenden Mix ergibt. Oder vom „Flieger", einem der letzten im Originalzustand erhaltenen Relikte der legendären „New Wave"-Zeit. Durch diese fröhliche Wüste streunte damals ein gewisser Mundi. Mundi besaß einen Fernseher, dem nichts mehr zu entlocken war außer einer weißen Linie, die ständig von oben nach unten lief. Er starrte diese Linie stundenlang an, spielte dazu alte Hans Albers-Platten und klimperte auf seiner Elektrogitarre herum. Dann versammelte er ein paar Leute, die mehr schlecht als recht ihre Instrumente beherrschten, fand einen wagemutigen Produzenten und nahm eine sehr laute, elektrische Version von „Flieger, grüß mit die Sonne" auf, dem Titellied aus dem Hans Albers-Film „FP 131 antwortet nicht". Die Band, mit dem Namen „Blümchen Blau", hatte mit diesem Song ihren ersten und einzigen Hit. Ein werdender Lokalbesitzer dürfte das Lied im Ohr gehabt haben, als er einem ausgedienten Segelflugzeug die Tragflächen abschnitt, das Vehikel über seiner Bar aufhängte und das Lokal „Flieger" nannte. Mittlerweile hat das einstige Kultlokal mindestens zwei Neuübernahmen hinter sich und scheint nach wie vor zu florieren.

Sperren dann Lokale wie Flieger und Zazie ihre Pforten, so ist die Zeit reif für den Abstieg in die Unterwelt des Markviertels: Hinter einer bewachten Spiegeltür führt eine steile Treppe in eine kavernenähnliche Diskothek. „Robert Goodman" heißt sie und wie es sich für ein Lokal am Naschmarkt gehört, ist auch hier die Zeit aus den Fugen geraten: Im angeschlossenen Restaurant bekommt man auch im Morgengrauen noch ein passables Steak serviert. Im Keller sammeln sich zu später Nachtstunde Barkeeper und Servierpersonal anderer Lokale, die gerade zugesperrt haben. Seite an Seite mit anderen Schlaflosen vergnügen sie sich, bis sie im hellen Sonnenschein nach Hause gehen können.

Verläßt man das Goodman im Morgengrauen und überquert den Naschmarkt, kann man hinter vertrauten Glasfenstern Licht und geschäftiges Treiben entdecken: Das Cafe Drechsler hat schon wieder geöffnet. Herr Drechsler eilt mit seinem Tablett zu den arbeitenden Marktstandlern. Und man sieht sich unvermutet vor eine Gewissensentscheidung gestellt: Heimgehen? Oder das Drechsler betreten und dort weitermachen, wo man angefangen hat?

Das Naschmarktviertel schläft eben nie.

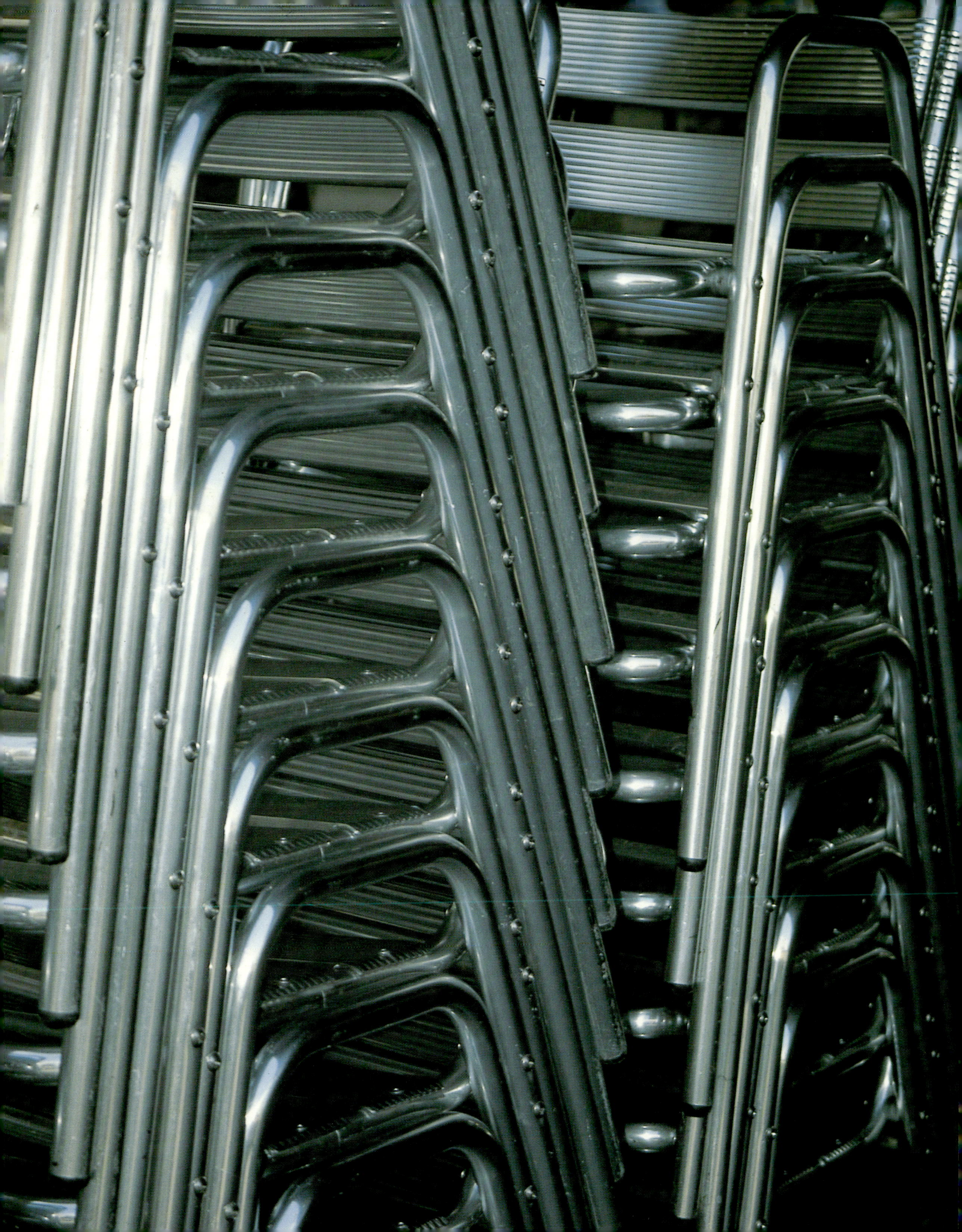

Einkaufen für Fortgeschrittene

Tips und Tricks für Naschmarktbesucher

Mir fällt ad hoc nichts ein, was man am Naschmarkt nicht kaufen könnte.", meint ein weitgereister Vertreter der jungen Naschmarktstandlergeneration – und ein anderer fügt hinzu: „Der Naschmarkt bietet eine Angebotsbreite, die in dieser Qualität wohl einzigartig auf der Welt ist." Beim Betreten des Marktes kann die Vielfalt einem den Atem rauben, besonders, wenn man gewohnt ist, in neonbestrahlten, verfliesten Supermärkten den Einkaufswagen vor sich herzuschieben und dort eine riesige Auswahl vor sich hat, letztlich aber im Moment des Kaufens vor wenig Alternativen steht.

Glänzende Augen verraten die Frische.

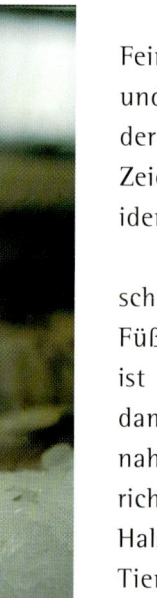

Nicht nur die Kochkunst hat viel von ihren Feinheiten eingebüßt, seit Mikrowelle, Tiefkühler und Fast Food auf dem Vormarsch sind. Auch der Blick für die kleinen, aber untrüglichen Zeichen, an denen man frische Ware zweifelsfrei identifiziert, trübt sich vielfach.

Wer weiß heute noch, daß man wirklich schmackhafte Fasane oder Rebhühner an ihren Füßen erkennt? Lichtbraun müssen sie sein, das ist das Zeichen der Jugend. Betagtere – und damit vermutlich zähe – Tiere fallen durch beinahe schwarze Füße auf. Oder der Truthahn: Im richtigen Alter hat er einen lichtroten Kamm und Halslappen in der gleichen Farbe. Kommen die Tiere in die Jahre, verfärben sich diese Teile bläulich. Ein Huhn dagegen ist frisch, wenn die Haut hellgelb und nicht ausgetrocknet ist, der Kamm eine lichtrote Farbe zeigt und die Brustknochenspitze sich weich und biegsam anfühlt.

Den Frischezustand von Fisch liest man ab, wenn man dem Tier in die Augen sieht: Sie sollten klar glänzen und leicht gewölbt hervorstehen. Fest anliegende, glatte Schuppen sind ein vertrauenerweckendes Zeichen, ebenso wie hell- oder dunkelrot glänzende Kiemen mit deutlich erkennbaren Kiemenblättchen. Greift man zu Fischfilets, so lohnt sich die Druckprobe: Festes und elastisches Fischfleisch, in dem ein Fingerdruck keine bleibenden Spuren hinterläßt, ist ein sicheres Zeichen für Frische.

Was Meeresfrüchte betrifft: Muscheln sollte man in unserer Klimazone ausschließlich in Monaten mit einem „r", also von September bis April kaufen. Frische Muscheln sind grundsätzlich geschlossen. Sollten sie sich beim Reinigen nicht schließen oder beim Kochen nicht öffnen, sind sie als verdorben auszuscheiden. Es ist wohl kein Zufall, daß Hella Schmidts alteingesessener Fischstand auf dem Naschmarkt im Hochsommer einfach die Rolläden herunterläßt und erst Ende August wieder öffnet.

Auch Fleisch verrät dem trainierten Auge eine ganze Menge. Vom Schwein schmeckt es in den ersten Tagen nach dem Schlachten mit Abstand am besten. Kenntlich ist die Frische an der rosa bis hellroten Farbe, der festen Konsistenz, der leichten Marmorierung, dem kernigen, trockenen, weißen Fett und dem frischen Geruch. Meiden sollte man auffallend blasses, weiches, wässriges Schweinefleisch. Es stammt mit hoher Wahrscheinlichkeit von einem überzüchteten Schwein, dessen Muskelstoffwechsel durch Transport- und Schlachtstreß beeinträchtigt ist.

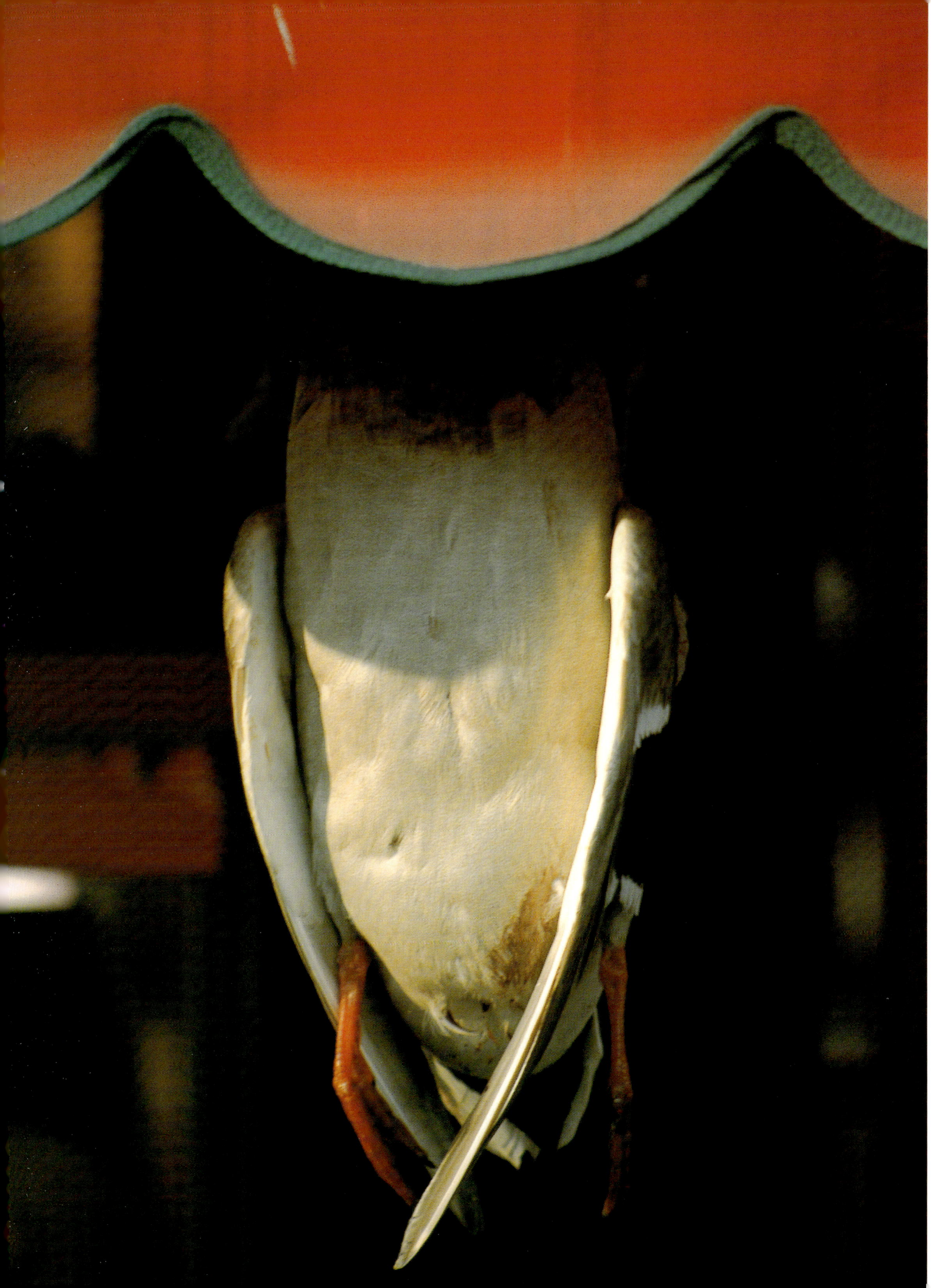

Der Wiener Naschmarkt

Wer Qualität sucht, hat auf dem Naschmarkt meistens „Schwein".

Solches Fleisch schrumpft beim Erhitzen um enorme Beträge, weil das Eiweiß nicht mehr in der Lage ist, das im Muskel enthaltene Wasser zu binden. Die Folge ist ein trockenes, zähes Kotelett von mehr als unbefriedigendem Geschmack.

Im Gegensatz zu Schweinernem muß Rindfleisch in Ruhe reifen, um wirklich gut zu sein. Stücke mit langer Garzeit sind drei bis vier Tage nach der Schlachtung reif, Kurzbratstücke wie das Steak hingegen sollten bis zu vier Wochen abliegen, um den charakteristischen kräftig kirschroten Farbton und den typisch fleischsauren Geruch zu erhalten. Am beliebtesten sind Stücke mit feiner Fett-Marmorierung, denn sie bringen das beste Aroma.

Kalbfleisch ist frisch und vertrauenswürdig, wenn es rötlich, fest, feuchtglänzend und gleichmäßig mit Fett versehen ist.

Wer den Naschmarkt auf der Suche nach den wirklichen Gustostückerln durchstreift, befindet sich auf einem idealen Trainingsparcours für seine fünf Sinne. Alles wird vielfach angeboten und in manchen Bereichen stößt man auf

Einkaufen für Fortgeschrittene

Unterschiede, die zum Nachdenken anregen. Vor allem beim Einkauf von Obst und Gemüse steht der Preis in auffälliger Abhängigkeit von der Markt-Geographie: Schon seit Jahrzehnten gibt es den „feineren" Naschmarkt auf der Sezessionsseite und den „weniger feinen" in Richtung Kettenbrückengasse. Wer sich von der Sezession kommend durch die Standreihen bewegt, durchquert zunächst eine Hochpreiszone, die bis zur Straße reicht, die den Markt in zwei Teile schneidet. Taucht er dann in das ein, was unter Standlern als „der orientalische Teil" bezeichnet wird, dann läßt sich die Tiefe seines Eindringens am Preisniveau, besonders von Obst und Gemüse, messen: Was am Eingang zehn Schilling kostet, ist in der Mitte oft um sieben Schilling zu haben. Daß man sich dem flohmarktseitigen Ausgang nähert, erkennt man am merklichen Anstieg der Preise.

Frisch aus dem Orient: Köstlichkeiten aus Tausendundeiner Nacht

Der günstige Griff hat in dieser Zone allerdings nicht immer seine Meriten: Hinter oft sensationell wirkenden Angeboten, die vor allem für größere Mengen gemacht werden, steckt eine nicht unbedingt qualitätsbewußte Einkaufspolitik. Im Morgengrauen sollen sich am Inzersdorfer Großgrünmarkt bisweilen filmreife Szenen abspielen: „Wenn ein Importeur mit seiner Ware hängt, kann man sie auch um ein Viertel des ursprünglichen Preises erstehen. Man braucht dann nur die billigen Arbeitskräfte, die das überreife und welke Zeug herausklauben – und hat Ware, die gut ausschaut. Daß die dann maximal zwei drei Tage hält, merkt der Käufer erst zu Hause," verrät ein Insider. Und weist darauf hin, daß die Mülltonnen am Naschmarkt nicht nur deshalb nächtens mit Vorhängeschlössern versehen werden, weil das „Mistkübelstierln" durch Obdachlose ungern gesehen wird, sondern auch, um der illegalen Entsorgung größerer Mengen von abgelaufener Ware einen Riegel vorzuschieben. Qualität zu erkennen braucht, wie gesagt, alle fünf Sinne. Wo sich das Auge täuschen läßt, sind Nase und Tastsinn unbestechlich: Wirklich gute und reife Früchte verbreiten immer einen aromatischen Duft. Außerdem gibt das Fruchfleisch einem leichten Fingerdruck nach. Sorgfältig unterscheiden sollte man zwischen Früchten, die, einmal getrennt von ihrer Mutterpflanze, weiter reifen, wie etwa Äpfel, Birnen, Avocados und Bananen – und solchen, die das nicht tun. Erdbeeren kön-

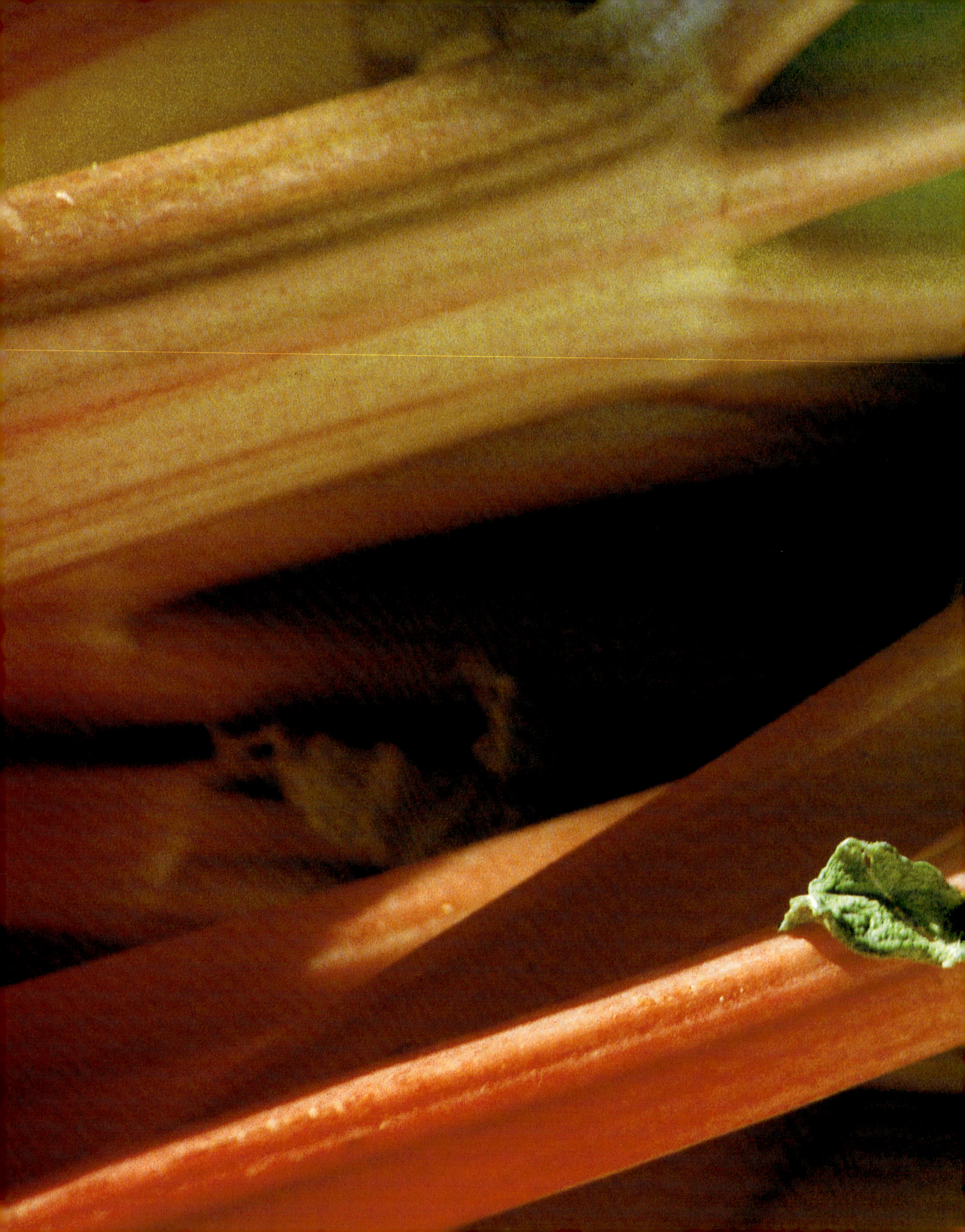

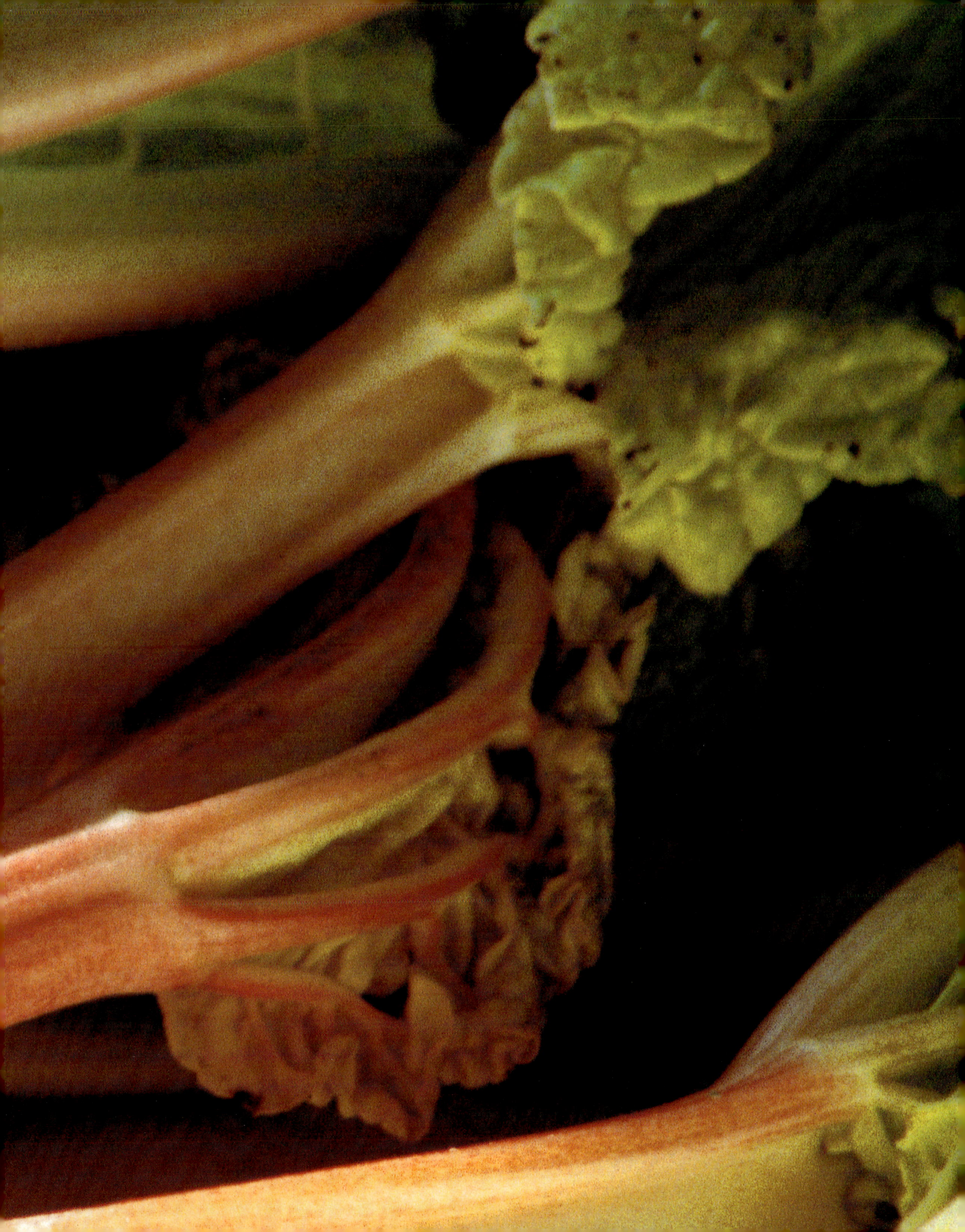

Der Wiener Naschmarkt

Immer der Nase nach zu den besten reifen Früchten

nen zum Beispiel farblich sehr ansprechend aussehen – und trotzdem viel an Geschmack zu wünschen übriglassen. Hier ist die Nasenprobe die verläßlichste: Reife erkennt man am Aroma. Bei Zitronen dagegen ist das beste Zeichen für Vollreife nicht die Farbe, sondern der Glanz der Schale. Merke: Auch grasgrüne Zitronen können höchst saftig sein! Beim Gemüse ist der Sachverhalt ähnlich. Das Auge hilft, Exemplare mit welken Blättern und bräunlichen Stellen auszuscheiden. Die Nase sucht nach einem charakteristischen Aroma. Und wenn sie es vermißt, dann drängt sich der Verdacht auf, daß man es mit einem Produkt aus moderner Nährlösungskultur zu tun hat, in normgerechter Größe, von appetitlicher Farbe - aber leider ohne jeden Geschmack. Finger weg!

Die hohe Schule des Einkaufs ist sicherlich die Domäne des Käsekenners: Auch er folgt vor allem seiner Nase, die, je nach Vorlieben, die richtigen Reifegrade seiner Lieblinge zweifelsfrei identifiziert. Jeder Käse hat seine eigene

DOĞAN & ACER GmbH

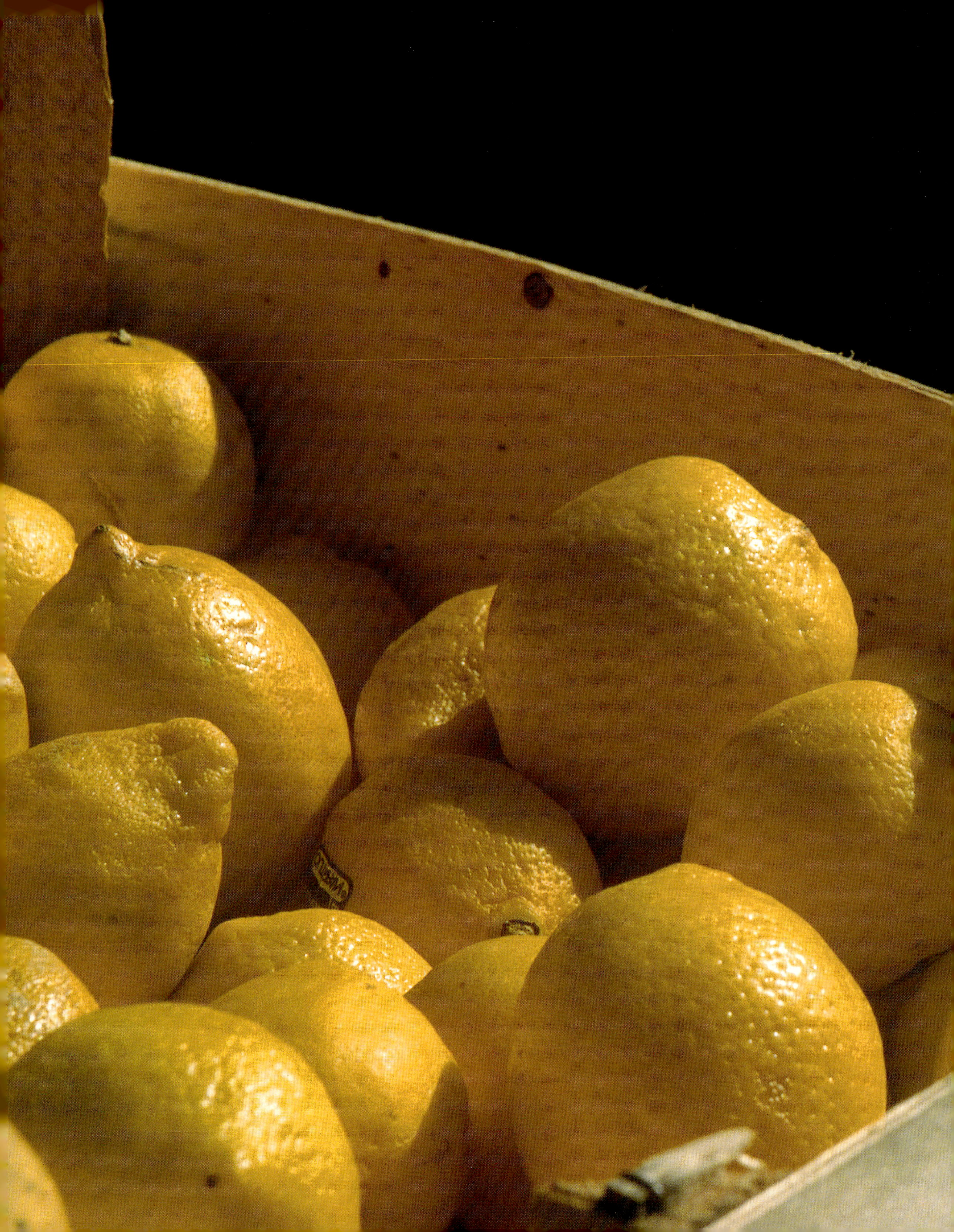

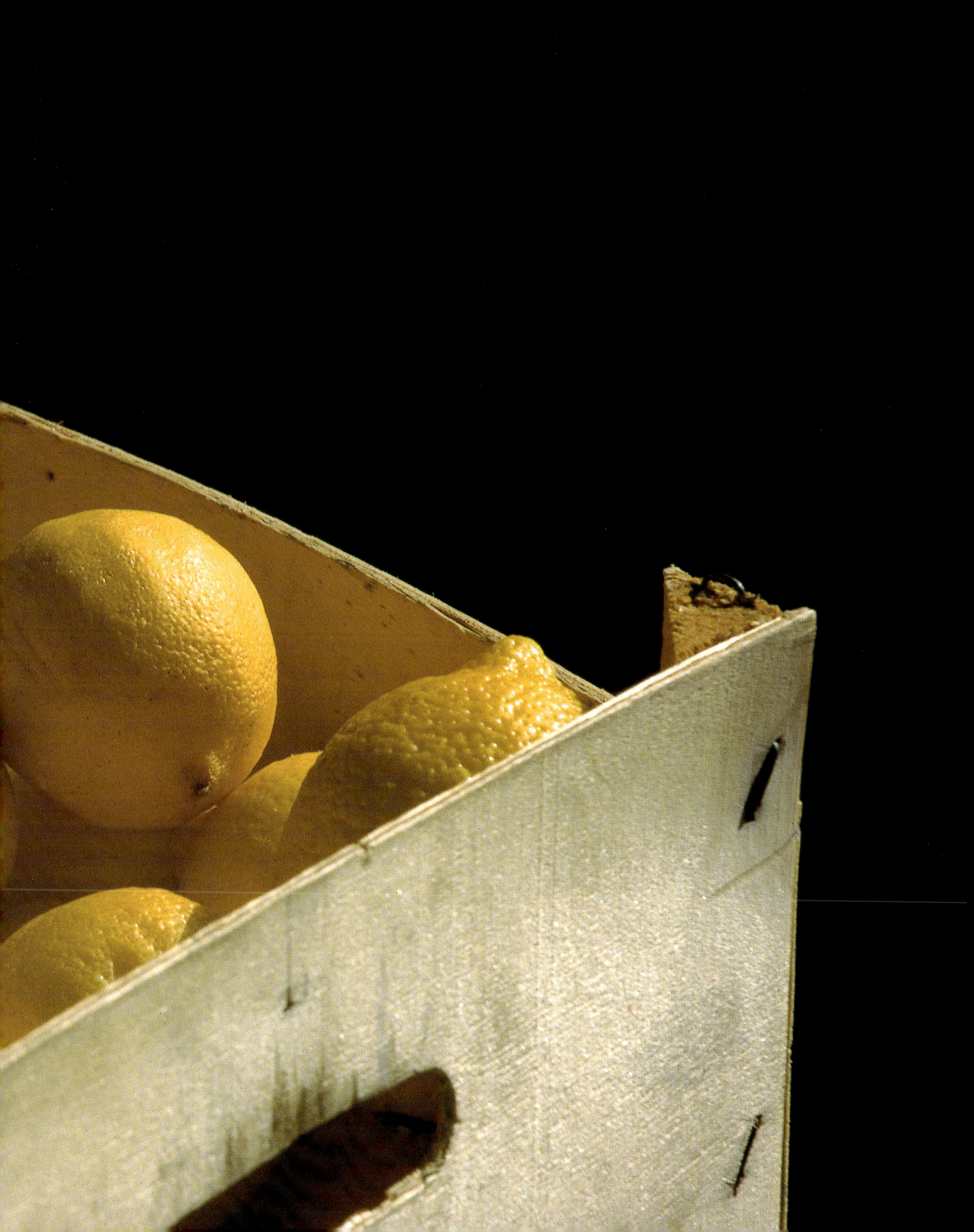

GEMÜSE
GRÜN-PAPRIKA
1KG = 40.-
ROTE-PAPRIKA
1 kg. 40.-
GELBE-PAPRIKA
1 kg. 40.-
ZUCCHINI
1kg 35.
RISP. TOMATEN
1kg. 20.-
MANDARINEN
1Kg 25
KIWI

Einkaufen für Fortgeschrittene

Am besten frisch vom großen Stück geschnitten: Käse für Kenner

Persönlichkeit, doch wie überall gibt es Grundregeln. Käse aus Rohmilch sind meist aromatischer als Produkte aus pasteurisierter Milch. Käse von kleinen Käsereien ist der industriellen Massenproduktion meist haushoch überlegen. Die Vakuumverpackung ist zwar ein Gewinn für den Hersteller, aber meist ein Nachteil für den Genießer. Geruchlosen Käse gibt es nicht – und wenn es ihn doch gibt, so hat er nach zu starker Tiefkühlung jeden Charakter eingebüßt. Alles weitere ist Geschmackssache – bis auf die grundlegende Spielregel, daß eine Geruchsnote von Ammoniak ein Zeichen von Überreife ist.

Zum Abschluß sei vermerkt, daß man auf dem Naschmarkt erfreulicherweise Bräuche pflegt, die dem durchorganisierten Lebensmitteleinzelhandel längst abhanden gekommen sind: Wer im Zweifel ist, kann jederzeit eine Kostprobe machen. Und auf den eigenen Gaumen ist immer Verlaß.

„Vurschrift is Vurschrift!"
Die Marktaufsicht damals und heute

Daß jegliche Art von Organisation dazu neigt, sich, einmal gegründet und mit kompetentem Personal besetzt, unaufhaltsam von ihrem eigentlichen Sinn zu entfernen und in immer befremdlicheren Wucherungen Ranken um ihren eigenen Selbstzweck zu bilden, ist nicht nur eine Wiener Eigenart. Selbst in den ökonomisch erfolgreichen Vereinigten Staaten befaßt sich ein nicht unwesentlicher Zweig der Management-Theorie mit dem Wildwuchs von Bürokratie. Daß diese bürokratischen Naturgesetzlichkeiten in Wien eine spezifisch lokale Färbung zeigen, liegt weniger an der Natur der erlassenen Gesetze oder Vorschriften.

Der Wiener Naschmarkt

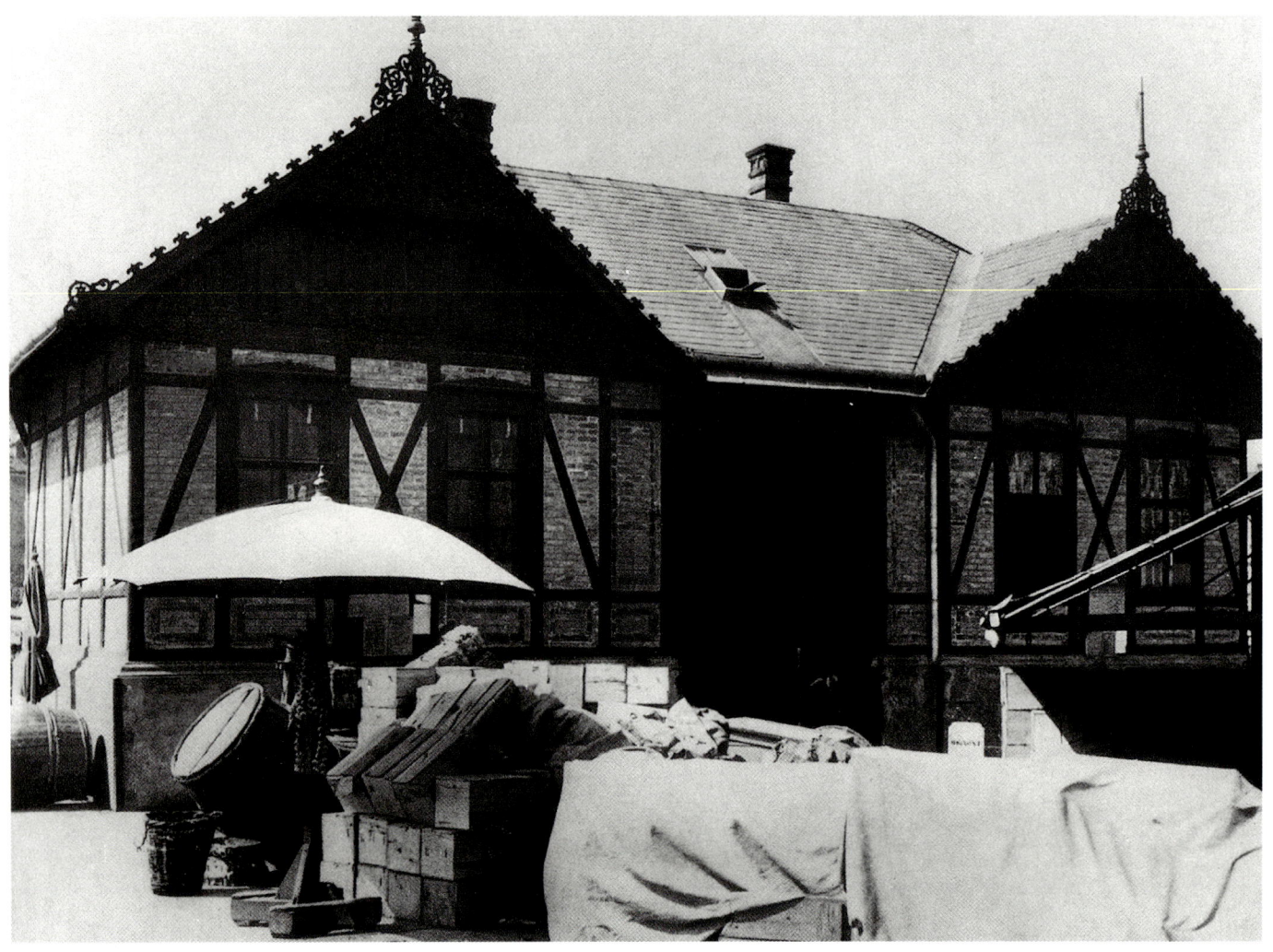

Marktamtsgebäude um 1900

Der Stadt eigentümlich sind vielmehr ihre Strategien, mit Beschränkungen jeglicher Art umzugehen. Zwar ist der Wiener ein geduldiger und auf den ersten Blick wahrlich idealer Untertan: Unruhe und Veränderungen zutiefst abhold und den leiblichen Genüssen meist wesentlich heftiger zugetan als den geistigen, läßt er sich für organisierte Widersetzlichkeit nur äußerst schwer begeistern. Rebellion ist ihm erstens zu anstrengend, zweitens mit potentiellen Gefahren für Leib, Leben und sozialen Status verbunden und überhaupt gilt gerade für Umstürze die pessimistische Überzeugung, daß „nix Besseres nachkommt".

Blickt man allerdings hinter die Kulissen, so entdeckt man rasch die Doppelbödigkeit dieser Untertanen-Mentalität: Von oben verordnete Veränderung erzeugt ähnlich heftigen Unwillen wie illegale umstürzlerische Strömungen – vor allem dann, wenn der Lebenskomfort des Individuums auf dem Spiel zu stehen droht. Selten kommt es vor, daß sich dieser Unwille in spontanen Gewaltausbrüchen niederschlägt. Aber die abgeklärte Gleichmut, mit der Wien auch die

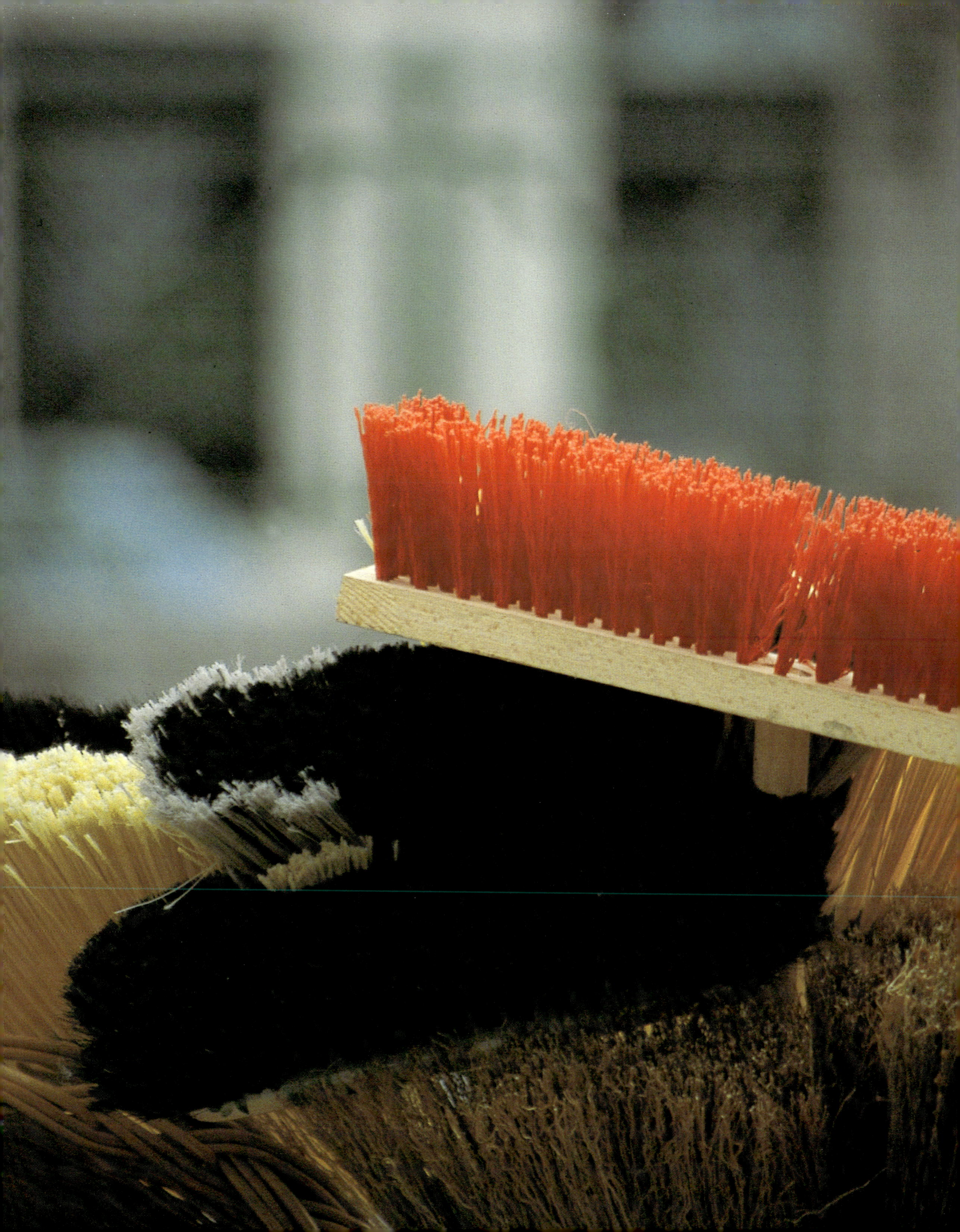

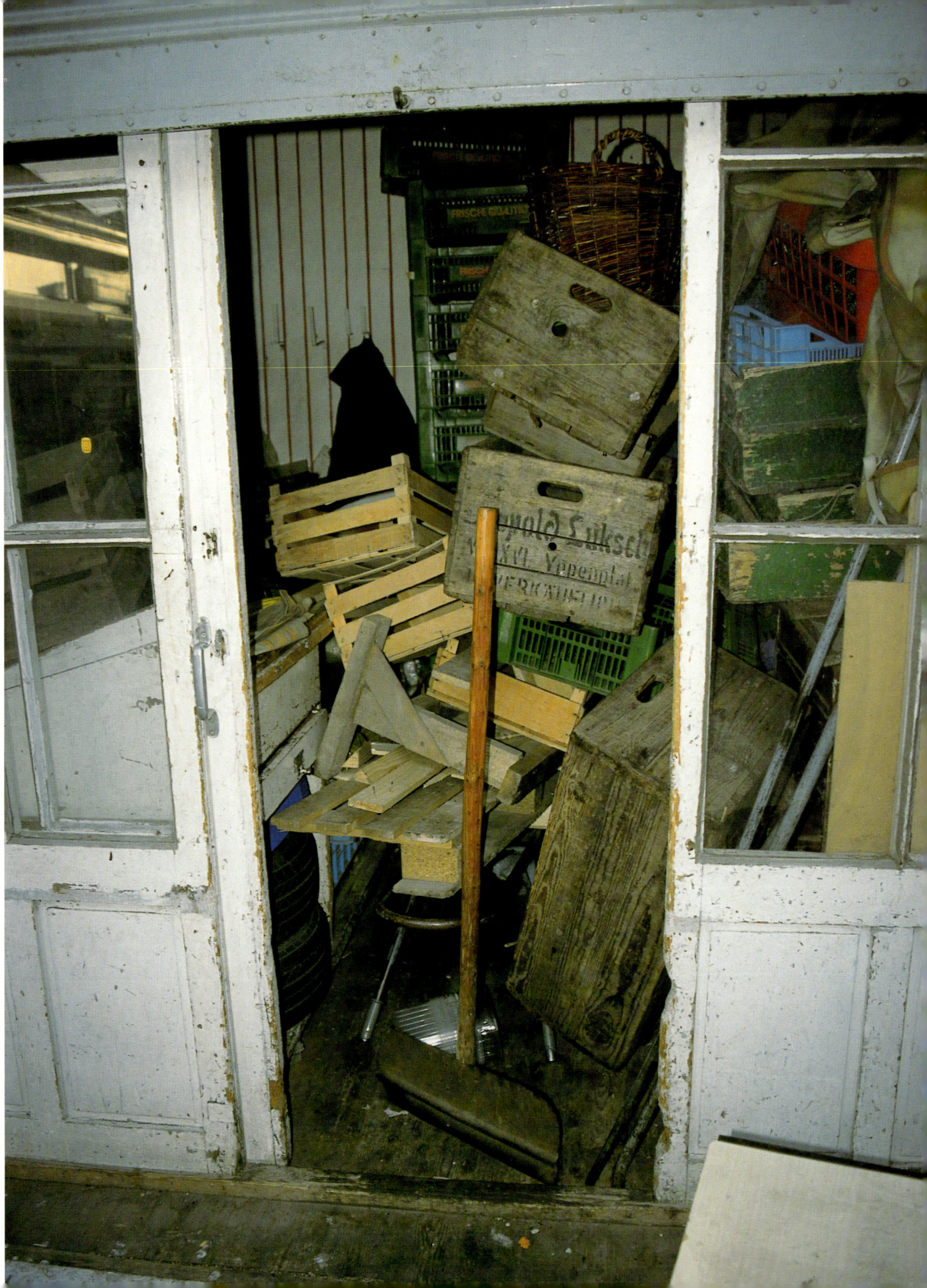

"Vurschrift is Vurschrift!"

skurrilste Vorschrift der Obrigkeit zur Kenntnis nimmt, um sie dann mit beharrlicher Nonchalance zu ignorieren, wirkt oft destruktiver auf den Reformwillen als jeder handfeste Aufstand: In einem Lande, in dem Obstruktion eine liebevoll gepflegte Tradition hat, ergibt sich auch der energiegeladenste Reformer irgendwann der Resignation.

„In all seinen Unternehmungen unglücklich" gewesen zu sein, bescheinigt dem legendären Reformkaiser Josef II. sein Epitaph. Als er die Herrenhäuser des österreichischen Adels nach Fensterflächen besteuern wollte, mauerten die Grundherren Fenster um Fenster zu. Als er auf die Besteuerung der Dachflächen überging, deckten sie die Dächer ihrer Schlösser ab und gaben servil lächelnd jahrhundertealte Kunstschätze dem Ruin preis. Und kaum war Majestät beerdigt, kehrten die Wiener fröhlich zur sündteuren „schönen Leich" zurück, die der sparsame Kaiser per Federstrich durch schlichte Begräbnisse und einen wiederverwendbaren Klappsarg ersetzt hatte.

Ähnlichen Widerstand setzt der Bürger dieser Stadt einer überschießend kreativen Bürokratie entgegen: Man hält sich an die Vorschrift. Aber nur, solange jemand zuschaut. Andererseits: Auch in den Amts-Etagen arbeiten echte Wiener, die ihrerseits die Vorzüge bedächtiger Langsamkeit zu schätzen wissen und der alltäglichen Obstruktion mit den angemessenen Mitteln begegnen: nämlich mit ihren eigenen Waffen.

Vom nonchalanten Qualitätsverständnis zum strengen Lebensmittelkodex: Es war ein langer Weg.

Der Wiener Naschmarkt

Daß der Naschmarkt seit Jahrhunderten ein wesentliches Schlachtfeld des unsichtbaren Kleinkrieges zwischen Obrigkeit und Untertanen war, liegt auf der Hand: Immerhin steht hier mit Qualität und Menge der angebotenen Lebens- und Genußmittel ein wahrhaft zentraler Wert des Wiener Lebens auf dem Spiel!

Im Mittelalter hatte die Stadtobrigkeit alle Hände voll zu tun, um unter Einsatz beamteter Vertrauenspersonen wie „Krebsenrichtern", „Metzenleihern", „Herren von der Brotwaage" und am Strafaufkommen erfolgsbeteiligter Marktrichter Preise, Mengen und Qualität der angebotenen Waren unter Kontrolle zu halten. Skurril anmutende Vorschriften belegen schon in dieser frühen Zeit den Wettbewerb der Kreativität zwischen Überwachungsorganen und Überwachten. So war es zum Beispiel Fischern auf Wiens Märkten verboten, während des Verkaufes Hut und Mantel zu tragen: Im Sommer hatten sie zu schwitzen, im Winter zu frieren. Man motivierte sie auf diese Weise nachdrücklich, sich mit dem Verkauf ihres Fanges zu beeilen und eventuell auch niedrigere Preise in Kauf zu nehmen. Die heiklen Preisfestsetzungen nahm die Obrigkeit in erstaunlich transparenter und

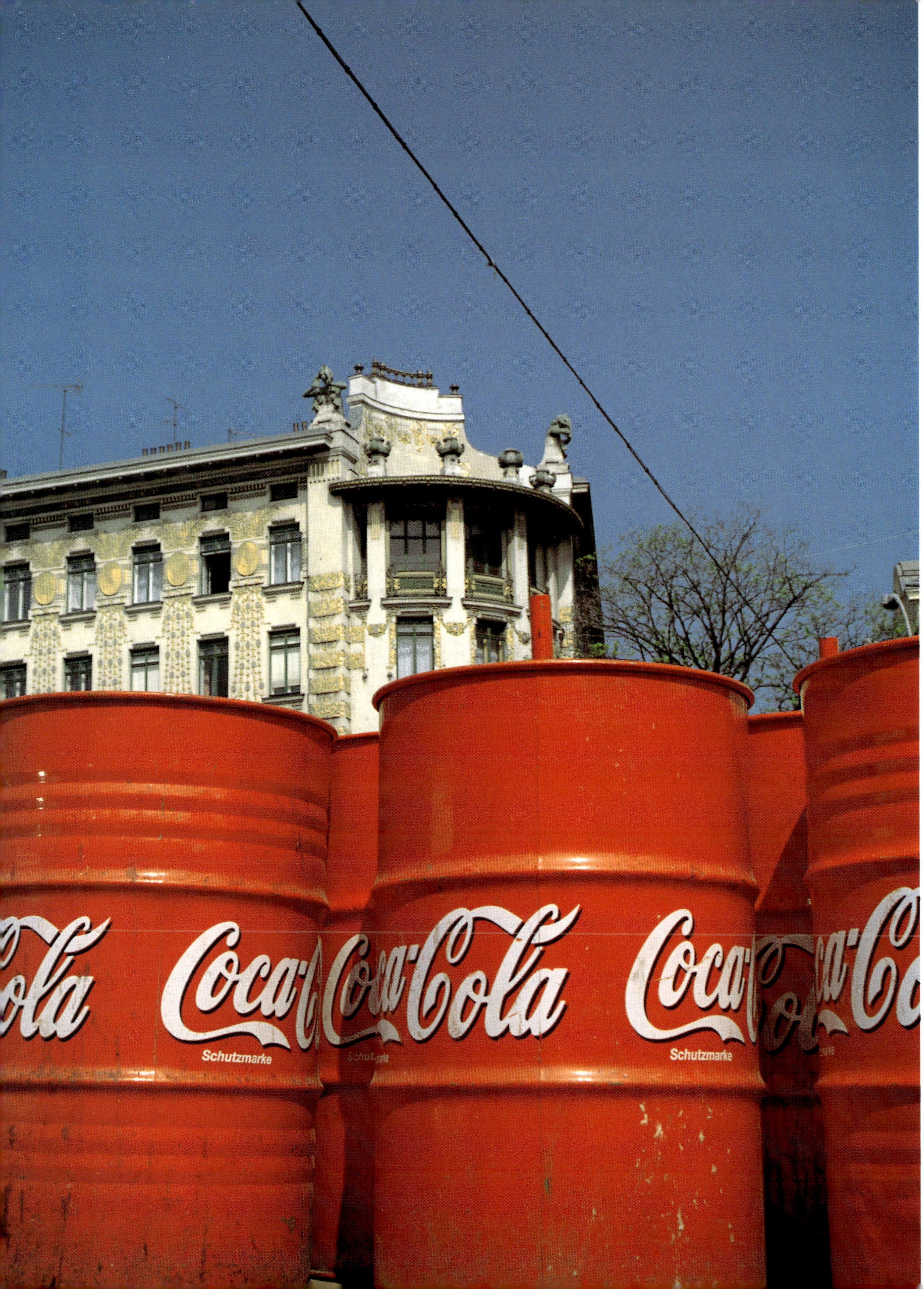
Coca
Schutzmarke
Cola
Coca
Schutzmarke

demokratischer Weise vor: Man läutete im Dom zu St. Stephan ein spezielles Rufglöcklein, um das Volk zur Verkündung der neu berechneten Preissatzungen zusammenzurufen. Erhob sich daraufhin Protest, was immer wieder vorgekommen sein soll, dann wurden offizielle Preiskalkulationen, sogenannte Teichungen, angeordnet. Zu diesem Zweck wurden Ochsen geschlachtet und aus den Einnahmen für Fleisch und Häute, abzüglich Spesen, der angemessene Gewinn berechnet, um einen fairen Preis festsetzen zu können. Der erste Bericht über eine solche Teichung stammt aus dem Jahr 1451. Schon hundert Jahre später allerdings dürfte auch diese Methode nicht mehr wirklich zur erfolgreichen Regulierung von Angebot und Nachfrage ausgereicht haben: Zumindest wird berichtet, daß Wiens Fleischhauer nach einer Arbeitsniederlegung wegen zu niedriger Verkaufspreise in Bausch und Bogen für vierzehn Tage bei Wasser und Brot eingesperrt wurden, um sie für die Kompromißangebote der amtlichen Preiskommission mürbe zu machen.

Die nicht immer dankbare Aufgabe der Aufsicht über mehr als tausend Wiener Marktstände teilten sich bis ins Jahr 1839 verschiedenste beamtete Organe: Markttrichter, Fleisch-, Fisch-, Mehl- und Brotbeschauer, Krebsenrichter und Metzenleiher walteten in unübersichtlicher Parallellität ihres Amtes, wobei die Lage dadurch kompliziert wurde, daß jede Gruppe von Aufsichtsorganen wiederum der Kontrolle eines eigenen Regierungskommissars unterstand. Der ab 1825 für das Wiener Marktwesen zuständige Magistratsrat Dr. Ignaz Czapka unternahm es, dieses offenbar für alle Beteiligten gewinnbringende und im übrigen durch jahrhundertelange Übung geadelte Kompetenzwirrwarr zu bereinigen. Was Czapkas im folgenden geschilderte Bemühungen von vielen parallel verlaufenden Wiener Reformerschicksalen drastisch abhebt: Sein jahrelanger Zermürbungskrieg gegen Zunftprivilegien, Trägheitsprinzip und Verhinderungskartelle war schon zu seinen Lebzeiten von Erfolg gekrönt!

Czapkas Karriere begann 1833 mit einem Stich in ein veritables Wespennest: Betraut mit der Regelung der Wiener Fleischversorgung, ging er auf Konfrontationskurs mit der bekannt streitbaren Wiener Fleischerinnung und der für sie zuständigen Marktaufsicht. Mit diskreter Unterstützung des Kaiserhauses schaffte er es tatsächlich, die Rindfleischpreise herabzusetzen. Die Fleischer lieferten tumultartige Auftritte im Wiener Rathaus – vergebens. Der Preis blieb unten. Die immer aufs leibliche Wohl bedachte Wienerstadt zeigt sich dankbar und machte Czapka wenige Jahre später zu ihrem Bürgermeister. Sein nächster Streich war noch handfester: Ziel der Operation war die Zusammenfassung aller Marktaufsichtsagenden in den Händen einer zentralen Behörde. Die Verhandlungen schleppten sich über Jahre hin. Schließlich griff die kaiserliche Hofkanzlei ein, um die Sache zu beschleunigen. Einen letzten verzweifelten Obstruktionsversuch unternahm die Regierung mit einem Schreiben vom 16. Mai 1838, in dem sie monierte, daß die Qualität der Marktaufsichtspersonen nicht gewährleistet sei.

BASAK Hadels GmbH
FILIALE
NASCHMARKT
Helal
Lamm
Rind
und
E.P.O.
ONUR
Biçer

Der Wiener Naschmarkt

*Weiß auf schwarz:
der beste Preis des Tages*

Es fehle der Nachweis der physischen, moralischen, theoretischen und praktischen Befähigung in allen Zweigen der Marktaufsicht. Der Wiener Magistrat dekretierte daraufhin am 7. Juni 1838, daß sich die Marktrichter, Brot- und Fleischbeschauer einer theoretischen Prüfung aus Botanik und Viehbeschau zu unterziehen hätten.

Fünf Monate später waren die geforderten Befähigungsnachweise erbracht und wurden samt Qualifikationstabellen über theoretische Kenntnisse, praktische Verwendung, physische und moralische Fähigkeiten der Regierung vorgelegt. Am 24. Jänner 1839 bewilligte die Hofkanzlei die Vereinigung der verschiedenen Kategorien der städtischen Marktaufsichtsbeamten in eine Körperschaft zur gemeinschaftlichen Besorgung sämtlicher Marktaufsichten. Die Oberaufsicht der Regierungskommissare wurde abgeschafft. Es war die Geburtsstunde des Wiener Marktamtes im heutigen Sinne.

Über die folgenden Jahrzehnte wuchs Wien unaufhörlich und die Aufgabenbereiche und Zuständigkeitsgebiete des Marktamtes wuchsen im Gleichschritt

„Vurschrift is Vurschrift!"

mit: Im Jahr 1887 unterhielt die Stadt fünfundzwanzig Märkte und sieben Markthallen, die 725.658 Wiener mit Gemüse, Obst und Fleisch versorgten. Aber Bürokratie kann nicht wachsen, ohne Skurrilitäten anzusetzen. Entsprechende Schmankerln aus der Tätigkeit der „Vereinigten Marktpolizei-Aufsichtsanstalt", so der offizielle Titel des Marktamtes, finden sich in den sogenannten „Normalien-Handbüchern", in denen die Verrichtungen des Marktamtes festgehalten sind. In dem – anläßlich des hundertfünfzigjährigen Bestehens des Wiener Marktamtes erschienenen – Buch „Von Marktfahrern und Standlern" zitiert der Marktamtsbeamte Ing. Walter Rauch Kuriositäten aus der Jahrhundertwende. Behandelt werden auch die offenbar mehr als fragwürdigen Lebensumstände im Wiener Gastgewerbe der Jahrhundertwende:

„Vornahme von Revisionen in den Betrieben der Gast- und Schankgewerbe wegen Abstellung der Verwendung sanitätswidriger Gehilfen-Schlafstellen, sogenannter „Flohtrücherl": Die periodische Zeitschrift „Der Zeitgeist" bringt in Nr. 5 des XV. Jahrganges vom 2. März 1901 einen Artikel „Das Kellnerelend als sanitäre Gefahr", in welchem auf die Gefährdung der Gesundheit des Gasthäuser frequentierenden Publikums infolge der traurigen Gesundheitsverhältnisse im Kellnerstande hingewiesen wird. Als einer der Hauptgründe dieser sanitären Kalamitäten werden die schlechten Wohnungsverhältnisse und die gesundheitswidrigen Schlafstellen der Hilfsarbeiter im Gast- und Schankgewerbe bezeichnet. Insbesondere seien die noch in vielen Betrieben als Schlafstellen verwendeten, bei Tag geschlossenen und den Gästen als Sitzgelegenheit dienenden Bänke (sogenannte Schlafbänke, auch „Flohtrücherl" wegen der darin befindlichen Flöhe genannt) in den Gasthauslokalitäten von großer Gefahr in dieser Richtung. Obzwar seitens des Wiener Magistrats bereits wiederholt, so mit den Erlassen aus 1892 und 1899, die Revision der Gast- und Schankgewerbe mit Rücksicht auf die sanitäre Beschaffenheit der Schlafstellen für die Hilfsarbeiter angeordnet worden war, scheinen nach dem in Rede stehenden Artikel die diesbezüglichen Übelstände noch immer zu bestehen. Der Wiener Magistrat wird demnach beauftragt, die unterstehenden Bezirksämter anzuweisen, diesen Verhältnissen ein besonderes Augenmerk zuzuwenden, die Gast- und Schankgewerbe immer wieder in der erwähnten Richtung Revisionen zu unterziehen und auf endliche Abstellung dieser Mißstände mit allen zu Gebote stehenden gesetzlichen Mitteln hinzuwirken."

Flöhe zählen heutzutage nicht mehr zu den gängigen Belästigungen des Konsumenten. Durchaus zeitaktuell wirken dagegen die Passagen des Normalien-Handbuches, die sich mit dem Tierschutz befassen. So mutet die Reaktion auf eine Eingabe des Wiener Tierschutzvereines, sieht man vom etwas antiquierten Amtsdeutsch ab, im Zeitalter der europaweiten Tiertransporte unangenehm vertraut an: „Aus einer Veröffentlichung des Tierschutzvereines geht hervor, daß wegen Überfüllung, Futter- und Wassermangel auf Bahnhöfen Geflügel erdrückt, verhungert und verschmachtet einlangt, weshalb sich der Verein mit folgender Bitte an das Marktamt wandte: Ein löbliches Marktamt wolle den erwähnten Übelständen gütigst sein besonderes Augenmerk zuwenden und die mit der Marktaufsicht betrauten Organe anweisen, dagegen mit aller Strenge einzuschreiten."

Etwas weniger aktuell wirkt eine weitere tierschützerische Initiative aus Zeiten, in denen Fisch noch nicht im tiefgekühlten Zustand nach Wien eingeflogen, sondern im lebenden Zustand auf den Markt gebracht wurde: „Der Wiener Tierschutzverein erlaubt sich an das löbliche städtische Marktamt die ergebene Bitte zu richten, an die sämtlichen Fischhändler Wiens eine Kundmachung zu verfassen, daß die Tötung der Fische vollständig durchgeführt werde, noch bevor eine Abschuppung oder Zerstückelung der Tiere vor sich geht, damit den Zuschauern das unangenehm berührende Zucken bei der Zerteilung verwehrt werde. Hierüber werden von der Marktdirektion die Herren Abteilungsleiter angewiesen, im Sinne des Gemeinderatsbeschlusses vom 24. April 1866 und der obigen Zuschrift des Tierschutzvereines die ihnen zugewiesenen Herren Beamten zu instruieren und für die Abstellung der in dieser Zuschrift besprochenen Tierquälereien Sorge zu tragen."

Weniger dringlich dürften die Anliegen untergeordneter Beamter gewesen sein: Ein MD-Erlaß Zl. 28/4/ex 1900 belehrt allgemein, daß es unstatthaft ist, die Erledigung von Personalangelegenheiten, wie Ansuchen um Aushilfen, einen Gehaltsvorschuß oder, eine Remuneration bei den Präsidialbeamten zu urgieren, „da letztere hiedurch oft in empfindlicher Weise in ihrer Amtstätigkeit gestört werden und die Erledigung solcher Akten ohnedies mit der tunlichsten Beschleunigung erfolgt, wird eine derartige Inanspruchnahme der Präsidialbeamten untersagt."

Nicht alles, was auf den Markt kommt, ist auch erwünscht. Das war zu allen Zeiten so. Beschränkt sich das Verbot der Inverkehrsetzung heutzutage im wesentlichen auf für den Konsumenten gesundheitsgefährliche Gegenstände, so entlocken die Verkaufsverbote, die das Wiener Marktamt zur Jahrhundertwende zu exekutieren hatte, dem Leser von heute so manches Schmunzeln:

„Leon'scher Apparat zur Beseitigung von Mannesschwäche verboten".

„Dr. Borsodi's Apparat gegen Impotenz verboten".

„Frauen-Präservativmittel Tutelol verboten: Tutelol ist ein die Konzeption verhinderndes Frauenpräservativmittel und wird der Verkehr im Grunde des Gesetzes vom 25. Mai 1882 aus sanitären Gründen verboten".

„Occlusivpessar ist ein Empfängnis verhindernder Apparat und wird die Einfuhr aus sanitären Gründen verboten."

„Apparat ‚Scheidenpulverbläser' verboten: Der Vertrieb dieses Apparats zur Verhinderung der Konzeption (Scheidenpulverbläser), der von einem hygienischen Spezialgeschäft aus Hamburg stammt, ist verboten."

"Vurschrift is Vurschrift!"

Zwischen Obststeige und High Tech: die nächste Standler-Generation

Das Wiener Marktamt beugte nicht nur der zeitadäqaten moralischen Entrüstung vor – es rüstete auch wissenschaftlich auf: Mit dem Aufstieg der Mikrobiologie gewann die Lebensmittelhygiene zentrale Bedeutung. Amtseigene Laboratorien für die Voruntersuchung von Lebensmitteln wurden eingerichtet, und ein angeschlossenes Museum informierte den interessierten Konsumenten über die gängigen Fälschungsmethoden bei Lebensmitteln. In der Tat waren dem Wiener Einfallsreichtum wenig Grenzen gesetzt, wenn es darum ging, unter Umgehung der behördlichen Vorschriften zur Sicherung der eigenen Existenz zu schreiten.

Besonders kreativ scheint vor der Einführung moderner Konservierungsmethoden der Umgang mit der kostbaren Milch gewesen zu sein:

Das Marktamt entlarvte mehr oder weniger geschickte Milchfälschungen mit Wasser, Mehl, Stärke und Gummi Arabicum zur Erhöhung des spezifischen Gewichtes, mit Stärke, Gummi und Zucker zur Kaschierung fortgeschrittener Säuerungsprozesse, mit Eiweiß und Seife, um beim Quirlen Schaum zu erzeugen und mit Pottasche, Soda oder Kalk, als wirksame, aber keinesfalls zuträgliche Konservierungsmittel.

Jenseits von solchen kriminellen Umtrieben führten die wackeren Marktaufseher einen täglichen Zermürbungskrieg gegen die typische Wiener Schlamperei: Aus dem Jahre 1901 stammt die folgende Klage der Allgemeinen Untersuchungsanstalt für Lebensmittel in Wien an das Marktamt: Betroffen waren die hygienischen Zustände bei Herstellung und Vertrieb marinierter Fische.

„1. Die Schaffeln werden offen, ohne Deckel aufeinander gestellt, so daß der schmutzige Boden der oberen Schaffeln die Fischlage der unteren Schaffeln berührt.

2. Die Schaffeln sind aus weichem Holz gefertigt und werden, nachdem der Inhalt oft erst nach mehreren Wochen verkauft ist, neuerdings immer wieder mit marinierten Heringen gefüllt. Das Reinigen der leeren Schaffeln außen und innen geschieht auf die denkbar flüchtigste Weise, was ja das äußere Aussehen derselben zur Genüge zeigt. Das Holz ist durch die haufige Wiederverwendung und durch den Einfluß von Fischtran, Salz und Essig derart imprägniert, daß es penetrant stinkt.

3. Die Schaffeln werden zu Reklamezwecken meist vor den Geschäftslokalen der untergeordneten und primitivst eingerichteten Fragner und Viktualienhändler postiert, derart, daß sie offen ohne Deckel oder sonstigen Schutz allen möglichen Arten von Verunreinigung ausgesetzt sind. Auch hat bei dieser Art von Verkauf der Straßenstaub offenen Zutritt, ebenso wirken die verschiedenen Witterungseinflüsse verderblich auf die Qualität der Ware, zumal sich, wie bereits bemerkt, bei den erwähnten kleinen Geschäften der Verkauf eines einzigen Schaffels oft wochenlang hinzieht. Fügt man noch hinzu, daß viele Käufer dieser marinierten Heringe die Wahl der Fische eigenmächtig und oft mit unsaubersten Händen selbst vorzunehmen pflegen, so ist durch alles vorhergesagte am besten illustriert, wie leicht gesundheitsschädliche Keime in dieses Nahrungsmittel eindringen und übertragen werden können."

Je mehr die Wissenschaft über Ursachen und Verbreitungswege von Volkskrankheiten wie der gefürchteten Tuberkulose herausfand, desto aufwendiger wurde der Kampf um angemessene Hygiene und Lebensmittelqualität geführt. So verdankt Wien nicht zuletzt dem weitverbreiteten nonchalanten Umgang mit Hygiene-Vorschriften die bis heute europaweit strengsten Bestimmungen über den Umgang mit Lebensmitteln: Im „Codex Alimentariis Austriacus", dem österreichischen Lebensmittelbuch, wurden sie zusammengefaßt, um dem Marktamt eine Handhabe bei seinen täglichen Amtshandlungen zu geben. Das Werk hat, über Jahrzehnte laufend revidiert und erweitert, bis zum heutigen Tag seine Gültigkeit bewahrt!

In einem kleinen Gebäude, am stadtauswärts gelegenen Ende des Naschmarktes, befindet sich die für den Naschmarkt zuständige Dienststelle der „Magistratsabteilung 59 – Marktamt", so lautet der heutige offizielle Titel der Wiener

215

Der Wiener Naschmarkt

Ordnung muß sein: Aufräumungsarbeiten nach einem langen Marktsamstag

Marktaufsicht. Der zentralen Marktamtsdirektion unterstehen Außenstellen in den Gemeindebezirken und auf dem Großmarkt Wien-Inzersdorf. Die „Marktkommissäre" sind ständig auf der Jagd nach Verstößen gegen eine Flut von Vorschriften, die von der Preisauszeichnung bis zum Krümmungsradius der Salatgurke theoretisch das gesamte Leben von Institutionen wie dem Naschmarkt regeln, in der Praxis aber ... – nun ja:

Niemand läßt sich gern bei einer Verwaltungsübertretung oder Schlimmerem erwischen und der Sinn mancher Vorschrift liegt im gnädigen legistischen Halbdunkel. Entsprechend kurzweilig gestaltet sich so mancher Ausflug des Beamten in die tägliche Realität.

Zur Legende bei den Marktkommissären wurde zum Beispiel die resche Wiener Gastwirtin, die in der guten Tradition von Fischkopf-Reserl und Krawall-Minerl zwei Marktamtsbeamte durch einen gezielten Wurf mit einer Schüssel Beuschel an der Amtshandlung hindern wollte. In der Aufregung dürfte ihr Ziel gelitten haben: Getroffen wurde der auf Anruf der Wirtin herbeigeeilte Rechtsanwalt, was zur sofort verhängten Geldstrafe auch noch die Reinigungskosten für einen teuren Maßanzug zur Folge hatte. „Fad", so sagt ein Oberbeamter früherer Marktamtstage, „fad wird einem beim Marktamt nie!"

Nichtsdestotrotz macht sich auch an dieser Front Entspannung bemerkbar: Unisono loben die Naschmarktstandler die kooperative Haltung der derzeitigen Amtsleitung. Zwar empfindet so mancher Standler die Tatsache als hinderlich, daß die Beamten bei der Gestaltung der Stände ein kräftiges und meist auch restriktives Wort mitreden: Dach und tragende Elemente der Standkonstruktion gehören der Stadt Wien, vertreten durch das Marktamt. Wie es dazwischen aussieht, ist zwar theoretisch Sache des Standinhabers, in der Praxis wird optischen Auswüchsen allerdings recht konsequent ein Riegel vorgeschoben. Andererseits zeigt sich das Marktamt durchaus offen für neue Ideen: So rechnete zum Beispiel das Team von Pöhls Partyservice mit heftigem behördlichem Widerstand, als es auf der freien Fläche vor dem Pöhl-Stand ein Fest veranstalten wollte – und bemerkte verblüfft, daß hier der Innovation alle Türen offenstanden. Statt der erwarteten siebenhundert oder achthundert Gäste erschienen rund tausendachthundert Gourmets. Sie kamen zum Großteil per Auto, was der Polizei an diesem Tag ein Rekordeinkommen an Strafmandaten für Falschparken bescherte. In der Tat scheint es sich heutzutage weniger an der Kooperation zwischen Marktamt und Standlern zu spießen. Viel lästiger empfinden die Kaufleute den hohen Fleiß, mit dem Rathausbeamte den ruhenden Verkehr rund um das Marktgelände überwachen: Gelegentliches serienweises Abschleppen geparkter Kundenfahrzeuge erregt den Unmut der Standler, die mit Recht um das Wohlwollen ihrer Stammkundschaft fürchten. Manchmal wird auch einer aus ihren Reihen Opfer einer amtlichen Intervention. Leo, zum Beispiel, der alteingesessene Sauerkräutler, fand an einem ganz gewöhnlichen Arbeitstag knapp nach sechs Uhr Früh seinen Lieferwagen samt einigen hundert Kilo Kraut nicht wieder: Abgeschleppt! Als er geharnischten Protest einlegte, zuckten die Rathausmänner bedauernd die Achseln: Der Wagen war als PKW zugelassen und damit – im Gegensatz zu einem Lastkraftwagen – sozusagen „zum Abschuß freigegeben".

Länger zurück liegt das Treiben eines untergeordneten Marktamtsbeamten, der, wie Standler hinter vorgehaltener Hand berichten, durch besonders restriktive Auslegung von Vorschriften versucht haben soll, die Naschmarktstandler zu kleinen Gefälligkeiten finanzieller Natur zu bewegen. Seine Rechnung ging nicht auf. Von den Geschäftsleuten alarmiert, versetzte der damalige Amtsleiter den Beamten zu einem anderen, hauptsächlich von Türken bevölkerten Markt. Unbeeindruckt soll der Amtskappelinhaber versucht haben, auch im neuen Rayon seine Einkommensaufbesserungsstrategie durchzusetzen. Ein grober Fehler, denn die Türken schritten umgehend zur Selbsthilfe. Ein Rollkommando fing den Erpresser bei einem nächtlichen Spaziergang ab und schlug ihn spitalsreif. Es soll einige Zeit gedauert haben, bis er wieder feste Nahrung zu sich nehmen konnte.

Der schönste Tag

Flohmarkt, Sekt und Austern:
Am Samstag ist der Markt ganz anders

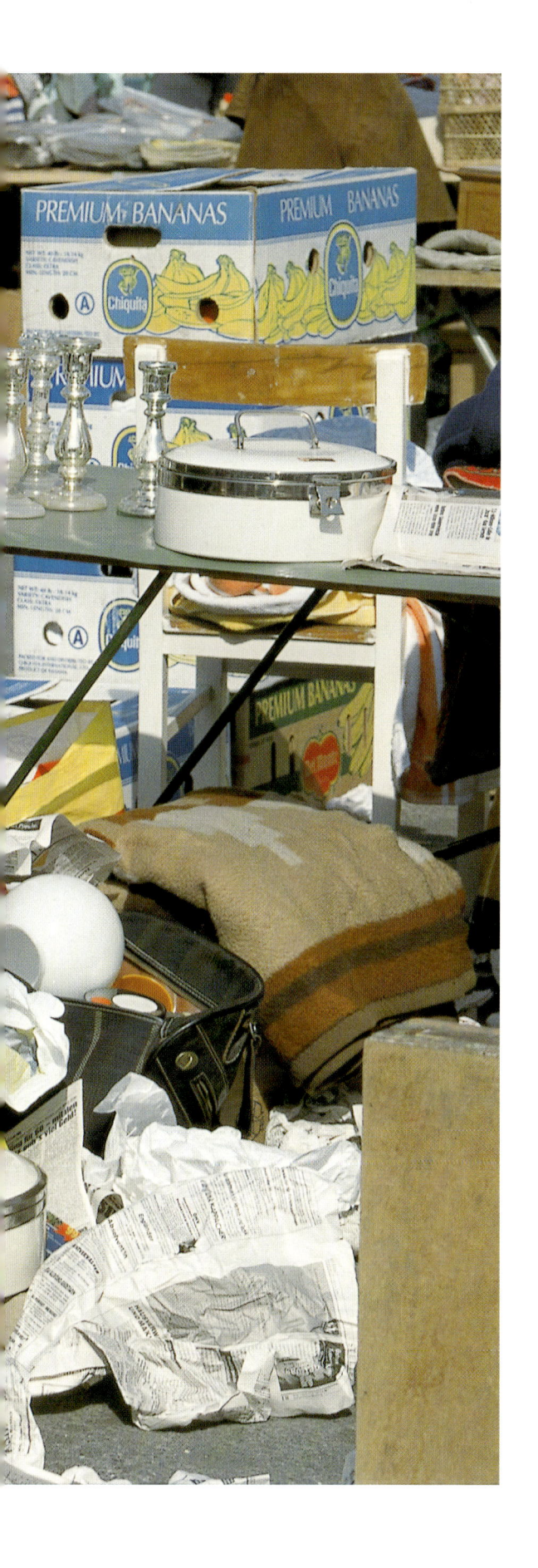

"Die U-Bahn-Generation", so nennt ein alteingesessener Standler die junge Marktkundschaft, die mehr und mehr das frühere Stammpublikum ablöst: Eine universitär gebildete, meist ökologisch orientierte Klientel mit ausgeprägtem Qualitätsbewußtsein und hohem Anspruch an gutes Essen. Sie stellen immer die richtigen Fragen, diskutieren sachkundig und greifen oft tief in die Brieftasche, wenn sie sich davon gesteigerten Genuß versprechen.

Der Samstag ist ihr Tag. – Und er ist der große Tag des Naschmarktes: Fünf Wochentage lang vor allem eine Institution der Nahversorgung, mutiert er am sechsten Tage, unabhängig von

Der Wiener Naschmarkt

Das Comeback der
Corso-Tradition:
Marktleben am Samstag

Wetter und Jahreszeit, zum erkorenen Treffpunkt der Jungen und Trendigen, der Wichtigen und Eleganten: Vom Morgen bis weit in die Nachmittagsstunden ersetzt das Marktgebiet den Corso, der Wien knapp nach der Jahrhundertwende abhanden gekommen ist: den Platz, an dem man flaniert und sich ohne Verabredung, jedoch mit hoher Verläßlichkeit trifft und Kontakte pflegt, für die man in einer hektischen Arbeitswoche zu wenig Zeit gefunden hat.

Der Unterschied wird schon beim Betreten des Marktareals augenfällig: Wo man sich sonst relativ ungehindert von Stand zu Stand bewegen kann, herrscht jetzt beinahe lebensgefährliches Gedränge. Die Lokale füllen sich mit einer Klientel, die ausdauernd den Müßiggang, das Schmähführen und die Kontaktpflege betreibt, sich gelegentlich aus dem Sitz erhebt, um da und dort noch etwas fürs Wochenende zu besorgen und dann zufrieden zu Sekt, Bier und Schmankerln zurückkehrt.

Das Phänomen „Markt am Samstag" hat verschiedene Wurzeln: Die wesentlichste ist ohne Zweifel der Flohmarkt. Am stadtauswärtigen Ende des Nasch-

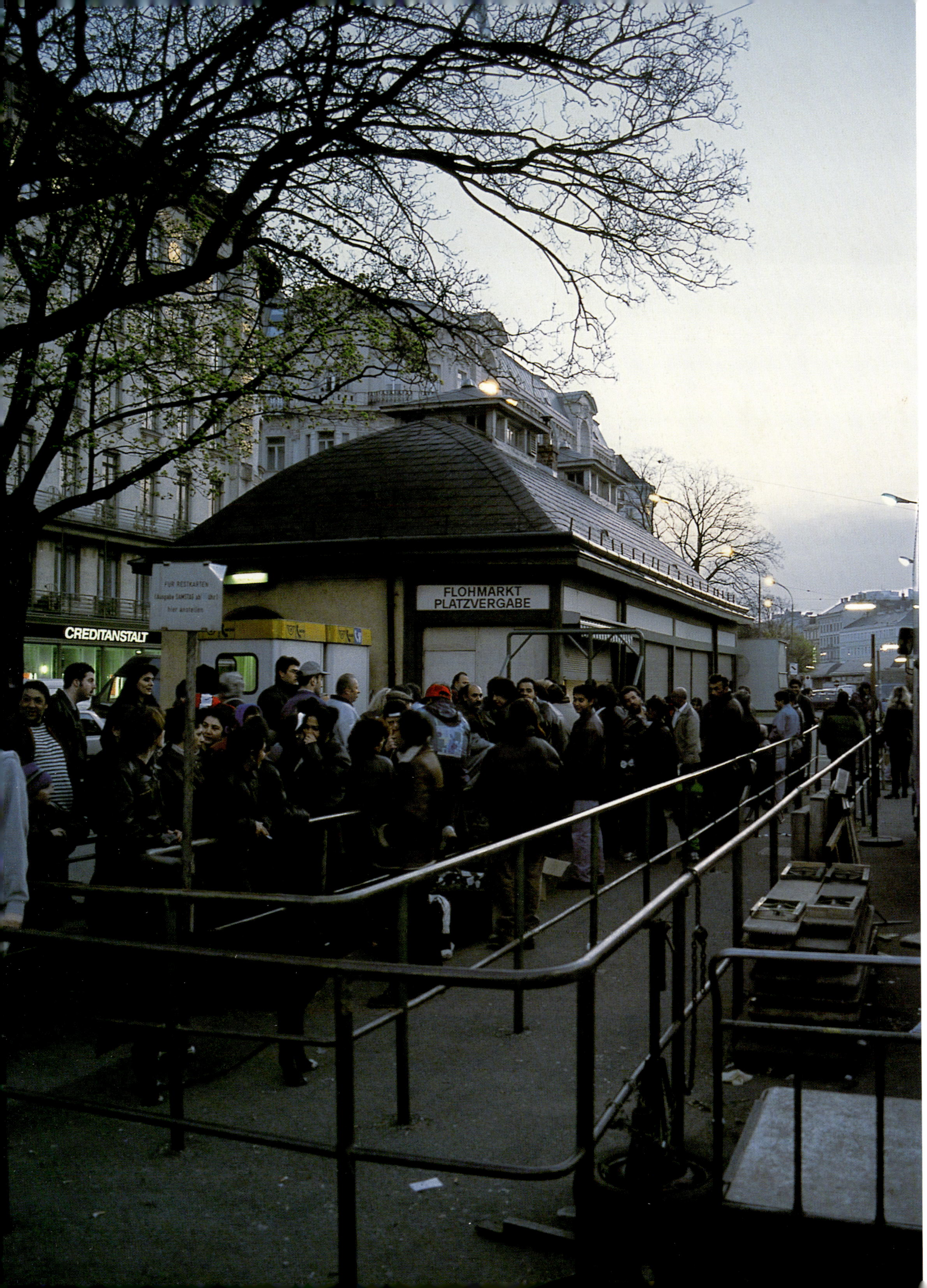
CREDITANSTALT
FLOHMARKT
PLATZVERGABE

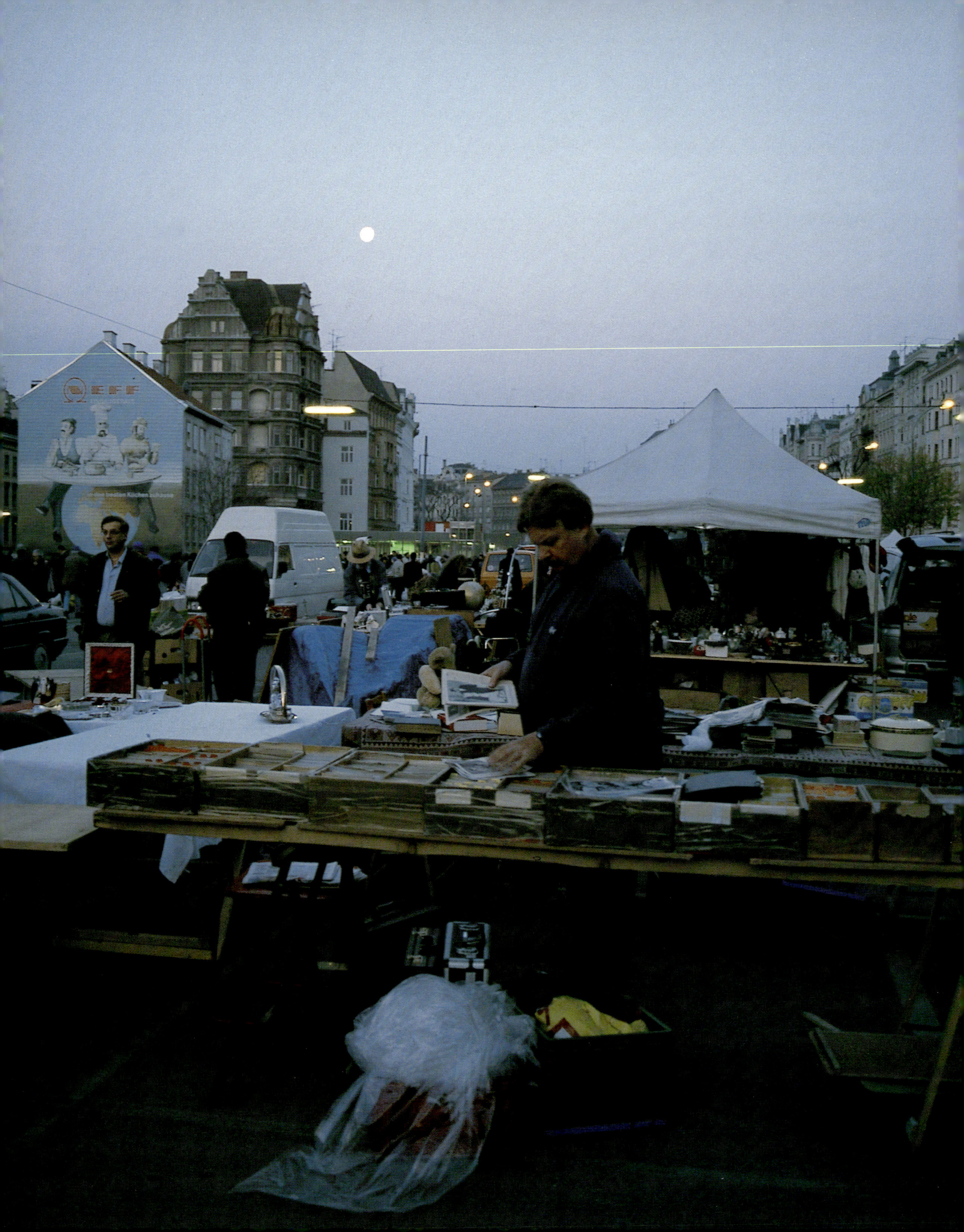
EFF

Der schönste Tag

Magnet für die Trend-Generation: Flohmarkt und Naschmarkt am Samstag

marktes, dort, wo der Abriß der alten Großmarktstände in den siebziger Jahren eine weite, freie, während der Woche als Parkplatz genützte Fläche der Wientalüberdeckung freigegeben hat, wird er jeden Samstag abgehalten. Schon zu nachtschlafener Zeit kampieren vor dem Marktamt Horden, die sich für den Markttag einen Standplatz ergattern wollen. Ist die Parzelle dann gesichert, rollen, meist noch vor Sonnenaufgang, abenteuerliche Gefährte aufs Areal, die bis unters Dach mit Tand und Trödel beladen sind. Tapeziertische werden aufgestellt, Kleiderständer und Spiegel in Position gebracht. Während der Aufbau läuft, schleichen bereits die ersten Kunden zwischen den Standreihen herum, mit einem Habichtsblick für die besten Stücke, einer Kralle voller kleiner Geldscheine, mit denen sie zu winken, zu drohen und letztlich zu bezahlen gedenken – und mit der festen Entschlossenheit, die Qual des Frühaufstehens durch die fachgerechte Wahl der nie wiederkehrenden Gelegenheit zu adeln. Eine Mischung aus Gier, Jagdinstinkt, Heimweh nach verlorenen Welten, und dem unauslöschlichen Impuls, andere durch geschulten Blick, solide Sachkenntnis und gewiefte Verhandlungsstrategie zu übervorteilen, treibt die Schnäppchenjäger unerbittlich an.

Der Wiener Naschmarkt

Zwischen Schaulust und Schatzjagd am Flohmarktstand

Wie fast jede Institution hier im Naschmarktviertel hat auch der samstägliche Flohmarkt bewegte Wanderjahre hinter sich. Sein Vorläufer war zu K.uK.-Zeiten der Tandelmarkt, der nach verschiedenen Übersiedlungen im Jahre 1864 in eine gewölbte Markthalle bei der Rossauer Kaserne im neunten Wiener Gemeindebezirk seßhaft wurde und dort blieb, bis die Halle im Zweiten Weltkrieg in Schutt und Asche gebombt wurde. Ersatz wurde drei Jahrzehnte lang nicht geschaffen, vielleicht, weil in den Wirtschaftswunderzeiten niemandes Herz nach Tand und Trödel aus Großmutters Zeiten stand, wahrscheinlich aber, weil andere stadtplanerische Erfordernisse weitaus dringlicher waren. Zwar blickte der weitgereiste Wiener neidvoll auf die Flohmärkte von Paris und London, aber ernsthafte Versuche, in Wien eine ähnliche Institution zu schaffen, datieren erst aus dem Jahre 1973: Damals plazierte sich erstmals ein samstäglicher Wiener Flohmarkt Am Hof im ersten Wiener Gemeindebezirk. Niemand rechnete mit dem enormen Andrang von Besuchern und Interessenten für Standplätze. Wochenende für Wochenende platzte der Flohmarkt aus allen Nähten und schon bald, im Juli 1977, wurde er auf seinen heutigen Standort am Naschmarkt übersiedelt. Seither finden hier an jedem Wochenende dreihundert Amateure gegen geringes Entgelt einen Platz, an dem sie ihre ausgemusterte Bibliothek, ausrangierte Schaukelstühle, oder Omas Hütesammlung an den Mann bringen können. Ihnen gegen-

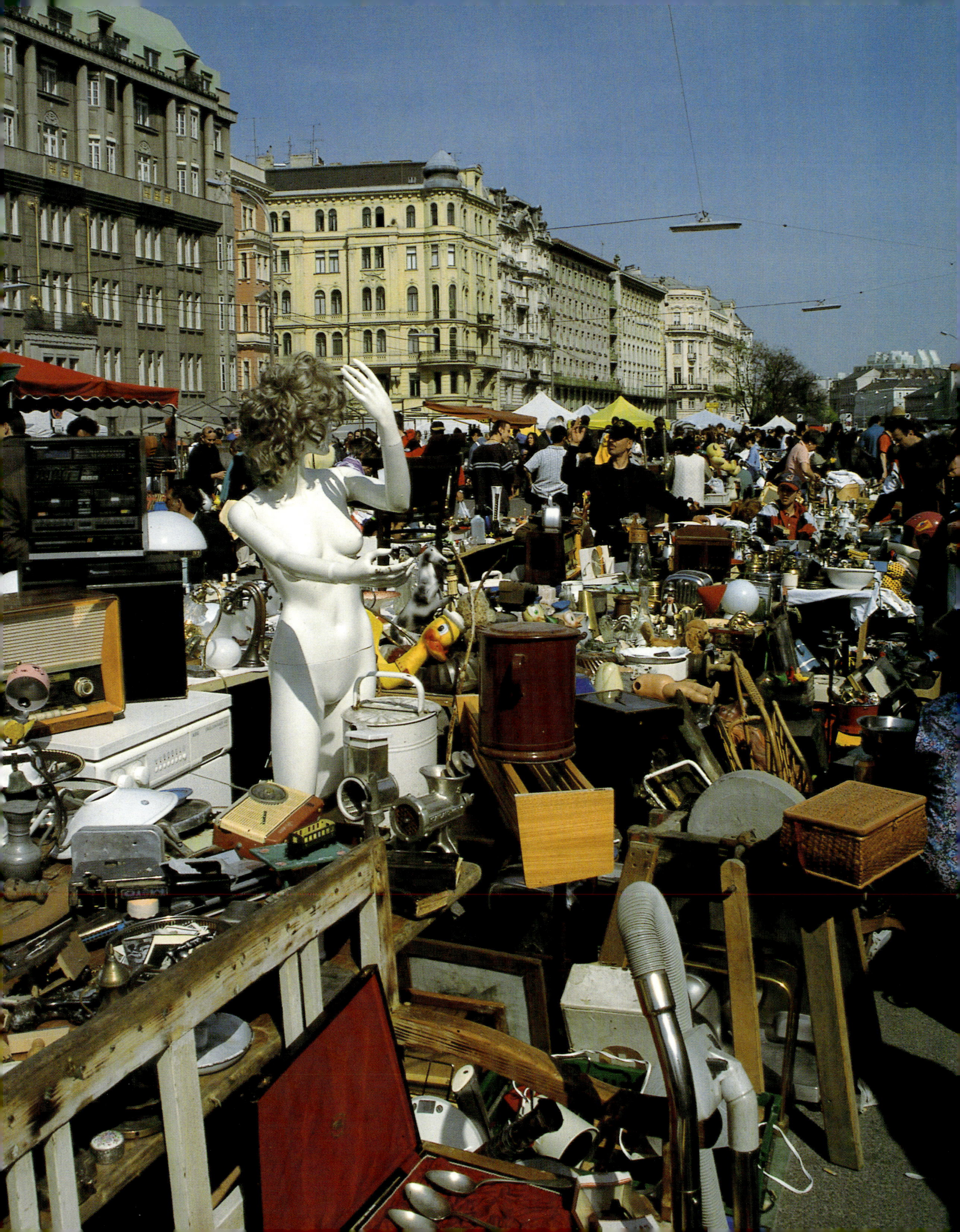

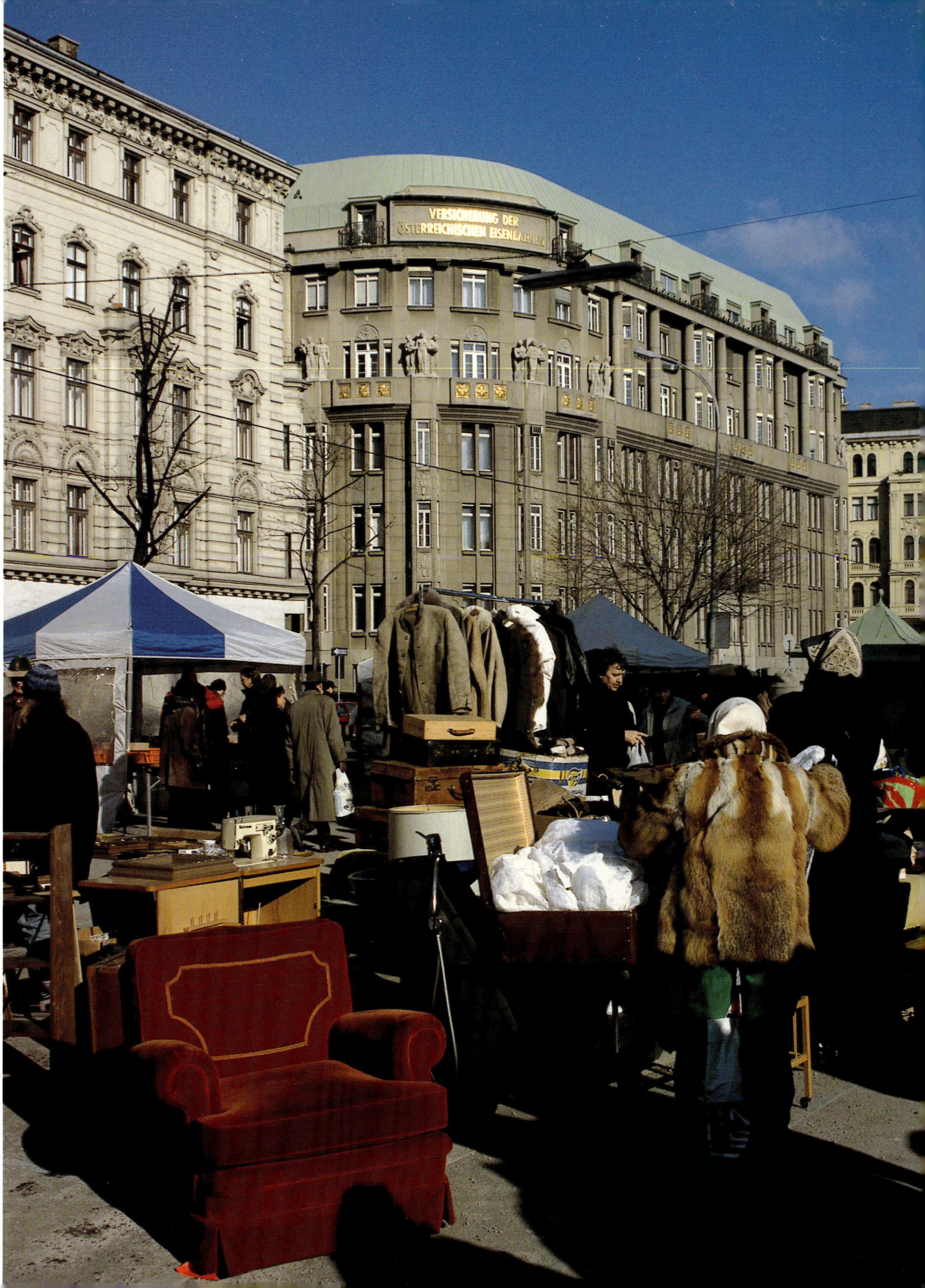
VERSICHERUNG DER
ÖSTERREICHISCHEN EISENBAHN

Der schönste Tag

Alles, was älter ist als ein Jahrzehnt: der Flohmarkt bietet jeder Sehnsucht Material.

über stehen zweihundert Profis, gewerbliche Händler, die seit Jahren ihre fixen Plätze belegen und auch für den Kenner durchaus interessante Ware auf den Markt bringen, allerdings zu oft geschmalzenen Preisen – was dem Besucherandrang aber keinen Abbruch tut: Jeden Samstag strömen je nach Wetterlage zigtausende Wiener und Touristen auf den Flohmarkt, viele auf der Jagd nach verlorenen Schätzen, manche einfach aus Neugier. In angrenzenden Lokalen wie dem Schmauswaberl und dem Savoy sitzen die immergleichen späten Hippies und ewigen Studenten, alle beim flüchtigen Hinsehen der Flohmarktware optisch verwandt, ein bisserl zerschlissen und irgendwo zwischen Lässigkeit und Vernachlässigung taumelnd, als gäbe es eine geheime Verwandtschaft zwischen dem Tand und den Menschen, die sich an seinem Sammelplatz treffen.

Was findet man am Flohmarkt? Kurz gesagt: alles, was älter als ein Jahrzehnt und nicht jünger als hundert Lenze ist. Das Bekleidungsangebot reicht bis in die wilden Zwanziger zurück und hat seinen Schwerpunkt im Bereich „Leder": Lange Zeit war der Flohmarkt eine der wenigen Quellen, an denen man die verwegene Motorradjacke des „G'schupften Ferdl" in repräsentativ-abgestoßenem

Der Wiener Naschmarkt

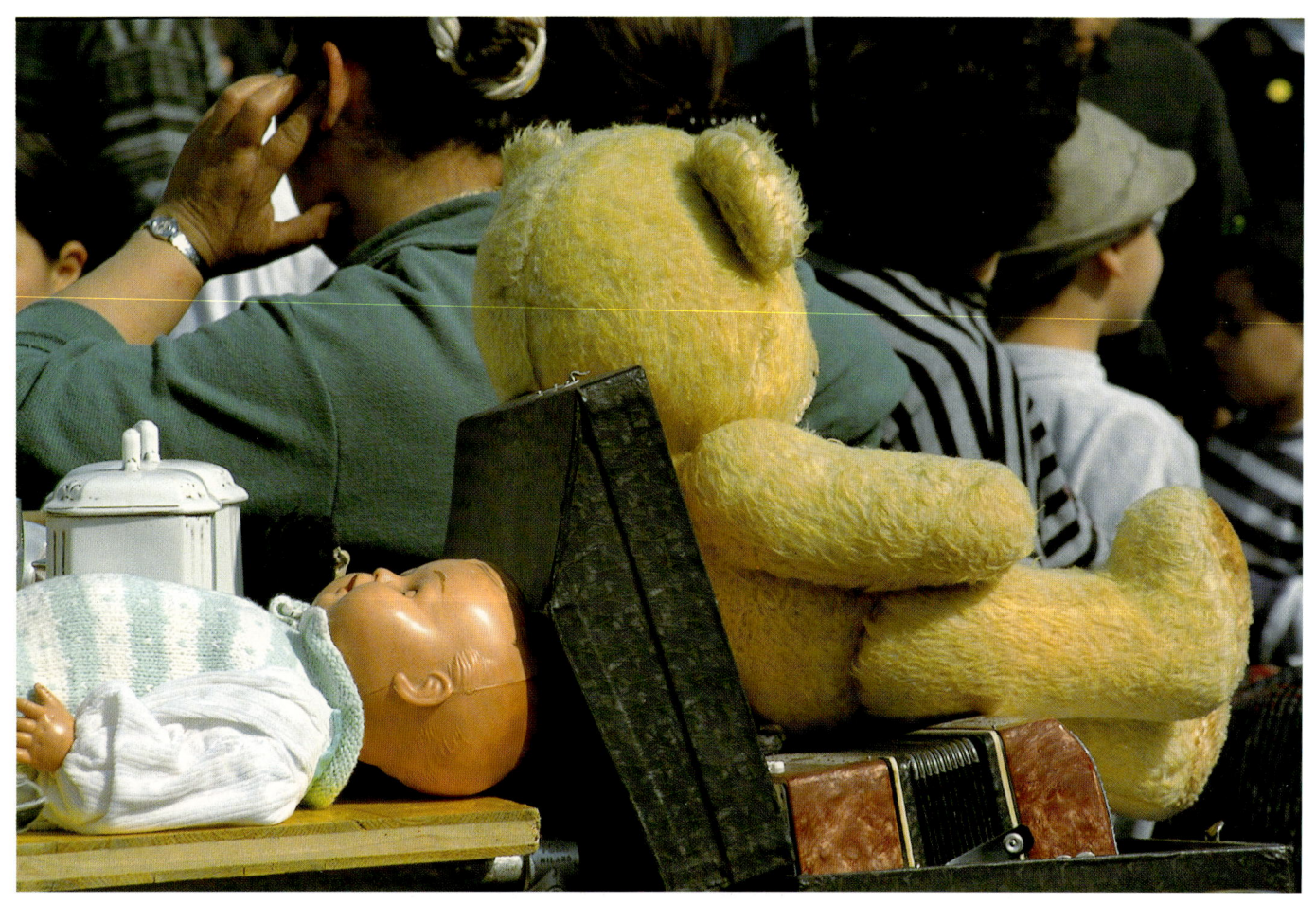

Warten auf die Schnäppchenjäger

Zustand erstehen konnte. Auch die alpine „Krachlederne" in ihren kurzen und langen Varianten wird immer wieder gesichtet und gerne als Souvenir mit heimgenommen. Ebenfalls heiß begehrt sind Gegenstände aus Messing und Bronze: Tischlampen und Kandelaber, Statuetten und Büsten, unter denen Kaiser Franz Josef wohl einsamer Spitzenreiter ist. Gelegentlich wechselt auch eine Türklinke den Besitzer, nach der vermutlich in einem alten Wiener Zinshaus verzweifelt gefahndet wird. Unter Glas halten die Profi-Tandler Taschen- und Armbanduhren, Orden und Abzeichen unter Verschluß und gelegentlich wechseln auch kleinere Möbelstücke den Besitzer. Der Musikfreund findet so manch interessantes Instrument und wer auf der Suche nach im Handel nicht mehr erhältlichen Schallplatten und CD's ist, kann hier einen Tag mit ausgiebigem Stöbern in nicht endenwollenden Sammlungen verbringen. Ebenfalls bemerkenswert ist die Bandbreite des Bücherangebotes: Mit etwas Geschick kann man bibliophile Erstausgaben zu Spottpreisen ergattern.

Echtes Insiderwissen dagegen verlangt die Fahndung nach Gegenständen, die auf teils abenteuerlichen Wegen nach Österreich gelangen.

Der schönste Tag

Eine Zeitlang galten optisch exzellente Fünfhunderter-Teleobjektive russischer Herkunft als der Geheimtip unter den fotointeressierten Flohmarktbesuchern: Entschlossene Verhandlungen konnten den Preis in die Tausendschilling-Region drücken - für ein Objektiv, das im Laden zumindest das Dreifache gekostet hätte. Alles in allem steht der Flohmarkt-Besucher vor einem völlig unübersichtlichen Sammelsurium aus Kitsch und Kunst, Wert und Ausschuß, Gelegenheitskauf und Liebhaberpreis – umlagert von einer schiebenden, drängenden, zähen Menge von Schau- und Kauflustigen. Was man entdeckt, hängt von der Konzentration ab, was man kauft, vom Geschmack - und was man dafür zahlt, von der Geschicklichkeit beim Handeln. Wesentlich ist das richtige Timing. Bringt man die Disziplin auf, den Samstag vor Sonnenaufgang zu beginnen, dann hat man hervorragende Chancen auf einen guten Kauf. Zu dieser Zeit, so wissen Insider, ergattert man die besten und rarsten Stücke. Weniger Wählerische dürfen sich ruhig noch einmal im Bett umdrehen und können dann auch noch ein ausgiebiges Frühstück genießen. Ihre Zeit kommt, wenn am Nachmittag das Markttreiben endet und die Verkäufer vor der Wahl stehen, ihre unverkaufte Ware wieder heimzutransportieren – oder einen günstigeren Preis zu akzeptieren. Auch das Wetter spielt hier eine Rolle: Dauerregen weicht nicht nur die Kleidung auf, sondern auch das Preisniveau.

Tritt man dann in die Phase des Handelns ein, dann sollte man eine möglichst präzise Einschätzung darüber treffen, wen man vor sich hat. Die Geographie der Stände gibt darüber verläßlich Auskunft. Das liegt daran, daß man in Wien immer ausreichend hinter der Zeit herhinkt, um die wirklich guten Neuerungen mit noch erträglicher Verspätung zu adaptieren. Die Segregation beispielsweise, wurde im Süden der Vereinigten Staaten bekanntlich in den sechziger Jahren abgeschafft, und im resistenteren Südafrika Mitte der Neunziger. Aber hier, am Flohmarkt, wird sie noch immer praktiziert. Vom Naschmarkt kommend, findet man zur rechten Hand die vollprofessionellen Antiquitätenhändler. Sie agieren mit ausgeprägtem Selbstbewußtsein und entsprechend geringer Preiselastizität. In der mittleren Reihe mischen sich Profis und österreichische Amateurverkäufer, linker Hand mit dem Rücken zum schön verzierten Geländer, das den Flohmarkt vom U-Bahnschacht trennt, herrscht die multikulturelle Vielfalt. Die Bereitschaft zum Handeln nimmt in dieser Richtung deutlich zu, allerdings sinkt auch die Qualität des Gebotenen proportional. Zum Handeln gehört Talent, Geduld und ein fester Wille. Die Lektüre dieser Zeilen kann solche Eigenschaften nicht ersetzen. Aber einige nützliche Tips seien dem angehenden Flohmarktbesucher an dieser Stelle ans Herz gelegt. Sie stammen von Erich, einem Weltenbummler, der mit einem rostigen VW-Bus bis Goa und wieder zurückgerollt ist und der seine Wiener Wohnung praktisch ausschließlich mit Flohmarktware ausstaffiert hat: „Erstens: keine großen Scheine! Und nie alle zusammen! Teil Dein Geld in kleine Scheine

Der Wiener Naschmarkt

Jeden Samstag zwischen Flohmarkt und Naschmarkt: Bauern verkaufen die Produkte ihrer Höfe.

und steck sie in verschiedene Taschen. Merk Dir genau, was wo ist. Zweitens: Jeder Preis ist zu hoch. Hör Dir an, was der Verkäufer haben will und sag aus vollem Herzen nein. Speziell, wenn Du es mit Orientalen zu tun hast. Wenn Du sofort ja sagst, beleidigst Du ihre Intelligenz. Also biete einen Betrag der zirka der Hälfte entspricht. Erschrick nicht, wenn Dein Gegenüber zu toben beginnt – das gehört zum Ritual. Zuck einfach die Achseln, dreh Dich um und geh. Du hast die erste Schlacht gewonnen, wenn der Verkäufer Dir nachläuft und Dich zurückholt.

Dann hantel Dich Runde um Runde zum Ziel. Laß ihm seinen Stolz, aber sei jederzeit bereit, Dich wieder umzudrehen und zu gehen. Zieh irgendwann einen Strich und klaub genau das aus der Tasche, was Du geben willst. Besteh darauf, daß Du nicht mehr hast. Winke mit den Scheinen. Irgendwann bricht der Widerstand. Der Verkäufer wird jammern, fluchen oder gar weinen, wenn er Dir die Ware gibt. Sei ungerührt: Du hast noch immer zuviel bezahlt. Innerlich grinst der Kerl von einem Ohr bis zum anderen. Ach – und noch was: Spiel das Spiel nicht mit einem professionellen Antiquitätenhändler. Dem fehlt fürs wirkliche Handeln die Antenne ..."

Der Flohmarkt zieht vor allem die Jugend an und bringt ihr zugleich den Naschmarkt und seine gastronomische Umgebung nahe. Während sich rund um

231

ANTICA
ERIA FALORNI
„MOZZARELLA di BUFALA"
ALTER GOUDA
MIMOLETTE EXTRA VIEUX
ASIAGO
UMBRISCHER „PECORINO"
„FONTINA d'AOSTA"
APPENZELLER
ALTER VORARLBERGER BERGKÄSE 12 MON. GEREIFT!

TIROLER ORIGINAL
SCHINKEN
FRISCHES
TZATZIKI!
HAUSGEMACHTER
LIPTAUER
PECORINO
OSSAU
LE BETHMALE
MILDER TOSKANISCHER
PECORINO
AUS DEM VENETO
GRAPPA
KÄSE
BANON

Der Wiener Naschmarkt

Zwanglos an historische Architektur gelehnt: Jugend bei der samstäglichen Kebab-Pause.

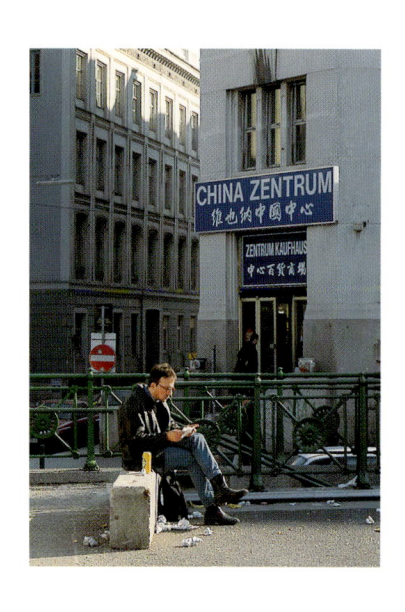

den Flohmarkt das bunte Völkchen der Studenten an Kebab und Grillwürsteln delektiert, oft im Stehen und an sonnigen Tagen auch zwanglos an Otto Wagners Stadtbahnarchitektur gelehnt, pendeln zwischen den Lokalen und Marktständen die Studiosi von gestern: erfolgreiche Rechtsanwälte und Unternehmensberater, Medienprominenz und Kulturschaffende, Geschäftsleute und Werbeagenturinhaber. Die meisten sind seit Jahren Stammkunden und mit dem Personal der Lokale per „Du". – Für acht Stunden ist der Markt nicht mehr altehrwürdige Institution, nicht mehr nur Zentrum der Nahversorgung eines Bezirks – sondern wienweit „schick" und „in". Austern gehen im Dutzend über den Tisch, Sekt fließt flaschenweise. Vom kleinen Schmankerl bis zum herzhaften Brunch wird mit Lust konsumiert und wer in fußläufiger Reichweite einen Parkplatz ergattert, darf sich zu den Glückskindern zählen.

Der Samstagvormittag ist der wöchentliche Höhepunkt des Naschmarktlebens. Oft dauert er bis in den späten Nachmittag. Doch während in den Lokalen noch gefeiert wird, rasseln rundherum die Rolläden der Stände herunter. Der benachbarte Flohmarkt löst sich in ein Chaos von Transportmitteln auf und verebbt schließlich in einer Wüste von zurückgelassenem Verpackungsmaterial. Irgendwann leeren sich auch die gastronomischen Marktstände. Genießer und Erlebnishungrige wandern der Samstagnacht entgegen. Es wird still am Markt. So wird es bis zum nächsten Montagmorgen bleiben, wenn Herr Drechsler dem ersten Standler seinen Kaffee serviert. So wie es jede Woche war. So wie es hoffentlich auch immer sein wird.

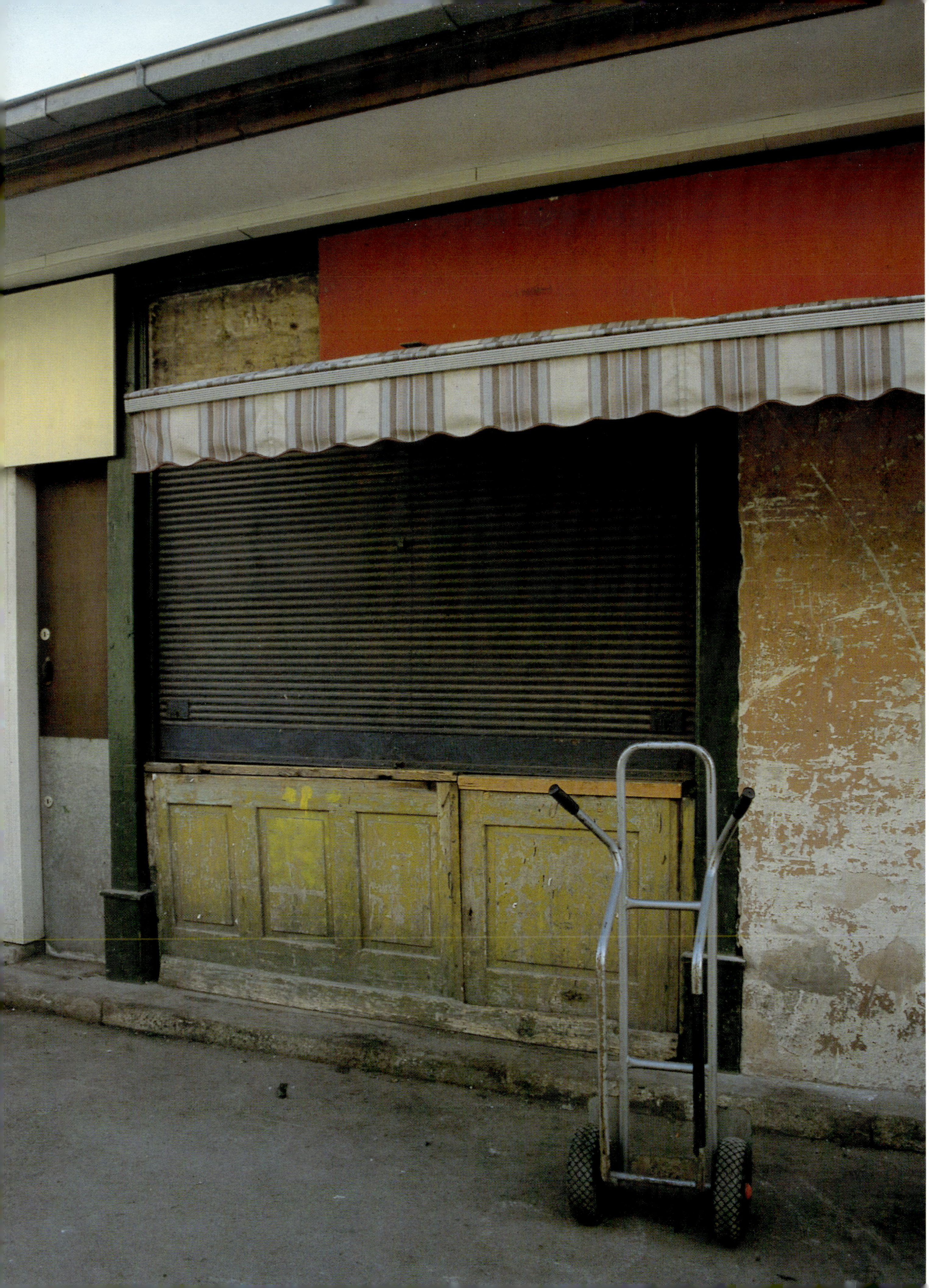

Zum Abschluß

Mein Großvater war für die Reklame des altehrwürdigen Wiener Kaufhauses Herzmansky verantwortlich. Meine Mutter war Werbetexterin und Journalistin. Ich bin Werbetexter und Journalist.

Wenn man Tag für Tag komplizierte Sachverhalte auf eingängige Schlagzeilen und Lebensentscheidungen auf zwanzig Radiowerbesekunden reduzieren muß, hinterläßt das Spuren. Für dieses Buch mußte ich nachhaltig umdenken und meine Arbeitsweise radikal verändern.

Schreiben kann der einsamste Job der Welt sein. In diesem Fall war es Gottseidank anders. Allen, die mich in den letzten Monaten nicht alleingelassen haben, möchte ich deshalb an dieser Stelle danke sagen: meiner Lektorin Dr. Anita Traxl für viel Sorgfalt und wesentliche Anregungen, Dr. Günther Goller für wertvolles Quellenmaterial, Robert, Blacky und Thomas für lange Samstage auf dem Naschmarkt, Babsi für Ihre Begleitung auf nächtlichen Recherchen im „Bauch von Wien", Martina vom Durchhaus für Kaffee und „Stangerln" in Atempausen, Erwin Gegenbauer für geniale Gurkerln aus seinem weitläufigen Keller und Heribert Steinbauer für ein Steak, als ich einen Durchhänger hatte.

Ihr habt es zur Freude gemacht, dieses Buch zu schreiben. Ich hoffe, es ist auch eine Freude, es zu lesen.

Literaturverzeichnis

Werner T. Bauer: Die Wiener Märkte.
Fotos von Jörg Klauber.
Falter Verlagsgesellschaft, Wien 1996.

Heinz Benzenstadler: Wien ist ganz anders.
Fotos von Wolfgang Bichler.
Jugend und Volk Verlag, Wien-München 1989.

Wilhelm Kisch: „Die alten Straßen und Plätze Wiens und ihre historisch interessanten Häuser".

Günter Kolb: Otto Wagner und die Wiener Stadtbahn.
G. Kolb und Scaneg Verlag, München 1989.

Attila E. Lang: Das Theater an der Wien.
Verlag Jugend und Volk, Wien-München 1976.

Jan Latham: Joseph Maria Olbricht.
(Aus d. Engl. übertr. von Kyra Stromberg).
Deutsche Verlags-Anstalt, Stuttgart 1997.

Susanne Lawson: Von Marktfahrern und Standlern.
Zum 150. Geburtstag des Wiener Marktamtes erschienen im
Compress Verlag, Wien.

Christian Nohel, Harald Payer, Hanni Rützler: Der Lebensmittelreport.
Verlag Holzhausen, Wien 1999.

Georg Riha/György Sebestyen: Der Wiener Naschmarkt.
Edition Tusch, Wien 1974.

Brigitte Schmelzer-Sandtner: Wohl bekomm's! – Was Sie vor dem Einkauf über Lebensmittel wissen sollten.
Verlag Kiepenheuer & Witsch, Köln, 1998.

Else Spiesberger: Das Freihaus.
Paul Zsolnay Verlag, Wien-Hamburg 1980.

Peter Wehle: Sprechen Sie Wienerisch?
Carl Ueberreuter, Wien - Heidelberg 1980.

Gotthart Wunberg/Johannes J. Braakenburg: Die Wiener Moderne.
Verlag Philipp Reclam Junior Stuttgart, 1988.

Nicola Zanichelli (Hrsg.): Otto Wagner.
(Aus dem Italienischen übersetzt von Robert Steiger).
Verlag für Architektur Artemis, Zürich und München 1986.

Walter Zednicek: Otto Wagner.
Im Eigenverlag Walter Zednicek, Wien 1995.

Bildnachweis

Das historische Bildmaterial wurde uns zur Verfügung gestellt von:

Albumverlag Wien:
Abbildungen Seite 11 (Naschmarkt, Obstmarkt), Amateurphoto um 1900; Seite 13 (Luftaufnahme der Gegend zwischen Karlsplatz und Wiental), Photo: Luftbildgesellschaft, 1919; Seite 48 (Naschmarkt), Photo: C. Ledermann, um 1900; Seite 56 (Am Naschmarkt), Photo: Ritter von Staudenheim, um 1895; Seite 61 (Naschmarkt, Richtung Getreidemarkt), Photo: Viktor Angerer;

Archiv Günther Goller:
Marktansichten in Öl: Seite 49, 51, 66; letztere vermutlich nach einer Photographie von Moritz Nähr, 1885 gemalt.

Historisches Museum der Stadt Wien:
Seite 17 (Naschmarktszene, 1885) von Moritz Nähr; Seite 60; Seite 114 (Wienflußregulierung im Bereich der Secession, 1898), Photo: Friedrich Strauß; Seite 131; Seite 202 (Marktamtsgebäude, 1900), Photo: Friedrich Strauß;

Archiv Franz Hubmann
Seite 181 (Wiener Strizzi)

Österreichische Nationalbibliothek, Porträtsammlung, Bildarchiv:

Seite 46; Seite 58; Seite 65 (Naschmarkt in den dreißiger Jahren); Seite 124 (Das Freihaus und seine Umgebung), um 1770; Seite 133; Seite 148/49 (Kroatische Bäuerin mit Gemüse), Photo: Franz Holluber, 1905;

Seite 129 oben: Altes Ladenschild der Ölhandlung Marsano, unten: Steckschild vom Freihaus, um 1890.
Entnommen mit freundlicher Genehmigung des Verlags Paul Zsolnay : Wiener Geschichtsbücher, Bd. 25: Else Spiesberger: Das Freihaus, Wien/Hamburg 1980. Die Besitzer konnten leider nicht ausfindig gemacht werden. Eventuell berechtigte Ansprüche bezüglich des Urheberechts, werden auch im nachhinein abgegolten.

Alle übrigen Fotos stammen von Ingrid Gregor.